分权、竞争与中国现代农业发展

FENQUAN JINGZHENG
YU ZHONGGUO XIANDAI NONGYE FAZHAN

■ 李雪松/著

重庆大学出版社

内容提要

中国的分权改革被普遍认为是引致经济增长奇迹的一个关键性制度安排，但是在理论研究与实证分析上，财政分权、地方政府竞争对现代农业发展的绩效并不明确。本书将财政分权、地方政府竞争、官员晋升等理论引入到农业经济增长的研究视域中，尝试建立财政分权、地方政府竞争（官员晋升）与中国现代农业发展关系和效应的制度经济学分析范式，立足财政职能视角，即在资源配置、收入分配和经济增长与稳定三个维度上，揭示中国式分权、地方政府竞争对农村公共品供给、城乡收入差距、农业经济增长影响的作用机理，探寻中国农业与农村经济高质量增长和城乡发展一体化的运行机制、实施模式与调控政策。

本书适合科研机构、高等学校、政府智库等经济、管理类师生、研究人员、经济学爱好者阅读。

图书在版编目(CIP)数据

分权、竞争与中国现代农业发展/李雪松著.--重庆:重庆大学出版社,2018.1
ISBN 978-7-5689-0547-3

Ⅰ.①分… Ⅱ.①李… Ⅲ.①现代农业—农业发展—研究—中国 Ⅳ.①F323

中国版本图书馆 CIP 数据核字(2017)第 107457 号

分权、竞争与中国现代农业发展
李雪松 著
责任编辑:尚东亮 版式设计:尚东亮
责任校对:贾 梅 责任印制:赵 晟
*
重庆大学出版社出版发行
出版人:易树平
社址:重庆市沙坪坝区大学城西路 21 号
邮编:401331
电话:(023) 88617190 88617185(中小学)
传真:(023) 88617186 88617166
网址:http://www.cqup.com.cn
邮箱:fxk@cqup.com.cn (营销中心)
全国新华书店经销
重庆市正前方彩色印刷有限公司印刷
*
开本:720mm×1020mm 1/16 印张:13.5 字数:228千
2018 年 2 月第 1 版 2018 年 2 月第 1 次印刷
ISBN 978-7-5689-0547-3 定价:39.00 元

本书系国家“985 工程”哲学社会科学研究基地、重庆市人文社会科学重点研究基地——公共经济与公共政策研究中心，以及重庆大学中国公共服务评测与研究中心、地方政府治理协同创新中心研究成果之一。受以下课题研究资助：

[1] 2014 年度重庆市社会科学规划青年项目：新型城镇化、农地产权制度改革与农民财产权实现机制研究（项目批准号：2014QNJJ15）

[2] 2015 年度重庆大学科技创新专项（社科类）：中国式分权、晋升锦标赛与农业现代化实现机制研究（项目编号：106112015CDJSK01XK05）

[3] 2016 年度中央高校基本科研业务费专项项目：农业现代化、供给侧改革与农地经营权流转研究（课题编号：106112016CDJXY010006）

[4] 2013 年度教育部人文社会科学研究西部和边疆地区青年基金项目：财政分权、晋升锦标赛与农业增长绩效研究（项目批准号：13XJC790003）

[5] 重庆大学教学改革研究项目：公共政策模拟仿真实验室建设与智库型人才培养模式研究（项目编号：2015Y04）

特此感谢

Qianyan 前言

本书将财政分权、地方政府竞争、官员晋升等理论引入到农业经济增长、现代农业发展的研究视域中，尝试建立财政分权、地方政府竞争（官员晋升）与农村公共品供给、城乡收入差距、农业经济增长关系与效应的理论框架，立足财政职能视角，即在资源配置、收入分配和经济增长与稳定三个维度上，揭示财政分权、地方政府竞争对农业经济增长影响的作用机理，探寻中国农业与农村经济高质量增长和城乡发展一体化的运行机制、实施模式与调控政策。现将研究的主要结论、政策运用、本书框架等简述如下：

1.主要结论

①中国式分权制度变量对农村公共品供给具有效率差异。国际通行的分权变量并未有效促进地方政府农村义务教育的公共支出。中国式分权变量对农村福利社保公共品都具有显著而稳健的供给效应。中央转移支付并未有效促进农村医疗公共品供给，地方政府财政自给率供给效应不显著，但地方政府对中央转移支付“粘蝇纸效应”明显。政府竞争对农村基础教育具有显著的负向激励。反腐败增强了农村基础教育的有效提供，但减少了福利保障供给，说明地方政府在农村公共品供给上具有腐败寻租的空间。城镇化对农村基础教育、卫生保健和福利社保公共品均具有显著的供给效应。经济增长水平与新农村建设政策变量也是影响农村公共品供给效应的重要因素并呈现差异性。

②尝试将中国式分权、农业经济增长与城乡收入差距架构在新制度经济学分析框架之下，进行多变量协整与向量误差修正模型（VECM）分析后发现：变量间具有显著的长期均衡关系与短期动态调节机制。城乡收入差距具有反向自身修正机制，但修正能力较弱。农业经济增长对城乡居民收入差距的影响呈现波动递减趋势。分权短期内会产生正向冲击，加剧城乡收入差距，但长期内会缓解差距，最后进行了 VAR 模型的静态与动态预测，这些发现对缩小城乡收

入差距提供了有益的启示与治理策略。

③运用 DEA-Malmquist 生产率指数法，对 1978—2011 年省级农业全要素生产率进行了数量测算与系统分解，并细致考察了其时序演变差异、地理空间分布与分组增速效率等特征。测算发现：农业全要素生产率增长源泉主要是由技术进步率与技术效率双轮驱动的，但技术效率的驱动作用有限。农业全要素生产率与技术进步率指数呈顺周期变化，与技术效率指数有逆周期波动阶段。农业全要素生产率效率变动具有比较严重的地理空间上的非均衡性。省际间各指数差异显著，农业技术效率指数全国各区域普遍不高，中西部地区的农业前沿技术进步率是比较糟糕的，但各主要效率指数直辖市增长效应显著。农业全要素生产率及其分解指数"发散效应"明显，"收敛效应"与"外溢效应"趋势不显著。除了要素输入，经营模式创新更显重要，"双轮驱动"应成为未来中国农业经济增长方式转变与可持续发展的路径轨迹。

④对农业生产效率各指数变动的影响因素进行了计量分析，研究表明：地方政府行为因素影响非均衡，对提升农业全要素生产率正向冲击效应显著，但对农业技术效率和纯技术效率影响为负，对农业前沿技术进步率与农业规模效率影响不显著。农业总产值占比增加对农业前沿技术进步负向作用明显，但对提升农业技术效率和纯技术效率正向作用机制显著，说明目前的农业经济增长依旧沿袭粗放式增长模式，并形成了路径依赖。农业人力资本存量具有正向提升效应。农业生产绩效受非粮食作物播种面积、自然灾害等因素制约显著。城镇化率与农业技术效率、农业纯技术效率、农业规模效率显著正相关。工业化对农业技术进步率正效应明显，却恶化了农业规模效率。政策启示在于完善顶层制度设计，激励地方政府支农行为，坚持城乡一体、工农互惠，向农业部门输入现代生产要素与经营模式。

⑤通过构建中国式分权的新制度经济学分析框架，理论分析地方政府财政支农、农村金融发展与生产要素投入对农业经济增长绩效变动的作用机制。实证研究结果显示：农业经济增长呈现明显的累积滞后效应，受政策驱动显著。分权的增长效应明显，具有跨时与区域差异特征。城乡金融发展非均衡与金融财政化引致农村金融功能拓展受到抑制，阻碍了农业经济增长，农村金融与实体经济部门之间良性互动机制不显著。地方政府财政农业投入和农村金融的协调与配合具有显著的增长效应，明显大于单纯财政支农的效力。宏观经济形势，农业能源消耗与农业经济增长的联系日益紧密。

2.政策建议

第一，推进治理体系和治理能力现代化，完善公共财政支农运行机制。首先，政府的财政行为应建立在宪政和法治的基石之上，逐渐改变通过中央的“决定”“通知”和“一号文件”等形式，而应借助正式的法律规范加以调整。其次，注重分权契约与财政体制的内在稳定性，避免分权与财政体制的频繁变动所引致的低效率。一方面，应改变目前财政支农“一级政府，一级财政”的约束，借鉴“省管县”和“乡财县管”的试点经验，积极稳妥地推行财政支农“中央—省级—县级”支出层级，提高财政体制运行效率和财政资源配置的公平性。另一方面，地方政府应改革财政支农资金分配与管理体制，整合各类支农部门，明确部门职责，进行农业投资管理体制与运行机制的创新，并加强地方人大、政协与纪委等部门对农业投入资金的审计和监督。克服地方政府财政支农政策的执行偏差，提高投入产出绩效。最后，是规模提升、结构优化，形成财政支农的优先序机制，确保财政资金输入到最需要的部门与领域。

第二，匹配事权与财权，建立财政支农预算硬约束机制。首先，在保证中央宏观调控的基础上，减少共享税种和共享比例，适度降低中央财权，增强地方政府的财权财力，使他们有能力执行中央政府的“三农”事权安排。其次，是按照财权与事权相对称的原则，清晰界定中央政府与地方政府财政农业支出的责任边界，同时完善地方税体系，赋予地方政府更大的发债权。地方政府应精简行政层级架构，减少政府运行成本，转变政府职能。促进预算的法治化与规范化，增强预算的法律约束力，刚性要求财政支农预算的绝对与相对增长幅度，预算编制、审批、执行和监督应有明确操作主体和职责边界。改变城市偏向的财政预算支出导向，增加直接促进农业生产要素投入的项目支出，提高农业生产性投资、人力资本和技术投资、农村公共服务投资的比重。建立更加严格的土地出让金硬约束机制，严格规制地方政府疯狂卖地，占用耕地的“掠夺之手”。建立参与式预算制度，将财政支农资金收支活动全部纳入预算审查和社会监督范畴之内。

第三，优化转移支付，实施城乡发展一体化模式。首先，中央政府应对以往扶贫倾斜式的无条件转移支付进行绩效评估，克服低水平的财力均衡，创新中央转移支付绩效评价指标体系。其次，实行有配套条件或比例的转移支付，简化转移支付环节，提高转移资金利用效率。中央政府应建立转移支付的瞄准再分配机制，提高对落后省区农村公共品转移支付的精度和力度，对于外溢性较强的农村公共品，建立专项支付。再次，完善省级以下的转移支付制度，建立转移支付统一拨付渠道和透明的信息发布平台。消除制约城乡发展一体化的主要障碍，首先要促进城乡公共产品与服务供给均等化，提高城乡公共品供给的效率和质量，由地方政府主导城乡公共品配置权。坚持城乡公平统一的财政政策，构建城市对农村的制度与政策反哺、物质资本反哺、人力资本反哺等反哺机制。最后是创新农地产权制度，切实保障农民的土地增值收益，探索农民增加财产性收入的渠道。

第四，向农业输入现代化的生产要素与经营模式。“双轮驱动”模式应成为未来中国农业经济增长方式转变与可持续发展的路径轨迹。通过财政、金融和保险等扶植政策，降低农业新技术的使用门槛，促进先进农业技术扩散与传播，构建工业化、信息化与农业生产效率的技术转移与良性协调互动机制。充分认识农业生产的周期规律性，加强农业基础设施建设，建立生态、低碳的现代农业。在确保粮食安全的前提下，加快推进农业产业内部结构调整与升级，完善农业保险机制，增强农业抵御丰产欠收、谷贱伤农等市场风险能力。完善激励与约束机制，推广适度规模经营，大力发展家庭农场，培育新型农业经营主体。建立城乡一体化的就业创业市场，构建高质量的农业科技培训与推广传播体系，尝试发放教育培训券等方式提高农村人力资本的投资与积累，建立城乡一体化的户籍与社会保障体系。

第五，促进农村金融改革，探索农业资本积累率与利润率稳定增长机制。消除城乡金融深化的二元鸿沟，创新制度安排，拓展农村金融服务农业功能。中央银行可以根据涉农金融机构的信用状况，逐步放松利率管制，实现更大幅度的浮动范围。合理定位商业性与政策性金融机构的市场边界，完善农村金融生态环境，着力拓展农村政策性金融功能，创新金融产品，发展微型金融，促进城乡金融的统筹融合。在风险得到有效监控的条件下，适度降低农村金融服务的门槛与成本，放松对农户贷款的容忍度并进行合理展期。中央政府对涉农企业税收减免与优惠，可在农业领域赋予省一级地方政府更大的财政与税收自主权与经济激励，可以考虑试点授权农业大省发行农业发展专项国债。地方政府尝试建立专业性的商业和政策性的涉农信用评估、担保机构，探索农村集体土地使用权的抵押担保融资方式。充分发挥财政资金的杠杆作用，诱导农户投资、金融、保险、社会资本等进行农业投资。

第六，注重中央政府对地方政府发展农业的制度激励与政策创新。优化政绩考核体系，创新地方政府支农的动力机制。中央政府应改变单纯以 GDP 论英雄的绩效考核机制，坚持科学发展观，注重城乡协调发展，将支农政绩指标纳入地方政府官员晋升的考核体系。革新公共治理方式，构建农民偏好表露与政府回应机制，进行农村社会管理体制和机制的创新。建立高度组织化和专业化的农民自治组织，降低维权交易成本，使农民有效介入公共选择的全过程，建立起真正意义上的“以足投票”“用手投票”机制。

3.本书的框架安排

第 1 章提出研究的问题，概括研究价值，说明研究的内容和方法等；第 2 章梳理研究脉络和学者们的相关研究文献，并作出适当的评述，给出对本书的启示和借鉴；第 3 章介绍中国式财政分权的特征性事实，回顾中国财政分权的制度变迁，中国式分权的基本特征与统计测度；第 4 章在理论借鉴的基础上，进行中国式分权、地方政府竞争与地方政府支农行为的机理分析，从三个维度搭建本书的制度分析框架。

第 5 章是资源配置效应分析，对中国式分权、政府治理与农村公共品供给进行统计、计量实证；第 6 章是收入分配效应测度，进行中国式分权、农业经济增长与城乡收入差距动态分析。接下来是农业经济增长与发展效应的考量：第 7 章对农业经济增长源泉探析和地方政府支农行为进行技术测度；第 8 章对中国式分权和农业经济增长绩效动态追踪给予制度评价。

最后的第 9 章、第 10 章是对全书内容的总结，分别列出研究结论与展望，政策建议。本书适合科研机构、高等学校、政府智库等经济、管理类师生、研究人员、经济学爱好者参阅，不足之处恳请读者批评指正。

Mulu 目录

第一篇　研究设计与文献综述

第二篇　制度分析范式

第三篇　分权、治理与资源配置效应

第四篇　分权、增长与收入分配效应

第五篇　分权与农业经济增长效应

第六篇 结论、展望与政策建议

图表目录

图目录：

表目录：

第一篇

研究设计与文献综述

第1章 绪 论

✧ 问题的提出
✧ 研究的价值
✧ 研究的目标及思路
✧ 研究的内容及方法
✧ 数据资料与创新

第2章 文献综述

✧ 国外研究现状综述
✧ 国内研究现状综述
✧ 相关研究的启示

第1章　绪　论

1.1　问题的提出

中国的分权改革被普遍认为是引致经济增长奇迹的一个关键性制度安排，但是在理论研究与实证分析上，财政分权制度对中国农村公共品供给、城乡收入分配、农业经济增长的绩效并不明确。中国的财政分权是在保持中央政府高度政治集权的前提下，赋予地方政府的经济分权（傅勇和张晏，2007）。地方政府基于GDP绩效考核的压力和有限任期内做出政绩获得政治晋升的动力，偏向于展开锦标赛式（周黎安，2007）的“标尺竞争”和“打到底线的竞争”。分权和竞争驱动了地方政府采取城市倾向而漠视农村的经济政策（马光荣和杨恩艳，2010）。

本书研究的问题聚焦：尝试建立财政分权、地方政府竞争与农村公共品供给、城乡收入差距、农业经济增长关系和效应的范式框架，在理论借鉴和机制分析的基础上，对中国财政分权制度变迁进行评价，并构建其测度指标。立足财政职能视角（资源配置、收入差距和经济增长与稳定；Musgrave，1954），揭示中国式分权在资源配置、收入分配和经济增长与稳定方面对农业经济增长影响的作用机理，分别从经济分权、晋升激励与农村公共品的配置效应，财政分权、农业经济增长与城乡收入差距收敛，中国农业经济增长源泉探析与地方政府支农行为的技术评价，财政分权、农村金融排斥与农业经济增长绩效制度评价四个维度进行研究的拓展和深入。探寻财政分权制度、地方政府竞争对中国农村公共品供给、城乡收入差距、农业经济增长的影响机制与变动规律,提出中国现代农业与农村经济高质量增长和城乡发展一体化的运行机制、实施模式与调控政策。

1.2 研究的价值

在中国式财政分权的制度框架下,基于地方政府行为视域和经验实证,系统考察中国农村公共品供给、城乡收入差距、农业经济增长绩效具有重要的理论价值:

①本书对中国式财政分权制度特征进行了系统总结,尝试构建了刻画中国式财政分权程度的测度指标,丰富了中国特色社会主义财政分权指标体系,又可以从中央与地方分权治理视角审视农村公共品供给、城乡收入分配与农业经济增长绩效问题。

②基于新政治经济学与公共选择理论的研究思路,作为理性的经济人,地方政府及其官员在以 GDP 为绩效考核指标和争夺高税源、FDI 与土地财政等冲动,倾向于将财政资源配置到周期短、见效快的高税收产业部门,从而减少对农业和农村公共品的投入。研究首先立足资源配置视角,测度地方政府财政支出结构是否出现了“弱农非农化”支出偏向与扭曲,考察农村教育、医疗和社保福利等公共品供给效应,进而验证地方政府行为是否出现了异化与企业化。

③研究将财政分权、农业经济增长与城乡收入差距架构在统一的制度分析框架下,考察三者之间是否具有长期均衡与短期动态效应。探析中国的农业经济增长是否有质量的增长;同时揭示财政分权制度在缓解城乡收入差距方面的绩效表现。

④通过对农业全要素生产率(TFP)及其各分解指数的技术效率测度,有助于从时空差异、静态与动态等角度探究农业增长的源泉,系统追踪评价地方政府发展农业的行为绩效表现。

基于地方政府行为视域和中国的经验实证,系统考察农村公共品供给、城乡收入差距、农业经济增长绩效也具有重要的实践意义：

①研究的理论与实证结论可以对1994年以来的分税制改革、三农工作、新农村建设等进行政策评价，并为正在进行的公共财政与现代财政体制改革、农业现代化战略等政府决策提供理论和实践上的支持与指导。

②促进财政资源和公共品城乡平等均衡高效配置，约束地方政府行为异化与恶性竞争，规避"攫取之手"，激励地方政府伸出"援助之手"。

③在中国式分权框架下，对地方政府财政支农、农村金融发展与生产要素投入对农业经济增长绩效变动进行动态追踪，对提升支农资金使用效率，促进金融深化，探索农业资本稳定投资与利润增长机制具有重要启示。

④结合不同区域农业发展的资源禀赋、现实条件和长远目标，尝试提出中央-地方政府支农的动力机制、发展模式与激励约束措施，对践行党的十八大和十八届三中全会等关于"三农"发展的战略部署，推动城乡发展一体化，建设现代农业，实现农民收入倍增，增加农民财产性收入等具有重要的现实与政策意义。

综上所述，中国式财政分权与地方政府竞争、现代农业发展绩效是一项需要深入研究与充分探讨的重要课题，本书将在对上述研究价值深度认知的前提下尝试进行科学、系统的研究，以期取得相关研究成果。

1.3 研究的目标和思路

诺思指出："如果社会上个人没有刺激去从事能引起经济增长的那些活动，便会导致停滞状态。……如果一个社会没有经济增长，那是因为没有为经济创新提供刺激。"本书将公共财政、财政分权、政府竞争、官员政治晋升、二元经济理论、公共产品与公共选择等理论引入到农村公共品供给、农业经济增长的研究视域中。探索在中国式分权、地方政府行为对农村公共品供给、城乡收入差距、农业经济增长的影响机理与互动机制，尝试建立数理推导、新制度经济学与新政治经济学分析框架，立足财政职能（资源配置、收入差距和经济增长与稳定；Musgrave，1954）三大视角，考量地方政府在促进农村公共品供给、城乡收入差距和农业经济增长上的绩效表现,优化设计推动现代农业与农村经济可持续增长的运行机制与实施模式,并提出相应的政策建议。具体的研究目标分解如下:

①理论借鉴-制度评价-测度指标:通过国内外研究综述和相关理论借鉴,建立中国式分权的制度分析框架;对中国式分权进行制度变迁评价,概括其基本特征,并进行数量刻画,构建全文的理论范式与制度分析框架。

②验证扭曲效应:考察中国式分权、政府竞争对地方政府官员行为偏向的影响,验证是否出现了财政资源配置弱农非农化和对农村非经济性公共品扭曲效应。

③动态分析:揭示分权制度变量、农业经济增长与城乡收入差距的作用机理,搭建新制度经济学分析框架;通过误差修正模型(VECM)与向量自回归模型(VAR)计量分析三者之间的长期均衡和短期动态效应,并进行动态预测。

④技术测度与制度评价:系统测算农业全要素生产率(TFP)及其各分解指数,探究农业经济增长的源泉;对地方政府财政、金融支农的增长效应进行绩效动态追踪评价,并进行跨时与区域差异分析。

⑤顶层设计与分层治理:提出中国农业为发展而增长的运行机制、实施模式、政策建议,进而增进中国式分权的福利效应,消弭分权的代价,助推农业现代化战略的实现。

本研究以财政分权理论为指导,结合农业经济增长理论、公共选择理论和政府竞争理论,阐述了中国的财政分权制度变迁、具体含义与基本特征,构建的财政分权衡量指标,对中国的财政分权程度进行了数量刻画。在此基础之上,从资源配置、收入分配和经济增长与稳定的财政职能视角,揭示财政分权制度与农村公共品供给、城乡收入差距、农业经济增长的动态效应、作用机制与生成机理,并对财政分权制度影响中国农业经济增长的时序变动和区域差异进行理论分析与实证考察,系统评价地方政府促进农业农村发展的行为特征与政策绩效,进而构建政府支农的运行机制与实施模式,最后基于分权视角,提出建立现代农业,推动农业可持续增长的政策建议。

研究的思路遵循了应用经济学:理论框架—实证检验—对策运用的一般过程。本书的谋篇布局和研究框架如图 1.1 所示,共分为 6 篇 10 章。

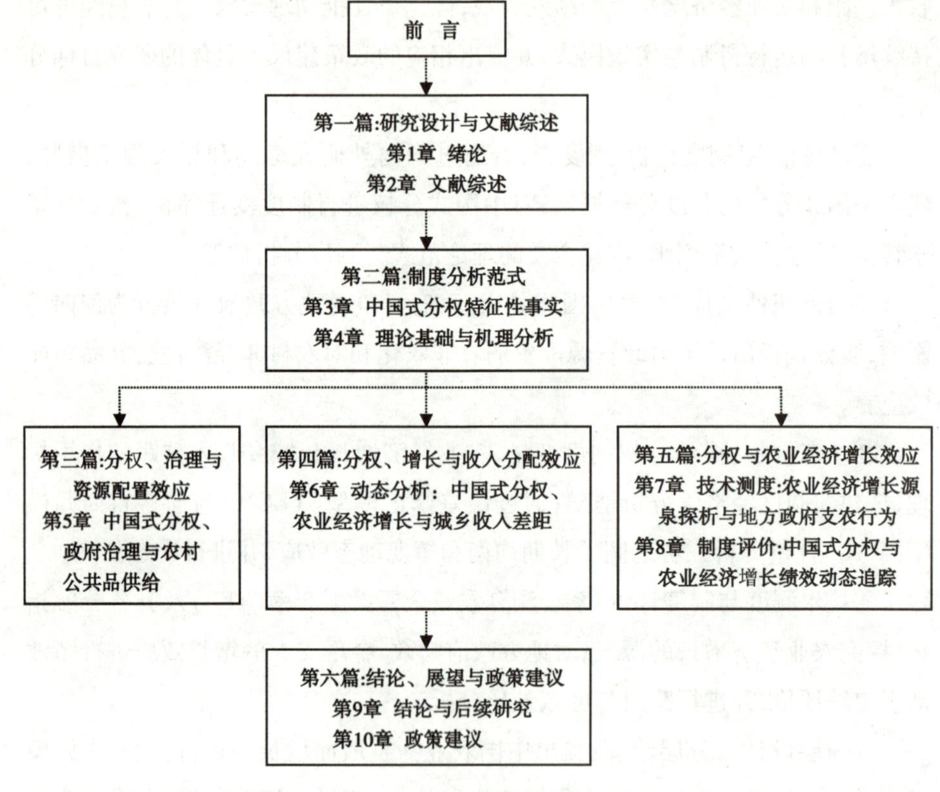

图 1.1 本书的结构框架

Fig. 1.1 Structural framework of this book

1.4 研究的内容及方法

本研究尝试建立财政分权制度与农村公共品供给、城乡收入分配、农业经济增长关系和效应的制度分析范式,立足财政职能视角,揭示财政分权在资源配置、收入分配和经济增长与稳定方面对农业经济增长影响的作用机理,探寻财政分权制度对中国农村公共品供给、城乡收入分配、农业经济增长的变动规律和调控政策,提出中国现代农业与农村经济高质量增长和城乡发展一体化的运行机制、实施模式与调控政策。本书的内容结构拟订如下:

第 1 章:绪论。研究的问题与价值;研究的目标、思路、内容及方法;数据准备与可能的创新等。

第 2 章:文献综述。对相关研究贡献和研究脉络进行总结,提出对本项研究的启示。

第 3 章:中国式分权特征性事实。概述中国财政分权制度变迁与演化;中国特色社会主义财政分权的基本含义与具体特征;中国式财政分权衡量指标的选取与测度。

第 4 章:理论基础与机理分析。主要包括公共财政、财政分权、地方政府行为与竞争、二元经济理论、公共选择理论、公共产品理论等。在此基础之上,进行中国式分权、地方政府竞争与地方政府支农行为的机理分析。

第 5 章:经济分权、晋升激励与农村公共品的配置效应。主要从财政分权、政府竞争与官员晋升视角研究地方政府财政支出是否发生了“弱农非农化”行为偏向,以农村非经济公共品配置为实证分析与检验的样本,进而检验财政资源城乡非均衡配置的“扭曲效应”。

第 6 章:财政分权、农业经济增长与城乡收入差距收敛。理论分析基于分权视角下,地方政府及其官员在 GDP 标尺竞争和政治晋升的激励下,分权式改革确实给予地方政府发展经济的动力,并具有显著的经济增长效应,但同时也带来了城乡和地区间收入差距扩大等分权成本;实证考察城乡收入差距、农业经济增长和财政分权之间的长期均衡与短期动态效应,并进行格兰杰因果关系检验、脉冲响应与方差分解、VAR 模型静态与动态预测等。

第 7 章:技术评价:中国农业经济增长源泉探析与地方政府支农行为;立足微观视角,对农业全要素生产率(TFP)及其各指数进行数据包络分析(DEA)与曼奎斯特(Malmqusit)指数数量测算,并进行跨时、区域与分组差异考察。分析地方政府行为因素,即财政农业投入、农工业内部产业结果调整,农村人力资本投资等因素与区域农业经济增长的绩效。

第 8 章:制度评价:财政分权、农村金融排斥与农业经济增长绩效。站在宏观视域,以制度分析为背景,借助修正扩展的农业生产函数模型,评估分税制与农村金融改革对中国农业经济增长的影响效应。

第 9 章:研究结论与展望。主要研究中国式财政分权制度的路径依赖,重要研究观点和结论,同时提出研究展望,方便后续研究者继续深入研究,拓展相关领域。

第 10 章:政策建议。基于制度因素和利益相关者行为博弈因素,提出中央与地方政府支农政策优化设计的导向、框架、运行机制与实施模式。

研究方法力求理论分析和实证检验相结合,借助新旧制度经济学、博弈论、

新政治经济学、统计学置信度、数据包络与计量分析相佐证。具体方法的运用体现在:

①在公共财政学、农业经济学学科交叉的基础上,回顾和借鉴了财政分权理论、农业经济增长理论、公共选择理论与政府竞争等理论,确定研究的逻辑起点,经过比较研究之后,理论界定中国财政分权的基本概念与具体表征,分权测度指标的选取主要运用历史分析和描述性统计分析的方法,具体参见第2,3,4章。

②基于财政三大职能视角,即资源配置、收入分配和经济增长与稳定,构建财政分权、政府竞争(官员晋升)与农业经济增长的理论分析框架,理论与数理推演部分主要运用新古典经济学,辅助借鉴新制度经济学的研究范式。在提出理论模型的基础上进行严谨的实证分析与检验,研究中尽量保证数据的可得性、一致性与平稳性,具体使用了单位根检验(ADF)、协整检验,向量自回归(VAR)、误差修正模型(VECM)、面板数据(Panel Data)模型、数据包络分析(DEA)等统计与计量方法,并注重模型内生性与稳健性的处理,具体参见第5,6,7,8章。

③运用公共选择理论、公共财政理论、新制度经济学、新政治经济学等分析范式与理论工具,揭示财政、金融支农的路径依赖与渐进式变迁特征,基于制度因素和利益相关者行为博弈因素,提出地方政府支农政策设计的导向、框架、激励机制与实施模式,具体参见第9章。

④在规范研究和实证研究紧密结合基础之上,对全书内容进行系统总结和归纳演绎,提出研究结论、政策建议与研究展望等,具体参见第10章。

研究使用的软件包括 Eviews6.0,Stata14.0,DEAP2.0,Matlab2011a 等。

1.5 数据资料与创新

本书的研究主要使用改革开放以来的省级面板数据进行实证检验,研究样本是中国除港、澳、台外各省(区、市)的平衡面板数据(Balanced Panel Data)。因各章的研究目标和变量选择不同,具体时序、截面数据与面板数据的选取参见各章节。数据主要来源于官方出版的权威统计资料,诸如《新中国六十年统计资料汇编》《中国统计年鉴》《新中国五十五年统计资料汇编》《新中国五十年统计资料汇编》《全国各省、自治区、直辖市历史统计资料汇编(1949—1989)》《中国财政年鉴》《中国农村统计年鉴》《新中国农业六十年统计资料》《新中国五十年农业统计资料》《中国教育经费统计年鉴》《中国检察年鉴》《中国劳动统计年鉴》及相关省份统计年鉴等。另外部分数据缺失,由 CNKI 全文期刊数据库(中国年鉴网络出版总库)、中宏数据库、中经网等补齐。在处理官方数据基础上,本书的研究者基于前期研究和积累,已经建立起与本书研究主题:财政分权与农业经济增长所有变量的专用数据库。

本书的主要创新如下:

①在公共财政学(财政分权理论)、新政治经济学、新制度经济学、农业经济学等学科交叉的基础上,确定研究的逻辑起点,并从财政三大职能的视角(Musgrave,1954),即资源配置、收入分配部分和经济稳定与发展职能系统分析了中国财政分权制度与农村公共品供给、农业经济增长的关系与效应,研究视角较为宽广和创新,框架清晰。同时完善了衡量中国财政分权的指标体系,并借助简约的博弈模型(静态博弈、纳什均衡、囚徒困境、囚犯的快乐等)对中国式分权、地方政府竞争与地方政府支农行为进行机理分析,增强了理论模型的解释力。创新的详细内容参见第 4 章。

②现有财政支农研究文献主要集中在全国层面,评价财政农业支出规模不足、结构偏向等问题,较少从地方政府行为视角,并将财政支农问题上升到中国式分权的制度层面进行系统研究。本书基于省级面板数据,从财政分权制度、地方政府竞争等视角研究农村公共品供给配置是否发生了偏向,进而验证财政资源配置的城乡“扭曲效应”。农村公共品供给使用农村小学生均教育经费、农村医疗机构床位数和农村人均社会保障支出三大变量来刻画,同时在控制变量中,增加反腐败变量、新农村建设政策变量等具有创新意义,详细内容参见第 5 章。

③运用时间序列数据,实证考察了城乡收入差距、农业经济增长和财政分权三者之间的动态效应与影响机制。研究还发现:农业全要素生产率增长源泉主要是由技术进步率与技术效率双轮驱动的,但技术效率的驱动作用有限。地方政府行为因素影响非均衡,对提升农业全要素生产率正向冲击效应显著,但对农业技术效率和纯技术效率影响为负,对农业前沿技术进步率与农业规模效率影响不显著。创新的内容参见第 6 章和第 7 章。第 8 章在传统的财政、金融支农的研究基础上,创新搭建了新制度经济学分析框架:中国式分权制度分析框架,修正了农业生产函数,对农业经济增长绩效进行了动态追踪评价。

④本书的研究主要基于省级面板数据、研究论证与估计方法上，尝试将理论借鉴、新制度经济学评价、新政治经济学分析、描述性统计置信度检验与计量建模等综合运用，注重静态与动态分析，并优化处理变量的内生性（GMM 估计），在提高模型估计与分析结论的稳健性上有所创新。

第 2 章　文献综述

理论研究的拓展和延伸源于对前人研究基础和经验实证的有机结合。本书尝试探索中国式分权、地方政府行为与现代农业发展的关系原理与互动机理，建立三者间的新制度经济学、新政治经济学分析范式，同时对国内外研究现状进行评述，得出相关启示和发现。通过对相关研究进行梳理和借鉴，确立研究的逻辑起点和分析框架。

2.1　国外研究现状综述

(1)第一代财政分权理论

财政分权理论是以蒂伯特(C.M.Tiebout)1956 年发表的《地方支出的纯粹理论》为标志，后经马斯格雷夫(Musgrave,1959)和奥茨(Oates,1972)等扩展，形成了第一代的传统财政分权理论，主要包括施蒂格勒(G.Stigler,1957)最优分权模式“菜单”理论、奥茨(Oates,1972)定理、布坎南(J.Buchanan,1965)“分权俱乐部理论”和蒂伯特的“以足投票”理论。第一代财政分权理论也被称作财政联邦主义(the theory of fiscal federalism)和 TOM 模型(Tiebout, Oates, Musgrave)。他们从不同角度论证了财政分权的好处，主要观点是中央政府与地方政府对居民的偏好存在信息的不对称，地方政府具有信息优势，由地方政府主要提供公共产品可以更好地满足居民的需求偏好。其次，在财政分权的制度安排下，地方政府基于政治经济利益的考量，在资源的争夺上会展开激烈竞争,即财政竞争(政府竞争),这可能促使地方政府提高效率,缩小规模,以更低的税收价格提供公共产品。同时,蒂伯特假定居民具有迁移的完全自由,居民出于最大化自身效用的动机,会在全国范围内寻找地方政府所提供的公共产品与所征收的税收之间的最佳组合,选择他们最喜欢的社区,进而实现"以足投票"。在竞争性辖区之间,财政分权通过"以足投票"与"用手投票",有助于提高地方政府公共产品的供给效率。

传统的财政分权理论假设政府行为是出于公共利益和"仁慈的公共利益的守护者",通过财政分权和政府竞争,地方政府官员能够更好地提供和满足符合纳税人(投票者)偏好的公共产品。这种假设和推论或许过于理想化:其一,地方政府若基于个体理性,是否有足够的动力和激励提供满足地方居民偏好的公共产品;其二,辖区间公共产品的外溢性是普遍存在的,居民的流动又不可能无成本,财政分权是否会导致地方政府间的恶性竞争。以上这些问题,第一代财政分权理论并没有给出让人信服的结论。

(2)第二代财政分权理论

传统的财政分权理论受到以钱颖一(Qian)、温加斯特(Weingast)和罗纳德(Ronald)等人的质疑,由此产生了第二代财政分权理论,亦被称作第二代财政联邦主义理论或市场维护型财政联邦主义。第二代财政分权理论假定政府并不是普济众生式的救世主,政府官员也和企业经理人一样是理性的经济人,政府与官员有可能从政治决策中形成寻租与腐败行为,即政府也是追求自身利益最大化的,而不是无条件地最大化社会福利。一个有效的政府治理应该实现官员和地方居民福利之间的激励相容。第二代财政分权理论还认为:在要素可以自由流动的情况下,地方政府间的财政竞争可以增加政府干预的机会成本,限制地方政府对市场的不合理干预与掠夺行为(Qian & Weingast,1997)。通过财政分权,地方政府间良性的财政竞争可以硬化地方政府的预算约束(Qian & Roland,1998)。第二代财政分权理论打破了政府是公共利益代表者的假设,以更加宽泛和深入的视角关注财政分权问题。

(3)财政分权与经济增长关系的研究

无论是在成熟的市场经济国家,还是在转型国家,财政分权是一种普遍的趋势。财政分权是促进还是阻碍经济增长,引起了学者们的重点关注。传统的财政分权理论认为财政分权是有利于经济增长的(Tiebout,1956;Oates,1972)。

蒂伯特指出当人们从公共产品供给成本较高的辖区转移向供给成本较低的辖区时，辖区之间公共产品的供给成本差距就会逐渐缩小，供给效率将不断提高，长此以往，就有可能实现社会福利的最大化。财政分权可以提高公共产品的供给效率，引发地区间的竞争，会在一定程度上抑制地方政府对市场的保护和腐败，间接影响经济增长(Gorge Martinez-Vazqez,2003)。

但是从实证角度研究财政分权与经济增长的关系，结论并不一致。Barro(1990)将政府支出划分为生产性服务支出和非生产性服务支出，并认为生产性支出有利于经济增长，非生产性支出过多会对经济增长不利。Xie(1999)等使用美国1948—1994年的时间序列数据，发现进一步的财政分权已不能促进美国经济增长，反而会产生负作用。Hamid Davoodi & Heng-fu Zou(1998)选取发展中国家和发达国家的46个样本，样本区间为1970—1989年，结论是在发展中国家，财政分权降低了经济增长速度，但在发达国家两者关系不明确。Nohuo Akai & Masayo Sakata(2002)使用美国50个州数据(1992—1996)，并尽量减少不同文化、发展阶段的影响，发现财政分权有利于经济增长。基于成熟市场经济国家的第一代财政分权理论与第二代财政分权理论，可能在发展中国家与处于转型中的国家并不适用，因为这些国家的政治、经济、文化制度等背景不同，财政分权造成了地方政府支出结构的扭曲(Bardhan,2002)。

2.2 国内研究现状综述

中国的分权改革被普遍认为是引致经济增长奇迹的一个关键性制度安排(Lin & Liu,2000;Jin,Qian & Weingast,2005;张晏和龚六堂,2005)。1978年以来中国在财政体制方面进行改革，特别是1994年分税制的推行，地方政府在财政总支出中所占的比重从1981年的45%攀升到1996年近73%，体现出非常明显的分权化趋势(沈坤荣和付文林,2005)。

(1)财政分权与经济增长

张涛和邹恒甫(1998)考察了地方政府预算内外支出和综合支出(预算支出与预算外支出之和)的份额，结论是中国的财政分权与经济增长存在负相关关系。林毅夫和刘志强(2000)利用省级数据估算中国自20世纪80年代开始的财政分权在经济增长上所产生的作用,在控制了同期其他各项改革措施的影响后,财政分权提高了省级人均 GDP 的增长率,支持了财政分权可以提高经济效率的假说。另外,他们还发现农村改革、非国有部门的发展以及资本积累是推动中国经济迅速增长的关键因素。胡书东(2001)通过对 1978—1993 年的数据进行实证分析得出:新中国 50 年,一般性的财政分权与国民经济绩效之间不存在明显的正相关关系,而真正有助于改善国民经济绩效的是财政经济建设部分的分权。张晏和龚六堂(2005)实证检验了中国 1986—2002 年财政分权与经济增长的关系,发现财政分权效应存在显著的跨时差异和地区差异。分税制改革后各级政府之间政策协调能力的加强是促进财政分权积极作用的重要原因之一。傅勇和张晏(2007)认为中国的财政分权以及基于政绩考核下的政府竞争,导致地方政府公共支出结构“重基本建设、轻人力资本投资和公共服务”的明显扭曲,而 1994 年后一系列重要改革并没缓解这种情况。刘金涛和曲晓飞(2009)发现在整个样本区间(1982—2004)内,中国财政分权与经济增长的关系处于“反常”的“U 型”关系,且背离“财政分权边际效用递减”的规律。

(2)财政分权与农业经济增长

关于财政分权与经济增长之间的关系,国内已有大量学者进行了研究,但是财政分权与农业经济增长之间的关系,研究成果较少,在少数几项研究中,结论也并不一致。宁满秀(2008)运用面板计量模型,对财政分权与农业经济增长之间的关系进行了实证分析,总体而言,财政分权并没有促进农业经济增长。在以经济增长为核心的地方政府官员政绩考核体系下,财政分权对农业经济增长的挤出效应大于其正面的激励效应,而且财政分权不利于缩小地区差距。陈安平(2009)使用 1994 年分税制后的经验数据和联立方程模型,估算了财政分权对经济增长和城乡收入差距的影响,得出财政分权使地方政府的财政支出显著增加,但财政支出的增加并不必然有利于经济增长和使城乡收入差距状况恶化。蔡忠雁(2010)利用省际面板数据,在计量方法上增加了面板单位根及协整检验,结果表明,财政农业支出显著促进了农业经济增长,两者之间是负相关的关系,并指出财政分权通过财政农业支出来影响农业经济增长。席利卿、彭可茂(2010)认为农业增长除受到基本投入要素的影响,还受制度因素的影响,他们发现我国农业在要素投入并没有周期性变化的情况下,农业总产值增长率却呈现一定的周期性,由于不同阶段农村土地制度、价格制度、财政制度和税费制度的变迁，导致农业生产总值增长率周期性起伏，并指出制度变迁是改革开放后中国农业经济增长的内在决定性因素。

（3）财政分权的资源配置效应

①财政支出结构偏向研究。李焕彰和钱忠好（2004）认为：农业公共产品投入不足极大制约中国农业可持续增长的潜力，为提高财政支农资源的配置效率，必须大幅度增加农业科技投入，适度增加农业基础设施投入，压缩农业事业费支出。傅勇和张晏（2007）认为中国的财政分权以及基于政绩考核下的政府竞争，导致地方政府公共支出结构"重基本建设、轻人力资本投资和公共服务"的明显扭曲，1994 年分税制后的一系列重要改革并没缓解这种情况。宋文昌（2009）利用省级面板数据得出在中国的财政分权模式下，基于经济增长导向的政府竞争，导致公共服务供给不足，在地区间导致公共服务供给不均等。龚锋和卢洪友（2009）使用 1999—2005 年短面板数据实证检验显示：财政分权程度与教育支出以及抚恤与社会福利救济费供给不足指数正相关，并与行政管理费以及基本建设支出过度供给指数正相关，指出中国目前尚不具备使财政分权正向激励效应得以有效发挥的制度基础，应推动基层民主建设，改革绩效考评机制，引导地方政府有效配置公共资源。李婉（2010）认为在上级政府对下级政府拥有人事任免权和以 GDP 增长作为考核标准的政治体制下，财政支出分权导致地方政府偏好于经济建设支出和除科教文卫之外的其他部门事业费的支出，而最能反映一个地区居民需求的科教文卫支出被忽视，甚至被其他支出所挤占。范允奇和王文举（2010）借助不完全信息下的多任务委托—代理模型，并利用省际面板数据进行实证检验，提出中国式财政分权下地方政府具有双重激励结构，使得地方财政的支出偏好出现"重建设轻民生"的特征。安苑、王珺（2010）使用非参数逐点估计方法，实证结果表明，平均而言，财政分权促进了地方政府重视经济建设支出而忽视科教文卫支出的偏向。

李雪松（2013）将财政分权、政府竞争与财政农业支出架构在统一的制度分析框架下，利用 1988—2010 年省级面板数据模型计量分析得出：财政分权在样本区间内促进了地方政府财政农业支出，具有正效应，但跨时与区域差异明显。财政分权与政府竞争的交互项阻碍了地方财政农业支出，在东部更加显著，模型加入政府膨胀程度、城市化、经济发展水平等变量后，回归结论保持稳健。另外，地方政府财政农业支出具有明显的累积效应，受宏观经济政策驱动明显，但是这种驱动力正在减弱。李雪松和冉光和（2013）基于财政分权与地方政府治理视域对农村公共品供给的影响机制进行了制度根源的理论探析与实证研究,并利用省级面板数据经验研究发现:财政分权、城镇化对农村基础教育、卫生保健和福利社保公共品均具有显著的供给效应。中央转移支付并未有效促进农村医疗公共品供给,地方政府财政自给率供给效应不显著,但地方政府对中央转移支付"粘蝇纸效应"明显。政府竞争对农村基础教育与社保支出具有显著的负向激励。反腐败增强了农村基础教育的有效提供,但减少了福利保障供给,说明地方政府在农村公共品供给上具有腐败寻租的空间。经济增长水平与新农村建设政策变量也是影响农村公共品供给效应的重要因素并呈现差异性。政策启示是应持续优化中国式分权制度的顶层设计,提高地方政府的治理水平,完善城乡均衡统筹的公共品供给机制。

②挤出与诱导效应研究。现有研究主要集中在全国层面对财政投资与民间投资进行挤出与诱导效应的探讨。郭庆旺和赵志耘(1999)发现,财政赤字有效促进了经济的持续高速增长,在民间部门投资对利率的变化缺乏弹性,经济运行处于不景气时,以公债融资的财政赤字具有一定程度的拉动效应。戴园晨(1999)理论分析了中央每一次松动投资管制,都会起到强烈的带动效应并且出现地方投资过度扩张,形成投资的"倒逼机制"和"棘轮效应"。地方政府和国有企业之间相互攀比形成过强的带动效应引起"经济过热",但是非国有经济的投资积极性没有高涨,财政投资只是取代了原来的非国有投资,形成"挤出效应"。曾令华(2000)认为实际利率的上升和它对非政府投资的某些抑制作用不能说明政府支出扩张有"挤出效应",是利率政策限制了财政扩张发挥充分的乘数效应,而不是财政扩张自身产生了"挤出效应"。刘溶沧和马拴友(2001)认为赤字、国债规模没有产生挤出效应,不但财政赤字没有使利率上升,而且财政投资也未挤出私人投资。郭庆旺和贾俊雪(2005)以1978—2003年全国数据为基础,利用向量自回归和脉冲响应函数分析得出我国财政投资对经济增长具有显著的促进作用,对民间投资的拉动效应很强。陈浪南和杨子晖(2007)经验研究(1980—2003)结果表明,政府的公共投资挤进,诱导了私人投资,社会文教费支出挤出了私人投资。税外费用融资减少了私人投资,而货币融资促进了私人投资,不同经济条件下的国债融资对于私人投资具有不同的效应。

地方政府财政农业投入究竟对农户投资产生怎样的效应?挤入效应抑或诱导效应,关于这个论题,国内学者研究的并不深入,基于面板数据的计量研究更是少之又少,只发现李琴等(2008)利用26个省(1996—2005)面板数据研究了地方政府财政支农支出对农户投资的挤出与诱导效应，发现支援农业生产支出、农林牧副渔事业费、农业基本建设支出对农户投资存在挤进效应，农业综合开发支出存在挤出效应，税费改革使得地方财政支农引导农户投资功能下降。

（4）财政分权与城乡收入差距研究

城乡收入差距问题是改革开放以来中国经济学界持续关注的焦点问题之一，影响城乡收入差距的因素众多而且复杂，部分学者尝试从财政分权视角，寻找城乡收入差距产生与持续扩大制度层面的原因。国内的研究普遍认为在财政分权的制度框架之下，地方政府城市化的政策偏向加剧了城乡收入差距，而如果矫正财政支出结构的扭曲效应与增加农村公共品的有效供给则会缓解这个问题。殷德生（2004）对 1994 年分税制改革以后，财政分权对经济增长和地区经济发展不平衡的影响进行了经验检验，发现中国财政分权水平未能有效促进地区的经济增长，却加剧了地区经济发展的差异程度。

王永钦等（2007）认为中国政治集权下的经济分权给地方政府提供了发展经济的动力，尤其是完成了地方层面的市场化和竞争性领域的民营化。但是，内生于这种激励结构的相对绩效评估又造成了城乡和地区间收入差距的持续扩大，以及区域间市场分割和公共事业的公平缺失等问题。解垩（2007）基于 1994—2004 年省级面板数据估计显示，农村公共品供给增加对降低城乡收入差距有显著作用，财政分权程度、政府财政支出的结构也对城乡收入差距有显著影响，并指出城市化未能带来城乡收入差距的缩小。陈安平（2009）使用分税制后的经验数据和联立方程模型，得出财政分权使地方政府的财政支出显著增加，但这并不必然有利于经济增长，反而扩大了城乡收入差距。该研究也指出如果在地方财政支出水平上升的同时，使科学教育和农业支出特别是科学教育支出在总支出中的比重得以增加，将有可能在保持经济高增长的同时，使城乡收入差距得以缩小。

马光荣和杨恩艳（2010）认为，中国式的财政分权体制和政府间竞争激励了地方政府实施城市倾向的经济政策，通过 1986—2004 年省际面板数据实证发现，分权和竞争驱动了地方政府采取城市倾向而漠视农村的经济政策，进而加剧了城乡收入差距。赖小琼和黄智淋（2011）基于 1978—2009 年数据，运用向量自回归模型，实证考察了财政分权、通货膨胀与城乡收入差距之间的动态关系，指出财政分权在长期和短期均不利于城乡收入差距的缩小，通胀因素在短期可以显著缩小城乡收入差距，但在长期不利于城乡收入差距的缩小。

雷根强和蔡翔(2012)研究表明初次分配中劳动报酬比重下降、城市偏向的财政再分配政策是城乡收入差距扩大的重要原因。陈工和洪礼阳(2012)采用系统广义矩面板分析发现财政分权程度越高,政府生产性支出和公共产品支出越偏向于城市部门,分权与城乡收入差距呈现负相关关系。

李雪松(2013)进行多变量协整与向量误差修正模型(VECM)分析后发现:变量间具有显著的长期均衡关系与短期动态调节机制。城乡收入差距具有反向自身修正机制,但修正能力较弱。农业经济增长对城乡居民收入差距的影响呈现波动递减趋势。分权短期内会产生正向冲击,加剧城乡收入差距,但长期内会缓解差距,最后进行了 VAR 模型的静态与动态预测,这些发现对缩小城乡收入差距提供了有益启示与治理策略。

(5)地方政府财政支农的绩效分析

张元红(2000)肯定了财政支农对中国农业发展的积极意义,但财政政策未能发挥缓解农业生产周期作用,反而成为一种推波助澜的因素。孙文祥和蔡方(2005)研究认为,从整体上看,我国财政支农具有显著的经济效益,但是中央和地方财政支农效果不同,中央对农业发展专项资金的支出经济绩效明显低于地方政府财政支出。同时,不同财政支出项目具有显著差异,农业基本建设支出产出效率较低,农业科技三项费投入最少。魏朗(2007)利用生产函数对1999—2003 年各省农业经济增长的面板数据进行实证分析发现,地方财政支农支出确实有利于农业经济增长,其产出弹性系数为 0.13;有大约 30%的农业经济增长是靠财政支农支出推动的。续竞秦(2009)检验了中国财政分权和地方政府之间的竞争对地方财政农业支出的影响,结果是财政分权对地方财政农业支出具有显著正效应,但主要发生在东部和西部地区,地方政府竞争对中部地区农业支出有负效应。

黎翠梅(2009)从财政农业支出规模、力度与结构等方面,运用面板数据模型(1995—2006)实证结果表明,地方财政农业支出对区域农业经济增长具有明显的促进作用,但差异显著,应扩大地方财政农业支出的规模并提高使用效率,这对中部地区尤为重要。冉光和等(2008)认为政府主导的农村金融成长模式对农村经济增长具有显著的约束效应。刘勇(2009)等研究也得出了类似的结论,并结合各地区的农业区位商值,通过聚类分析将我国各地区分成四类农业竞争力地区,提出了相应的农业发展战略。王倩(2010)发现财政支农率与农村金融机构信贷率对农业经济增长负相关性显著。温涛和董文杰(2011)

得出了相反的结论,并指出财政支农促进效应更强,金融支农则有所下降。丁志国等(2011)单独检验了农村金融政策的有效性。李晓嘉(2011)研究表明,财政分权并未有效促进地方政府预算内财政农业支出的增长。在以经济增长为核心的地方政府官员政绩考核体系中,财政分权对经济性支出的正向影响最为显著,对社会性支出也有正向影响,但对转移性支出影响不明显。

李雪松(2013)构建了中国式分权的制度框架,理论分析地方政府财政支农、农村金融发展与生产要素投入对农业经济增长绩效变动的作用机制。实证研究结果显示:农业经济增长呈现明显的累积滞后效应,受政策驱动显著。分权的增长效应明显,具有跨时与区域差异特征。城乡金融发展非均衡与金融财政化引致农村金融功能拓展受到抑制,阻碍了农业经济增长,农村金融与实体经济部门之间良性互动机制不显著。地方政府财政农业投入和农村金融的协调与配合具有显著的增长效应,明显大于单纯财政支农的效力。宏观经济形势,农业能源消耗与农业经济增长的联系日益紧密。

2.3 相关研究的启示

(1)财政分权的经济增长效应是国外学者研究的主要视域

传统的财政分权理论认为财政分权是有利于经济增长的(Tiebout,1956;Oates,1972)。财政分权可以提高公共产品的供给效率,引发地区间的竞争,会在一定程度上抑制地方政府对市场的保护和腐败,间接影响经济增长(Gorge Martinez-Vazqez,2003)。但从实证角度研究财政分权与经济增长的关系,结论并不一致。研究参见 Barro(1990),Xie(1999),Hamid Davoodi & Heng-fu Zou(1998),Nohuo Akai & Masayo Sakata(2002),Bardhan(2002)。可以看出,国外关于财政分权的研究,主要侧重于财政支出与经济增长的理论与实证分析,较少从财政分权的视角分析其与农业经济增长的关系与效应。

(2)财政分权、地方政府行为对农业经济增长的影响绩效并未完全展开

财政分权与经济增长的研究也是国内学者研究的主要领域,分权改革被普遍认为是引致经济增长奇迹的一个关键性制度安排（Lin & Liu，2000；Jin，Qian & Weingast，2005；张晏和龚六堂，2005）。但是将财政分权、地方政府竞争对农业经济增长绩效的影响研究并未得到充分的重视，系统研究财政分权、地方政府行为（政府竞争、官员晋升等）对农业经济增长的影响绩效并未完全展开。目前的研究内容大都停留在对国外财政农业支持政策和支持方式的简单介绍。我国财政制度变迁，尤其是关于财政分权理论大多是经验总结或主观判断，定性研究汗牛充栋，基于调查和以经验权威数据为支撑的严谨定量分析与实证检验较少，研究结论缺乏说服力与科学性。

（3）以往研究维度与视角拓展不足

通过文献综述，可以看出，以前学者们的研究未结合区域农业发展的自然禀赋与现实情况，缺乏对中央政府与地方政府财政支农行为的博弈分析，更鲜有从财政政策的三大目标：资源配置、收入分配和经济增长与稳定视角，基于地方政府实证分析财政分权与现代农业发展的关系与效应。

（4）研究方法与数据资料的准备

在研究方法和经验数据上，关于衡量中国财政分权程度的指标，学者们选取的指标不同，有的指标选取的过于复杂，导致制度设计复杂和政策执行难度加大。同时鉴于研究样本期间选择的差异性和数据的可得性，导致计量模型设定形式各异，研究结论未取得一致的认识。现有研究较少使用面板数据，缺乏数据的平稳性和协整检验，引致实证分析可能出现“伪回归”现象，进而影响分析结论的稳定性与可靠性。

通过梳理相关文献，本书最终的研究启示：中国的财政分权是在保持中央政府高度政治集权的前提下，赋予地方政府的经济分权（傅勇和张晏，2007）。地方政府基于 GDP 绩效考核的压力和有限任期内做出政绩获得政治晋升的动力，偏向于展开锦标赛式（周黎安，2007）的“标尺竞争”。分权和竞争驱动了地方政府采取城市倾向而漠视农村的经济政策（马光荣和杨恩艳，2010）。中国的分权改革被普遍认为是引致经济增长奇迹的一个关键性制度安排，但是在理论研究与实证分析上，中国式分权、地方政府竞争对现代农业发展的影响绩效并不明确，有待更加深入的考察。

所以，本书研究的主要工作在于：通过理论借鉴与实证分析，搭建中国式分权与农村公共品供给、城乡收入差距、农业经济增长的理论分析框架并提出研究假说；基于财政政策的三大目标：资源配置、收入分配和经济增长与稳定视角，对省级政府现代农业发展的影响机制与作用绩效进行理论分析与实证检验；在估计方法上，尝试将新政治经济学、新制度经济学、数据包络分析、博弈论、描述性统计分析与计量建模等综合运用，并优化处理变量的内生性，提高模型估计与分析结论的稳健性，用以达到预期的研究目标，取得具有一定创新意义的研究结论与成果。

第二篇

制度分析范式

第3章　中国式分权特征性事实

- ✧ 中国式分权的制度变迁
  - ➢ 统收统支,高度集中(1949—1979)
  - ➢ 财权下放,分灶吃饭(1978—1993)
  - ➢ 分税制改革(1994—2002)
  - ➢ 2003年至十八届三中全会
- ✧ 基本特征
- ✧ 数量刻画与指标选取

第4章　理论基础与机理分析

- ✧ 理论基础
  - ➢ 二元经济理论
  - ➢ 公共财政理论
  - ➢ 财政分权理论
  - ➢ 公共产品理论
  - ➢ 公共选择理论
- ✧ 机理分析
  - ➢ 中国式分权、地方政府竞争与政府支农行为
  - ➢ 地方政府支农行为与制度激励机制
- ✧ 小结与评论

第3章　中国式分权特征性事实

范式从本质上讲是一种理论体系。托马斯·库恩(Thomas Kuhn,1962)指出:"按既定的用法,范式就是一种公认的模型或模式。"本章将借鉴公共财政、财政分权、农业经济增长、政府竞争等若干理论,对中国财政分权的制度变迁、基本特征及测度指标等进行具体阐释与统计描述性概括。

通过借鉴相关理论,诸如城乡二元经济理论、公共财政理论、财政分权理论、公共产品理论和公共选择理论等,揭示中国式分权、地方政府行为与农村公共品供给、城乡收入差距、农业经济增长的互动机理。为使机理分析更加具有解释力,本部分借助博弈论的相关知识,基于静态博弈、"囚徒困境"和"囚徒的快乐"等对地方政府支农行为与制度激励机制进行了深入阐释,进而确定研究的逻辑起点,为全书研究搭建制度分析框架。

3.1　中国式分权的制度变迁

3.1.1　统收统支,高度集中(1949—1979)

诺思(1990)指出:"制度在社会中起着更为根本性的作用,它们是决定长期经济绩效的基本因素。"中华人民共和国的财政体制是在借鉴苏联财政体制基础之上建立起来的,具有中央高度集权的特征。首先,各级地方政府不具有单独的预算权。财政部统一负责全国预算编制(批准省级政府的财政收支计划),掌控转移支付的额度(邓子基和唐文倩,2011)。

1958 年的财政体制改革是 1949 年以来第一次财政分权改革，由于财政下放过度，中国财政收支占比大幅减少。1959 年开始实行“收支下放，计划包干，地区调剂，总额分成，一年一变”的财政体制，具体就是各地的财政收支相抵后，收不抵支的部分由中央财政补助，收大于支的部分按比例上缴中央。到 1979 年，中央共出台了 6 种不同的财政体制，给中央政府高度集权化的财政体制纳入了一定的分权因素。1949—1979 年的中国财政体制变迁具体参见表 3.1。

表 3.1　改革开放前财政体制变迁

Table 3.1　The evolution of financial system before reform and opening-up

实行时间	财政体制简述
1950	高度集中，统收统支
1951—1957	划分收支，分级管理
1958	以收代支，五年不变
1959—1970	收支下放，计划包干，地区调剂，总额分成，一年一变
1971—1973	定支定收，收支包干，保证上缴，结余留用，一年一定
1974—1975	收入按固定比例流程，超收另定分成比例，支出按指标包干
1976—1979	定收定支，收支挂钩，总额分成，一年一变，部分省市实行“收支挂钩，增收分成”

资料来源：李萍.中国政府间财政关系图解[M].北京：中国财政经济出版社，2006：3.

由表 3.1 可以看出，自 1949 年到改革开放以前的财政体制经历了集中—适度分权—集中的历程，虽然具有分权的趋势，但统收统支、高度集中基本形式没有改变。

统收统支、高度集中的财政体制是传统的计划经济模式的产物，为恢复国民经济、社会主义改造、建立比较完整的工业体系等方面提供了重要支持。但这种高度集中、大包大揽的体制也忽视了各部门、各地方的经济利益与自主权利（贾康，2008），成为阻碍经济发展动力与活力的重要瓶颈因素。

3.1.2　财权下放，分灶吃饭（1978—1993）

国务院在 1980 年 2 月发布《关于实行“划分收支、分级包干”的财政管理体制的暂行规定》，开始实行财政管理体制的改革。这一阶段分权改革主要特征是扩大地方政府的经济资源支配能力，中央政府通过财权下放调动地方和微观主体的积极性。主要方式可以概括为“分灶吃饭”，即中央一个灶，地方 20 多个灶，打破一灶吃大锅饭的局面（贾康，2008）。

1980 年实行“划分收支、分级包干、一定五年不变”的预算管理体制。1983—1984 年中央进行了“利改税”，“分灶吃饭”的财政运行体制表现为“划分税种、核定收支、分级包干”。1988 年 7 月，国务院发布《关于地方实行财政包干办法的决定》，全国 39 个省、自治区、直辖市和计划单列市，除了广州、西安两市财政关系仍分别与两省联系外，对其余分别实行不同形式的包干办法①，即“财政大包干”。

这些制度设计与变革的效果：

一是在整个 20 世纪 80 年代，中国的财政制度从一种单一的由中央政府完全控制收入集中的预算分配制度变为一种相对分权化的制度安排，扩大了地方政府在组织收入和在预算中安排支出方面的自主权。

二是初步建立了中国的税收体系，以税种来划分中央与地方收入的财政体制正式拉开了分权型改革②，中国集中型财政体制开始向分散的、分层次的财政体制过渡（刘光俊，2011），在调动地方组织财政收入方面作用显著。

三是分权化改革使政府职能分散化，强化了地方政府的利益主体意识，使其在计划经济下被束缚的主动性和积极性得到释放，促进了国民经济和各项社会事业的发展。（邓子基，唐文倩，2011）。

但是随着财政体制改革的推进，一些问题也随之显现，主要是“分灶吃饭”助涨了地方保护主义，“诸侯经济”倾向明显，助涨了投资膨胀与低水平重复建设（贾康，2008）。另外一个更为严重的后果就是造成了中央财力下降，财政收入占 GDP 比重和中央财政收入占全部财政收入比重，即“两个比重”过低。这为后来中国财政分权制度重要变迁——分税制改革提供了制度供给的前提与土壤。

---

① 具体办法参见：贾康.中国财税改革 30 年简要回顾与评述[J].财政研究，2008(10)：2-20.

② 财政收入按照来源分为中央固定财政收入（包括关税、由中央直接拥有的国有企业上缴的财政收入）、地方固定财政收入（包括盐税、农业税、工商所得税、由地方政府拥有的国有企业上缴的财政收入、其他税收收入以及地方特产税）和中央地方共享收入（包括由中央和地方政府共同领导的大型企业的利润、工商税或营业税）。

3.1.3 分税制改革(1994—2002)

(1)分税制改革的政策背景与主要目的

1992年党的十四大第一次明确提出建立社会主义市场经济体制的目标模式。1993年12月,国务院发布《关于实行分税制财政管理体制的决定》,1994年1月1日起全国实行分税制财政管理体制。分税制的主要目的就是提高"两个比重"——全国财政收入占GDP的比重和中央财政收入占全国财政的比重,增强中央政府的宏观调控能力。财政体制分权化改革是中国经济体制改革的重要突破口之一。

(2)分税制改革的基本内容

①划分了中央与地方事权和支出。根据现在中央政府与地方政府事权的划分,中央财政主要承担国家安全、外交和中央国家机关运转所需经费,调整国民经济结构、协调地区发展、实施宏观调控所必需的支出以及由中央直接管理的事业发展支出。地方财政主要承担本地区政权机关运转所需支出以及本地区经济、事业发展所需支出。

②划分中央与地方的收入。根据事权与财权相结合的原则,将税种统一划分为中央税、地方税、中央与地方共享税,建立起中央和地方两套税收管理制度,并分设中央与地方两套税收机构分别征管。将维护国家权益、实施宏观调控所必需的税种划为中央税;将同经济发展直接相关的主要税种划为中央与地方共享税;将适合地方征管的税种划为地方税,并充实地方税税种,增加地方税收入。

③中央财政对地方税收返还数额的确定。为了保持现有地方政府既得利益格局,逐步达到分税制改革的目标,在核定地方财政收支额的基础上,实行中央财政对地方财政的税收返还和转移支付。中央财政对地方税收返还数额以1993年为基期年核定。1993年中央净上划收入,全额返还地方,保证现有地方既得财力,并以此作为以后中央对地方税收返还基数。此外,分税制还包括配套改革和其他政策措施[①]。

---

① 具体参见《国务院关于实行分税制财政管理体制的决定》国发〔1993〕85号。

(3)分税制改革效果与存在的问题

1994 年的分税制改革是 1949 年以来财税体制最根本性的一次变革,形成了中央政府与省级政府之间稳定的分权制度框架,建立了中央税、地方税、中央与地方共享税制度,增强了中央宏观调控能力。具体体现在分税制进一步理顺了中央与地方的财政分配关系,成功实现了在中央政府与地方政府之间税种、税权、税管的划分,建立了中央税、地方税以及中央地方共享税的框架。分税制调动了中央和地方各方的积极性,国税与地税两个系统加强了税收征管,保证了中央政府的财政收入和增强宏观调控能力。

改革开放以后,中国的财政体制经过几次"放权让利"等重大改革,特别是 1994 年分税制改革后,中国已基本建立起了全国范围的财政分权体制。但是,随着市场经济向纵深发展,分税制也出现了一些问题,如地方税税种的收入规模小、税源分散,缺乏长期稳定的主体税种(邓子基,2009)。同时,中央政府与地方政府事权与财权不对等,地方政府承担了 70%的支出责任,而收入却只有 45%~50%(黄佩华,2003)。地方政府需要履行的公共事务较多,但缺乏必要的财政保障,即事权与财权的不对等。另外还有就是两套征税系统是否有必要,客观上造成了较高的征税成本。政府财政行为层级化严重,基层财政困难,城乡与区域之间公共产品与服务供给差距不断扩大,甚至有学者认为出现了一些比分税制改革前更为严重的问题(丁菊红,2010)。

3.1.4 2003 年至十八届三中全会

按照党的十六届三中全会《关于完善社会主义市场经济体制若干问题的决定》,我国进入了社会主义市场经济发展时期。针对现行税制同市场经济发展出现的不适应或矛盾问题,按照"简税制、宽税基、低税率、严征管"的原则,进行了新一轮税制改革,主要内容包括:

(1)分步实施税收制度改革

改革出口退税制度。统一各类企业税收制度。增值税由生产型改为消费型,将设备投资纳入增值税抵扣范围。完善消费税,适当扩大税基。改进个人所得税,实行综合和分类相结合的个人所得税制。实施城镇建设税费改革,条件具备时对不动产开征统一规范的物业税,相应取消有关收费。在统一税政前提下,赋予地方适当的税政管理权。创造条件逐步实现城乡税制统一。

(2)推进财政管理体制改革

健全公共财政体制,明确各级政府的财政支出责任。进一步完善转移支付制度,加大对中西部地区和民族地区的财政支持。深化部门预算、国库集中收付、政府采购和收支两条线管理改革。清理和规范行政事业性收费,凡能纳入预算的都要纳入预算管理。改革预算编制制度,完善预算编制、执行的制衡机制,加强审计监督。建立预算绩效评价体系。实行全口径预算管理和对或有负债的有效监控。加强各级人民代表大会对本级政府预算的审查和监督。

(3)深化农村税费改革

中国城乡二元经济结构的典型反映之一就是城市与农村实行两套不同的税制。这种制度设计提高了农产品成本,降低了国际竞争力,不仅显失公平,而且加剧了城乡居民的收入差距。农村税费改革是减轻农民负担和深化农村改革的重大举措。中央的政策导向是完善农村税费改革试点的各项政策,取消农业特产税,加快推进县乡机构和农村义务教育体制等综合配套改革。在完成试点工作的基础上,逐步降低农业税率,切实减轻农民负担。2004 年,国务院开始正式实行减征或免征农业税的惠农政策。2005 年,十届全国人大常委会第十九次会议通过决定,《农业税条例》自 2006 年 1 月 1 日起被废止。废除农业税以法律的形式固定下来,让中国农民彻底告别了缴纳农业税的历史。这种制度性变化与创新,是政府对城乡经济和社会发展不均衡做出的重大调整,体现了“三农”工作重中之重的战略地位。

(4)现代财政制度与农业发展

2013 年,党的十八届三中全会通过的《中共中央关于全面深化改革若干重大问题的决定》(以下简称《决定》)指出:“财政是国家治理的基础和重要支柱”,“建立现代财政制度,发挥中央和地方两个积极性。”允许财政项目资金直接投向符合条件的合作社,允许财政补助形成的资产转交合作社持有和管护,允许合作社开展信用合作。同时向农业输入现代生产要素和经营模式,推进城乡要素平等交换和公共资源均衡配置,推进城乡基本公共服务均等化。

在赋予农民更多财产权利方面,《决定》认为应慎重稳妥推进农民住房财产权抵押、担保、转让,探索农民增加财产性收入渠道。建立农村产权流转交易市场,推动农村产权流转交易公开、公正、规范运行。形成以工促农、以城带乡、工农互惠、城乡一体的新型工农城乡关系，让广大农民平等参与现代化进程、共同分享现代化成果。

3.2 基本特征

熊彼特(1918)曾指出："研究财政历史使得人们能够洞悉社会存在和社会变化的规律，洞悉国家命运的推动力量。"依据经典的财政分权理论，财政分权(Fiscal Decentralization)是中央政府与地方政府在财政体制层面的分权，是指征税权和支出权向下级政府的下放，或者说地方政府拥有一定程度的财政自主权，具体是指地方的立法机关或地方政府是否具有独立的税权。结合国内外不同学者对财政分权的讨论与解读，本书已经在第 2 章对中国财政分权的内涵进行了界定，即财政分权(Fiscal Decentralization)是中央政府赋予地方政府一定的财政自主权，允许地方一政府自行决定其预算支出规模和结构。

财政分权体制演变至今，判定中国是一个高度分权的国家，这应该没有什么疑问的(张军，2007)。与经典的财政分权体制特征相比，我国的财政分权体制根植于中国的特殊国情与制度演化，财政分权制度变迁的条件、路径与西方成熟的市场经济国家差异较大，富有中国特色，因此本书统一称之为中国式财政分权体制，以下简称中国式分权[①]。中国式分权的基本特征如下：

(1)自上而下的分权供给驱动模式

经典的财政分权理论是自下而上需求驱动模式，地方政府因居民的选票与偏好来提供公共产品，相比中央政府，具有获取辖区公共产品需求的信息优势，因而有助于提高公共产品提供的效率。

纵观中国式财政分权体制的历史变迁，历次财政体制改革基本上是由中央政府发起和推动的，即中国式分权不是来自"选票"，而是来自中央政府的政治权威与优势地位。中央政府是分权制度的主要推动者，主动将财权配置给地方政府，鉴于中央权威与官员垂直政治任命，地方政府只能被动妥协接受，地方政府"讨价还价"的条件与空间并不多，在与中央政府的分权谈判中并不占有优

① 傅勇和张晏(2007)、于长革(2008)、马光荣和杨恩艳(2010)也使用过"中国式分权"或"中国式财政分权"的称谓。

势，而且还经常面临中央政府单方面改变分权契约的风险。

可以看出，中国式分权是一种“自上而下”的，由中央政府供给驱动的分权模式。这种模式具有内在缺陷，即在一定程度上会导致基层财政困境，公共服务供给严重不足（于长革，2008）。但是另一方面，中国的分权改革在某种意义上可以看作是中央政府主导和控制下的机制设计问题（王永钦，等，2007）。正是基于中央政府的强势地位与绩效考核可以在一定程度上弥补“用手投票”“以足投票”机制的缺失。中央政府的激励与约束机制可以很好地监督与规制地方政府的行为异化。

（2）政治高度集权与经济适度分权

政治经济双重分权是基于财政分权理论而建立起来的西方财政分权体制的基本特征之一。但是中国政治权力的高度集中（Che et al，2005；Xu，2011）与经济体制高度分权并存是改革开放以来特有的制度安排（姚洋和张牧扬，2013）。中国的分权模式赋予地方政府较大的激励，能够起到促进市场发育或保护市场的作用，从而促进经济增长（Montinola，Qian & Weingast，1995；Qian & Weingast，1996，1997；Jin，Qian & Weingast，2005）。这种经济分权的适度性还体现在目前的财政分权只是停留在省级政府这一层级，省以下主要是分成制与包干制等传统的财政体制，并未实行真正意义上的分权制。

通过本书第2章的研究综述可知，大多数文献证实：“中国特色的财政分权”具有强大的激励作用，中国分权使改革受益明显。中央政府适度的“放权让利”，为地方政府发展经济提供了动力十足的制度激励，分权的经济增长效应显著。正如王永钦等（2007）认为政治集权下的经济分权给地方政府提供了发展经济的强大动力，完成了地方层面上的市场化和竞争性领域的民营化。

（3）不具有独立税权，但具有事实上的财政分权

通过中国财政分权制度演化与变迁可以总结出，我国的财政分权不具有财政分权理论的严格假设，这其中一个重要表征就是地方政府没有独立的税收立法权。《宪法》第八十九条规定：国务院行使“编制和执行国民经济和社会发展计划和国家预算”的职权。《预算法》第八条规定：“国家实行中央和地方分税制。”第十六条规定：“国务院财政部门具体编制中央预算、决算草案；具体组织中央和地方预算的执行……地方各级政府财政部门具体编制本级预算、决算草案；具体组织本级总预算的执行。”《增值税暂行条例》第二条规定：“税率的

调整,由国务院决定。"

中国式分权局限在政府与地方政府事权与财权的有效划分。但是地方政府拥有法定的预算内外收支管理权,这似乎是中央政府基于税收集权对于地方政府的一个补偿协议,地方政府虽然不具有独立税权,但拥有事实上的分权,即地方政府的预算内外的收支管理权。

(4)财权与事权非均衡不匹配

这种不匹配首先体现在中央与地方财政收支的"非对称分权"上。分税制后,中央政府提高了两个比重,控制了更多的财政资源,强化了中央政府的经济和政治控制能力(丁菊红,2010),在某种程度上可以看作是中央政府在财政制度设计上的又一次集权。

其次,分权造成地方政府财权过小,事权过大,"小马拉大车"。分税制改革将政府职能进一步分散化,地方政府承担了更多的公共管理与服务,具有"多目标"任务。但地方政府在履行更多事权的同时,需要更多的财力来保障。特别是欠发达地区,财政往往是"吃饭财政",导致地方政府在教育、卫生、医疗、就业等民生领域投入严重不足和滞后。

另外,分权模式下的地方政府间的竞争也加剧了非经济性公共品供给的不足。在 GDP 考核的标尺竞争赛制下,地方政府机会主义倾向明显,长期专注于"高税收""高产出"的短视产业,造成与辖区居民偏好的教育、医疗、住房、社保福利等公共产品长期得不到应有的重视。再加之中国严重的城乡二元结构鸿沟,中央政府与地方政府的分权运行机制异化也造成了城乡公共服务供给的巨大差异,地方政府更偏向制定和执行重视城市而忽视农村倾向的政策,导致了昂贵的分权成本。

(5)财政分权的用手投票与以足投票机制发挥的并不充分而有效

蒂伯特模型(Tiebout Model)假定居民具有迁移的完全自由,那么在竞争性的地方辖区之间,居民出于最大化自身效用的动机,会在全国范围内寻找地方政府所提供的公共产品与所征收的税收之间的最佳组合,即自由选择他们最喜欢的社区,并接受和维护该辖区地方政府的管理,这个过程就是所谓的"用脚投票"机制。在经典分权假设下,若用手投票、以足投票机制发挥得较为充分,在竞争性辖区之间,人员的流动性有助于提高地方公共产品的供给效率。但是中国式分权面临很多现实的困境,诸如户籍制度,城乡就业和社会保障的巨大差异，居民，特别是农民基于真实偏好显示流动成本过高，以足投票机制受到限制。

财政分权理论的另一个严格假设就是分权应赋予辖区居民充分的偏好显示权、公共产品的决定权，即用手投票机制。但是中国目前的财政分权改革是一种自上而下的改革，地方政府具有来自自上而下的政绩考核约束，明显缺乏有效的来自自下而上的监督与约束，即纳税人用手投票机制缺乏制度供给与有效保障。地方政府提供的公共产品与上级政府的政绩考核、晋升指标高度相关，辖区居民对公共产品需求偏好显示与福利满足的机制发挥的并不充分，即分权的用手投票机制受到掣肘。财政分权的用手投票与以足投票机制发挥的并不充分而有效也再次说明：中国式分权并非完全意义上的分权（刘卓珺和于长革，2010）。

另外，中国的财政分权与国外财政分权制度有所差异，中国是典型的城乡二元经济特征，收入、教育、就业、户籍、社保等制度在某种程度上严格限制着居民，特别是农村居民基于偏好的自由流动或者是流动成本过高，“用脚投票”的自由在很大程度上受到限制，因此缺乏真正意义上的“用脚投票”机制。财政资源的配置应充分体现公共性与公平性，兼顾各方利益，特别是纳税人的诉求，用脚投票与以足投票机制的部分失效也说明中国目前公共财政体制建立的紧迫性。

（6）缺乏宪法与法律的刚性约束

由前文中国财政分权制度的变迁可以看出，历次中央与地方财政关系的改变主要是中央政府作出“决定”，发布“通知”进行的，而且基本是在行政系统内部推行，分权的法制基础比较薄弱（刘卓珺和于长革，2010）。缺乏立法、司法部门的深度参与，缺乏将这些“决定”“通知”上升为“宪法”与“法律”制度刚性举措。中国式财政分权制度变迁的法制化程度不高，契约稳定性较差，对各级政府的财政行为缺乏制度约束。

这种制度供给潜在的后果之一就是即使是成熟的制度也难以固化与刚性化，缺乏对分权各契约方的有效约束。一方面，地方政府与中央政府的交易比较被动，中央政府可能单方面修改分权协议，使地方政府承担分权不确定性的违约风险和较高的交易成本。另一方面，正是因为缺乏有关分权契约各方权利与义务的有效约束，可能导致中央政府与地方政府的“预算软约束”，即在公共财政资源的使用上过于随意，缺乏公平，损失效率。

3.3 数量刻画与指标选取

(1)分权指标的数量刻画

财政分权本来就是一个多维的概念,并没有一个具体、确定的衡量标准。在现实的经济运行中,关于财政分权的底线,并不存在或者并不需要一个明确的答案。因为不同国家政治制度形式的差异,资源禀赋、人口基数、经济发展水平以及民族文化背景都在一定程度上影响最适宜的分权程度。目前对中国式财政分权程度与指标选取,学者们已经进行了深入的研究,成果较为丰富,具体参见表3.2。

表3.2 中国式财政分权测度指标体系

Table 3.2 China's fiscal decentralization measure index system

前期研究者	年份	度量指标	备 注
Oates	1985	地方财政收入(支出)/全国(或中央)财政收入(支出)	
Woler & Philips	1998	地方财政支出/全国财政支出	
马骏	1997	省级政府在预算收入中保留的平均份额	
Zhang & Zou	1998	财政总支出指标;预算内财政支出指标;预算外财政支出指标	
Qian & Barry R.Weight	1999	人均财政支出比率指标;工业分权指标;官僚机构整合指数指标	
林毅夫和刘志强	2000	边际分成率指标	
Akai & Sakata	2002	收入指标;支出指标;财政自主性指标;加权指标	
乔宝云	2002	人均各省本级财政支出占总财政支出(人均各省份本级财政支出与人均中央本级财政支出总和)的比值	国际通行
殷德生	2004	人均各省本级财政支出占总财政支出(人均各省份本级财政支出与人均中央本级财政支出总和)的比值	国际通行

续表

前期研究者	年份	度量指标	备　注
沈坤荣和付文林	2005	7个:各地方预算内财政支出占全国预算内财政总支出的比重(RBE);各地方预算内财政收入占全国预算内财政总收入的比重(RBI);各地方预算外财政支出占全国预算外财政总支出的比重(ROE);各地方预算外财政支出占全国预算外财政总支出的比重(ROI);各地方预算内财政收支占全国预算内财政总收支的比重(RBIE);各地方预算内和预算外财政支出占全国预算内外财政总支出的比重(RBOE);各地方预算内和预算外财政收入占全国预算内外财政总收入的比重(RBOI)	
傅勇和张晏	2007	各省预算内人均本级财政支出/中央预算内人均本级财政支出;辅助性指标:人均财政收入分权指标和扣除净转移支付的人均支出分权指标	
周业安和章泉	2008	人均各省本级财政支出占总财政支出(人均各省份本级财政支出与人均中央本级财政支出总和)的比值	国际通行
王志刚和龚六堂	2009	预算内本级政府财政收入分权指标; 预算内外收入分权指标; 预算内省级政府财政支出分权指标; 省级预算内外支出分权指标; 其他辅助性指标(省级财政自有程度)	
孙蚌珠和刘翰飞	2010	人均本级政府预算内财政支出衡量的财政分权度差异指标; 人均本级政府预算内财政收入衡量的财政分权度差异指标; 人均本级政府预算内外总支出衡量的财政分权度差异指标; 人均本级政府预算内外总收入衡量的财政分权度差异指标; 人均省级行政管理费和人均省级教科文卫支出衡量的财政分权度差异指标;	
赖小琼和黄智淋	2011	全国分权指标:采用财政支出分权口径,使用地方政府所有财政支出占全国财政支出的比重表示	

由于目前的研究并没有得出哪一种财政分权指标更合理,并未取得一致意见。鉴于数据的可得性和尽量完整衡量财政分权的程度。同时考虑到中国财政分权的制度变迁与基本特征,财政分权是在中央与地方财权之间的重新配置,即中央政府逐步将财政收支的权力下放分解给地方政府的过程,即中国财政分权改革的核心内容就是中央政府与地方政府之间权责利的谈判与博弈,中国的分税制改革特点:强调中央和地方财权的自主性问题。张军(2007)认为:如果使用地方政府支出相对比重来衡量的话,中国可能算是当今世界上最分权的国家了。本文主要使用支出分权指标,即支出口径。

(2)中国式分权程度的指标选取

通过对中国式财政分权测度指标的列举和影响因素的讨论,对中国财政分权程度指标的选取与测度存在一定争议,财政分权一般是指中央政府将财政控制权下放给地方政府,表明地方政府财政自主性的大小,现有研究主要集中在省级政府财政分权指标(预算内或预算外)如何选取的讨论上。鉴于目前研究并未取得一致意见,考虑研究的侧重点不同和数据的可得性一致性问题,为提高模型估计的稳健性,本书选择以下3项度量标准具体刻画衡量中国式财政分权的程度水平:

一是本研究聚焦全国层面财政分权指标的选取(熊柴和黄薇,2010;赖小琼和黄智淋,2011),即使用地方财政支出与全国财政支出(中央和地方)的比重来衡量,因考察的是全国层面的财政分权程度,无须进行人均化处理,主要在第6章使用该项度量指标。

二是国际通行的标准 FD_{exp1}①,将人均各省本级财政支出占总财政支出的比值作为财政分权水平。

三是采用傅勇、张晏(2007),孙琳和潘春阳(2009)的财政分权指标 FD_{exp2},即各省预算内人均本级财政支出与中央预算内人均本级财政支出的比值。根据瓦格纳法则(Wagner's Law),政府支出规模与人口数量两者之间可能存在正向关系,为剔除人口规模的影响,对这两项指标进行了人均化处理,主要在第5章、第7章和第8章使用。

本研究必须对不使用预算外指标的原因进行说明:尽管财政分权指标也可

---

① 总财政支出为人均各省份本级财政支出与人均中央本级财政支出之和,乔宝云(2002)、殷德生(2004)、周业安和章泉(2008)也使用了类似做法。

以使用预算外与预算内的财政支出规模来衡量，但是鉴于财政农业支出在《中国统计年鉴》《中国财政年鉴》各省预算外资金分类项目中并未反映，所以未使用该指标。傅勇和张晏(2007)，孙琳和潘春阳(2009)的前期研究也进行了如此的处理。

第 4 章　理论基础与机理分析

鉴于中国是政治上高度集权、经济上适度分权的发展中农业大国，本研究聚焦财政分权制度是否可以激励地方政府及其官员促进农业农村发展的积极性，进而改变城市偏向的政策设计，缩小城乡差距，有效推动农业可持续增长层面上。研究在建立现代农业的政策背景下，尝试分析中国式分权制度、地方政府治理行为对农村公共品供给、城乡收入分配、农业经济增长的影响效应、作用机制与绩效结果。本章在公共财政、财政分权、地方政府行为与竞争、二元经济理论、公共选择理论、公共产品等理论分析的基础上，搭建中国式分权、政府竞争与农村公共品供给、城乡收入差距、农业经济增长的理论分析框架，并借助博弈论进行机理阐释。

4.1　理论基础

4.1.1　二元经济理论

1954 年，威廉·阿瑟·刘易斯（W. Arthur Lewis）在其《劳动无限供给条件下的经济发展》一文中提出著名的二元经济结构理论。刘易斯认为，经济发展过程是现代工业部门相对传统农业部门的扩张过程，这一过程将一直持续到将沉积在传统农业部门中的剩余劳动力全部转移干净，直到出现一个城乡一体化的劳动力市场时为止。此时劳动力市场上的工资，便是按新古典学派的方法确定的均衡的实际工资。刘易斯认为当所有农业剩余劳动力都被工业部门吸收之后,农业部门工资率将沿着边际生产力曲线提高,这就标志着传统经济向现代经济的"转折点"的到来,即"刘易斯拐点"。刘易斯的二元经济结构理论表明,传统农业部门劳动力无限供给构成了二元经济的内在特征,二元经济发展的核心问题是农业剩余劳动力向现代工业部门转移的问题。

拉尼斯和费景汉(G.Ranis & Fei C.H.,1961)在刘易斯模型框架上,明确指出了农业生产率是二元经济结构转换的关节点(又称为刘易斯-拉尼斯-费模型),他们认为提高农业劳动率,可以提高农业部门劳动的边际产出,防止粮食短缺,而且能改善工农业的贸易条件,促进工业利润增长,缩短"刘易斯拐点"到来的时间①。

乔根森(D.W. Jogenson,1967)对刘易斯-拉尼斯-费模型的农村剩余劳动力转移的假设提出质疑,依据新古典主义(New Classicalism)的分析方法,在《过剩农业劳动力和两重经济发展》一文中提出乔根森理论。乔根森认为农村剩余劳动力转移的前提条件是农业剩余,而工业的发展取决于"农业剩余"和人口规模。在农业出现剩余的条件下,随着农业技术的不断提升,农业剩余规模将不断扩大,农村剩余劳动力将转移到工业部门。

因此,农业剩余的规模决定工业部门的发展和农村剩余劳动力转移的规模。工业部门的技术进步越快,储蓄率也就越高,劳动力增长越快,经济增长也就越快,最终完成二元经济结构的转化②。但是乔根森模型的缺陷是忽视了对农业的物质投资与城市的失业等问题。

20 世纪六七十年代,随着经济发展,众多发展中国家的失业问题越加严重,与大批劳动力在城市中找不到工作相对应的是越来越多的农民正在试图离开农村进入城市,人口流动已经成为经济发展的重要瓶颈因素之一。传统的人口流动模型难以做出令人信服的解释,托达罗(Michael P.Todro,1970)提出了自己的人口流动模型,称为托达罗模型(Todaro model)或三部门模型。

假定农业劳动者迁入城市的动机主要是城乡预期收入差距,差距越大,流入城市的人口就越多。托达罗认为迁到城市的人口越多,城市失业水平就越高,所以增加城市就业机会无助于解决城市就业问题。托达罗模型的政策含义是发展中国家应控制农村人口向城市流动,这一方面可以解决城市失业问题,促进城市经济发展,同时又可以保证农业部门发展有足够的劳动力补充。为此,应减轻城乡经济社会发展机会不均等的状况,增加农民的就业机会和收入

① Fei C.H and G.Ranis. A Theory of Economic Development[J]. American Economic Review,1961.

② 李晓澜,宋继清.二元经济理论模型评述[J].山西财经大学学报,2004(1):14-19.

水平,注重农村和农业部门的发展,逐渐缩小城乡二元发展差距。

4.1.2 公共财政理论

(1)西方公共财政理论的发展演变

①1776 年,亚当·斯密在《国富论》中将政府财政的管理范围和职能限定在对外防御、对内统治维持社会秩序、建设并维持某些公共事业及设施上,财政支出要厉行节约和"量入为出",由此确定了公共财政的"守夜人"角色,廉价政府成为国家财政所要达到的最高目标,这标志着公共财政理论的诞生。

②19 世纪末至 20 世纪初,资本主义发展到垄断资本主义阶段,经济社会矛盾日益激化,国家的职能发生了重要的转变。阿道夫·瓦格纳(Adolf Wagner,1835—1917)认为财政是"共同的经济组织中由权利共同体构成的强制共同经济",国家的职能应有发展文化教育和增进社会福利的职能,即国家应为"社会国家",并提出了著名的瓦格纳法则(公共支出不断增长法则或政府活动扩张法则)[①]。

③20 世纪 30 年代初,资本主义爆发空前严重的经济危机宣告了自由放任的古典经济理论破产,凯恩斯主义盛行,"有形之手"必须干预经济获得了共识。凯恩斯首次系统论证了财政赤字的合理性,改变了古典的"量入为出"原则。凯恩斯主义十分强调财政的重要作用,认为财政支出可以直接形成社会有效需求,进而弥补自由市场的有效需求不足。

④现代财政学之父:理查德·阿贝尔·马斯格雷夫(Richard Abel Musgrave)提出了财政的三大职能:资源配置、收入分配和宏观经济稳定,标志着现代公共财政理论的框架基本形成。

(2)国内公共财政理论的研究成果

张馨(1997,1999)认为公共财政是为市场提供"公共"服务并弥补市场失效的国家财政,它受"公共"的规范、决定和制约。公共财政的特征是弥补市场失效、一视同仁的服务、非市场营利性和法治化。高培勇(2005)认为,公共财政的实质含义主要体现在满足社会公共需要、立足于非营利性和收支行为规范化三个方面。

---

① 瓦格纳法则:当国民收入增长时,财政支出会以更大比例增长。随着人均收入水平的提高,政府支出占 GNP 的比重将会提高,这就是财政支出的相对增长。

与理论研究相对应的是中国公共财政和现代财政体制的建立与完善，2003年党的十六届三中全会提出“健全公共财政体制，明确各级政府的财政支出责任。”①2013 年党的十八届三中全会对全面深化财税体制改革，进一步理顺中央和地方收入划分等做出了重要部署，指出“财政是国家治理的基础和重要支柱，科学的财税体制是优化资源配置、维护市场统一、促进社会公平、实现国家长治久安的制度保障。必须完善立法、明确事权、改革税制、稳定税负、透明预算、提高效率，建立现代财政制度，发挥中央和地方两个积极性。”②

我国要建立社会主义市场经济体制，必然需要建立与之相适应的公共财政和现代财政的制度表达和执行。公共财政、现代财政产生的前提是市场经济，是与市场经济相适应的财政模式。

表 4.1　经济形态与财政类型

Table 4.1　Economic Form and Financial Types

经济形态	封建社会，原始资本主义	前市场经济	计划经济	现代市场经济 混合经济
财政模式	官方财政	功能财政	供给财政（生产性财政）公共财政	公共财政、现代财政
财政范畴	皇室消费，国家政权运转与军事	国家政权、军事、外交，财政调节	整个国民生产总值的管理与分配	政权运转、公共安全、宏观调节与社会保障

资料来源：巫建国.公共财政学[M].北京：经济科学出版社，2009：10.

4.1.3　财政分权理论

①关于财政分权内涵的评述。财政分权（Fiscal Decentralization）又称为“财政联邦主义”（Fiscal Federalism），是指中央政府与地方政府在财政体制层面的分权，是指征税权和支出权向下级政府的下放，或者说地方政府拥有一定程度的财政自主权，具体是指地方的立法机关或地方政府是否具有独立的税权。财政分权理论诞生于 20 世纪 50 年代，这一理论已经经历了第一代财政分权理论，以 Tiebout（1956），Stigler（1957），Musgrave（1959），Oates（1972）为代

① 《中共中央关于完善社会主义市场经济体制若干问题的决定》。

② 《中共中央关于全面深化改革若干重大问题的决定》。

表;第二代财政分权理论,以钱颖一和 Weingast(1997)为代表,以及新近总结的政治经济学研究范式。

国内相关学者对财政分权的认识如下:周业安和章泉(2008)认为财政分权特指地方政府或地方立法机关具有相对独立的税权,包括税收立法权、税收政策制定权和税收征管权三个方面。在没有独立税权的条件下,若地方政府在财政收支上拥有事实上的部分自由处置权,这也是分权的财政体制。财政分权是指以体制形式界定中央政府和地方各级政府间的财政收支范围,赋予地方政府较大的预算管理权限,其核心是使地方政府具有大于先前状态的财政自主权(贾康,2008,2009)。王志刚和龚六堂(2009)认为财政分权解决的主要问题是公共部门的纵向结构问题,即如何在不同层级政府间划分责任以及实现这些责任的财政手段。

②本书对财政分权基本概念的界定。通过对相关学者财政分权的认识的解读,对财政分权的科学界定应把握以下几个因素:第一,财政分权通常涉及政府财政收支在不同层级政府之间的划分。第二,财政分权隐含了中央政府与地方政府之间的财权与事权之间的分工,体现政府公共职能的展开与执行。第三,财政分权是公共治理方式集权与分权的现实表征。

根据学者对财政分权的不同解释,结合研究目标,本文将中国的财政分权界定为:财政分权(Fiscal Decentralization)是指中央政府赋予地方政府一定的财政自主权,允许地方政府自行决定其预算支出规模和结构。

③财政分权对公共产品供给的作用机制。财政分权发挥作用的理论前提是分权的单位(辖区)必须足够小;居民必须真正拥有“用手投票”“以足投票”的权利;居民有迁徙的自由,流动成本较低[①]。在以上前提下,财政分权对地方政府在公共产品的作用机制如下:

第一,分权是自下而上的需求诱导型分权,居民可以用手投票,选择自己偏好的公共产品和服务。分权可以使辖区居民的偏好在地方政府的政策中得到显示和尊重,有利于促使地方政府对居民负责。

第二,地方政府对辖区情况比中央政府更加了解,拥有更全面的信息优势,提供更适合本辖区居民偏好的公共产品,同时可运用信息优势影响中央决策,使中央做出有利于本地区的政策。

第三,分权可以促进地方政府制度和技术层面上的创新,增加居民更多的选择,分权使各地政府展开竞争,使用公共产品的提供出现部分差异,给人们带

---

① 樊勇明,杜莉.公共经济学[M].2 版.上海:复旦大学出版社,2007:311.

来选择的机会,居民可以根据偏好“用脚投票”。

“用脚投票”模型亦称蒂伯特模型(C.M.Tiebout,1956),是关于地方政府提供地方性公共产品的理论模型,该模型假定居民具有迁移的完全自由,那么在竞争性的地方辖区之间,居民出于偏好和最大化自身效用的动机,会在全国范围内寻找地方政府所提供的公共产品与所征收的税收之间的最佳组合,选择给他们带来最大效用的辖区,并接受和维护该辖区地方政府的管理,这个过程就是所谓的“用脚投票”机制。

第四,分权可以缩小政府规模,提高政府效率,实现利维坦模型(假说)。集权缺乏竞争,削弱了对政府的制约,使政府有可能扩大干预范围,因此越集权,政府的总体规模(预算支出占国民生产总值的比重)可能越大。Brernan and Buchanan(1980)提出“利维坦”模型(假说),认为分权可以导致地方政府间非合作的竞争,自动遏制政府规模的膨胀,其结果是政府效率的提高。

4.1.4 公共产品理论

公共产品理论是公共经济学的基础理论之一。提供公共产品是现代政府的基本职能,政府经济行为应围绕如何有效地提供公共产品展开,可以这样说,理解了公共产品就在更深的层次上理解了政府为什么而存在。

萨缪尔森(Samuelson)认为公共产品就是所有成员集体享用的集体消费品,社会全体成员可以同时享用该产品而每个人对该产品的消费都不会减少其他社会成员对该产品的消费或者说“公共产品是这样一些产品,无论每个人是否愿意购买它们,它们带来的好处不可分割地散布到整个社区里”。公共产品是分层次的,包括纯粹的公共产品(Pure-Public Goods)和混合产品或准公共产品(Mixed Goods and Quasi-Public Goods),而混合产品是兼具纯公共产品和私人产品属性的产品,居于两个极点之间的产品。混合产品包括拥挤性的公共产品与价格排他的公共产品。公共产品的分类不是绝对的,取决于市场条件和技术状况①。

纯粹的公共产品亦称纯公共品,纯粹的公共物品或服务,是指那种向全体社会成员共同提供的且在消费上不具有竞争性、受益上不具有排他性的物品或服务(高培勇,2008)。纯粹的公共产品具有效用的非可分割(Non-divisibility)、消费的非竞争性(Non-rivalness)与受益的非排他性(Non-excludability)的基本

① 罗森,盖亚.财政学[M].8版.郭庆旺,赵志耘,译.北京:中国人民大学出版社,2009:54-55.

特征。

公共产品的有效供给是该理论的核心问题，围绕公共产品的效率产量，众多学者进行了供求均衡分析。庇古（A.C.Pigou）在研究税收的规范原则时首先提出资源如何在私人产品和公共产品之间进行最优分配问题，认为公共产品有效提供的条件是个人对公共产品消费边际正效用等于纳税的边际负效用，是较为"公平、理想"的公共产品成本补偿方式。鲍温（Bowen，1943）提出了自觉付税说，即每个社会成员自觉地按照自己从公共产品所获得的边际收益来承担相应成本。萨缪尔森（Samuelson，1954，1955）发展了公共产品供给模型，最早提出了公共产品最优提供的一般均衡模型，分析结果是：消费上的边际替代率之和等于生产上的边际转换率 $\sum_{i=1}^{n} MRS_i = MRT$ 。维克塞尔（Knut Wicksell）与林达尔（Eric Lindahl）考虑了政治因素，试图找出民主社会中公共产品产出的合理水平，以及如何分担公共产品的成本（税收负担）问题，即 W-L 模型[①]。结论是税收水平实际上是有关各方相互讨价还价的结果，为了解决公共产品的有效供给问题必须设计一个机制以便准确揭示人们的社会偏好，减少"白搭车"现象。

4.1.5 公共选择理论

公共选择（Public Choice）的提出源于经济学家对于政治现象的考察，以经济学的基本假设、原理、方法作为分析工具，解释政治市场上的主体行为和政治市场的运行，即运用经济学的分析方法研究政治决策机制如何运作的理论。"经济学家们可以根据交易范例来观察政治和政治过程"[②]。公共选择是对非市场决策的经济学研究，其本质是将政治过程也作为市场进行分析。按照公共选择理论的解释，政治只不过是经济交易过程的延伸。

第二次世界大战后，福利经济学领域的一些争论，是公共选择理论产生的直接背景。1950 年，邓肯·布莱克（Duncan Black）发表《委员会与选举理论》，引发研究者对公共选择中政治程序与过程的关注。1951 年，肯尼斯·约瑟夫·阿罗（Kenneth J.Arrow）的《社会选择与个人价值》首次运用数理逻辑的分析工具，深入考察了集体选择与社会民主程序之间的关系，得出著名的"阿罗不可能定理"（Arrow's Impossibility Theorem），即不可能存在一种能够把个人

---

① 具体参见：杨志勇，张馨.公共经济学［M］.2 版.北京：清华大学出版社，2008：44-51.

② 布坎南.自由、市场与国家［M］.上海：三联书店，1989：31.

偏好转化为社会偏好的理想的社会选择机制，如果众多的社会成员具有不同的偏好，而社会又有多种备选方案，那么在民主的制度下（多数票规则）不可能得到令所有的人都满意的结果。公共选择理论的主要代表詹姆斯·布坎南（James M.Buchanan）将公共选择理论的方法论总结为3点[①]：坚持个人主义，将个人作为分析的基础；应用"经济人"假设；将政治视为交易，即交易政治学。

公共选择理论主要关注了直接民主制与间接民主制下的集体决策机制，着重分析了不同投票规则的性质和效率，诸如一致同意规则、多数票规则、投票悖论（The Voting Paradox）、阿罗不可能定理和中位投票人定理（Median Voter Theorem）等。公共选择理论对投票者、政治家、官僚、特殊利益集团（Special Interest Group）的研究也有助于深入理解多数决策机制的缺陷。

我国与西方国家的政治制度、公共选择决策和运行的政治环境不同，但其研究成果仍然具有参考价值。公共选择理论中"经济人"假设、偏好显示机制、政治决策规则和"特殊利益集团"理论等为制定相应的公共政策提供了一个有益视角。在中国，农民虽然人数众多，却是政治上的弱势群体，农民的投票权曾经长期是城镇居民的八分之一或四分之一[②]。政府农业政策的制定更应科学化与民主化，注重农民利益诉求的充分显示与尊重。

4.2 机理分析

4.2.1 中国式分权、地方政府竞争与支农行为

（1）中国式分权目前并不能有效供给农村公共产品

无论是经典的财政分权理论还是第二代财政联邦主义，都肯定了分权有利于改进不同层级政府间的激励，提高资源配置的效率。但是中国式分权因为是不完全意义上的分权，分权的资源配置效应在城乡之间并不均衡。农业与其他产业部门相比，税收能力低，对地区生产总值的贡献度在不断下降。同时，农村人口众多，经济发展水平总体上落后于城市，再加之2006年农业税免除之后，

① 具体参见：高培勇，杨志勇，杨立刚，等.公共经济学[M].北京：中国社会科学出版社，2007：94-96.

② 具体参见本书第6章的相关说明。

极大束缚了农村政府在教育、医疗、文化等方面公共产品提供的数量与质量。户籍制度、教育、医疗等公共品的供给差异在某种程度上严格限制着居民流动，特别是农村居民基于偏好的自由流动，缺乏真正意义上的蒂伯特（Tiebout，1956）模型中“用脚投票”“用手投票”机制。中国式分权本身存在制度供给的失衡（姚洋和杨雷，2003）。

农村公共产品供给不足与滞后的严峻现实，需要中国的分权制度持续优化，增加高效率的制度供给。具体的机制设计是中央政府应该调整优化政绩考核和完善“纳税人”话语权制度。在中央政府绩效考核的压力下，如果农民的“以足投票”“用手投票”机制得到有效发挥，农民的偏好得到充分显示与尊重，使地方政府相对于中央政府占有信息优势，财政分权可以促使地方政府提供满足本辖区居民偏好的有利于农业经济增长的公共产品与服务。

“三农问题”虽然不是中国所特有的，但有中国特有的客观实际。中国的众多经济社会问题都依赖于农村、农业、农民问题的突破。“三农问题”的逐步解决需要落实科学发展观、坚持工业反哺农业、城市支持农村，需要多取少予放活，切实加大对农业的持续投入，积极建设现代农业，强化农村公共服务，才能又好又快地建设社会主义新农村，促进社会更加和谐，增进全社会的福利。

（2）财政资源在城乡之间的配置非均衡

城乡二元结构体制是我国经济和社会发展中长期存在的一个严重障碍。就政府掌控的财政资源来看，城乡之间存在着两种不同资源配置机制。由于地方政府以追求本辖区经济增长为首要目标，因此，支持农业的支出在财政支出中的比重总体上呈现出下降趋势（陆铭和陈钊，2004），这会严重影响农业增长的资本积累问题。分权和竞争驱动了地方政府行为发生变异，采取城市倾向而漠视农村的经济政策，从而加剧了城乡收入差距（马光荣和杨恩燕，2010）。中国的财政分权制度、农业经济增长与城乡收入差距之间应该存在相互作用的动态影响与作用机制，在本书的第6章，将给予实证数据的经验支撑。财政资源在城乡之间的资源配置不合理、非均衡，需要分权制度的重新设计和制度供给。

（3）中国农业的可持续增长受到财政分权制度的影响与约束

基于公共选择学派的假设，政府完全有可能基于个体理性与追求自身利益的最大化目标，通过预算软约束，将有限的财政资源配置到高产出、高收益的产业部门，进而挤占农业部门的支出。同时，如果中央政府唯GDP考核，在分权的制度框架之下，地方政府及其官员基于有限任期和政治晋升，会展开激烈竞争，而农业是天然的弱质产业，需要给予特别的支持与保护，而地方政府在竞争的压力下，农业可能往往并不是优先关注的产业部门。

在财政分权、政府竞争的影响下，地方政府是否有足够的动力和激励推动农业的可持续增长取决于中央与地方分权契约的完全性。分权契约完全，中央政府可以很好地激励地方政府发展农业；相反，分权契约不完全，地方政府行为就具有机会主义特征，农业可持续增长的不确定性与风险性就会增加。对于这部分机理的深度分析，将在第 7 章和第 8 章给予技术测度和制度评价。

4.2.2 地方政府支农行为与制度激励机制

囚徒困境(Prisoner's Dilemma) 是博弈论中最著名、最有启示意义的博弈类型之一，在此，本部分借助"囚徒困境"博弈分析框架，尝试解释在中央政府单纯执行 GDP 政绩考核的制度约束下，地方政府基于竞争，进而影响地方政府的支农行为与绩效。另一方面，如果假设中央政府重新设计晋升奖惩激励机制，改变地方政府"囚徒困境"式博弈矩阵，变为"囚徒的快乐"式的报酬支付矩阵，依此来说明政绩考核制度差异对地方政府行为的影响效应。从中可以透视中央政府与地方政府，地方政府之间合作竞争中的诸多问题，为制度激励和制度创新提供理论基础。

(1)地方政府"囚徒困境"式的具体假设

假设有甲、乙两个地方政府，分别有"重农行为"和"弱农行为"，地方政府共同的目标是在有限任期内得到快速晋升，政府间存在竞争。

中央政府单纯以做大 GDP 作为地方政府政治晋升的标尺，对于农业的外部性信息，中央政府和地方政府掌握得并不充分。

地方政府"囚徒困境"式博弈的政绩支付矩阵是如果一方重视农业，而另一方不重视农业，即弱农行为，则：

①重视农业的地方政府做出政绩缓慢，被延迟提升，耗时 10 年；不重视农业的地方政府，做出 GDP 迅速提升，政绩突出获得快速晋升，晋升耗时 3 年。

②如果甲、乙两地方政府都弱视农业，体现弱农行为，虽然有突出政绩，但存在政府间竞争及晋升竞争，只能等待 5 年后获得晋升。

③若甲、乙两地方政府都重视农业，GDP 产出缓慢，政绩都不突出，只能等待 4 年后获得晋升，博弈的支付矩阵参见图 4.1。

		乙	
		弱农行为	重农行为
甲	弱农行为	−5　−5	−3　−10
	重农行为	−10　−3	−4　−4

图 4.1　地方政府"囚徒困境"式博弈矩阵

Fig.4.1　"Prisoner's Dilemma" Game Matrix of the Local Government

(2)地方政府甲的占优策略分析

占优策略是指无论其他参与者采用什么策略,某位参与者唯一最优策略就是他的占优战略。由图 4.1 可知,当乙选择"弱农行为"策略时,甲若选择"重农行为"策略,甲要等待 10 年才获得晋升;甲若选择"弱农行为"策略,甲要等待 5 年获得晋升。于是基于占优战略分析,甲肯定选择"弱农行为"策略。

当乙选择"重农行为"策略时,甲若选择"弱农行为"策略,3 年即获晋升;甲若选"重农行为"策略,需要等待 4 年才能晋升。于是,甲的占优策略选择最终是"弱农行为"策略。

(3)地方政府乙的占优策略分析

借助图 4.1 还可知,当甲选择"弱农行为"策略时,乙若选择"重农行为"策略,乙需要等待 10 年才能晋升;乙若选择"弱农行为"策略,乙只需等待 5 年即获晋升。于是,乙肯定选择"弱农行为"策略。

同理,当甲选择"重农行为"策略时,乙若选择"重农行为"策略,乙需要等待 4 年晋升;乙若选择"弱农行为"策略,乙只需等待 3 年即获晋升。于是,乙肯定选择"弱农行为"策略行为作为占优战略。

(4)对地方政府"囚徒困境"式博弈的评价

①无论其他参与者采取什么策略,某参与者的唯一的最优策略就是他的占优策略,在中央政府单纯唯 GDP 政绩考核论英雄的制度约束下,不管地方政府乙采取"重农行为"还是"弱农行为",甲都会采取"弱农行为"策略——甲的占优策略;不管甲选择"重农行为"还是"弱农行为",地方政府乙都肯定会选择"弱农行为"策略——乙的占优策略。上述分析中,(弱农,弱农)这一对策略组合下的博弈均衡状态(占优战略均衡),就是一种均衡状态,此时,任何一方都

不想偏离各自“弱农行为”策略。

②两个地方政府的参与者从各自的最大利益做出选择行为，但是并未真正实现自身个体的最大利益（-3），即从地方政府个体利益出发的行为最终不一定能够真正实现个体利益最大化。这就是在中央政府错误的单纯唯 GDP 考核下的个体的非理性行为，迫切需要中央政府对政治晋升和绩效考核制度重新进行优化设计，以激励地方政府做出重农行为。

（5）地方政府“囚徒的快乐”式的具体假设

制度具有高效与低效之分，中央政府顶层制度的重新优化设计会对地方政府产生全新的激励作用。在此，我们改变地方政府“囚徒困境”式博弈的政绩支付矩阵，变为“囚徒的快乐”式的报酬支付矩阵①，依此来说明中央政府不同的政绩考核制度对地方政府行为的影响效应。中央政府顶层晋升奖惩制度重新设计如下：

假设有甲、乙两个地方政府，分别有重农行为和弱农行为，地方政府共同的目标是在有限任期内快速得到中央政府的晋升，同时地方政府间存在竞争。

中央政府充分认识到农业的外部性，并将其设定为地方政府“重中之重”的工作，依“三农”工作的成效来决定政治晋升，即改变单纯以做大 GDP 作为地方政府政治晋升的标尺，中央政府和地方政府充分了解农业的外部性和晋升约束的信息。

于是，地方政府“囚徒的快乐”式博弈的政绩支付矩阵为如果一方重视农业，而另一方不重视农业，则：

①重视农业的地方政府，三农政绩突出，提前晋升，只需 3 年；不重视农业的地方政府，三农政绩不突出，晋升延迟，耗时 10 年。

②如果甲、乙两地方政府都不重视农业，表现出弱农行为，三农政绩不突出，但存在竞争，只能 5 年后获得晋升。

③若甲、乙两地方政府都重视农业，表现出重农行为，三农政绩突出，迎合了中央政府的绩效考核，等待 4 年都可获得提前晋升。博弈的支付矩阵参见图 4.2。

① “囚徒的快乐”制度博弈分析思路来自：袁庆明.新制度经济学[M].上海：复旦大学出版社，2012：322-324.

		乙	
		重农行为	弱农行为
甲	重农行为	−4　−4	−3　−10
	弱农行为	−10　−3	−5　−5

图 4.2　地方政府“囚徒的快乐”式博弈矩阵

Fig.4.2　“Prisoner’s Happy” Game Matrix of the Local Government

(6)地方政府甲的占优策略分析

借助图 4.2 可知,当乙选择“重农行为”策略时,甲若选择“弱农行为”策略,等待 10 年才能获得晋升;甲若选择“重农行为”策略,等待 4 年得到晋升。于是,地方政府甲的占优策略选择“重农行为”策略。

当乙选择“弱农行为”策略时,甲若选择“重农行为”策略,3 年就可获得提前晋升;甲若选择“弱农行为”策略,甲要等待 5 年才能获得晋升。于是,地方政府甲的占优战略肯定选择“重农行为”策略。

(7)地方政府乙的占优策略分析

当地方政府甲选择“重农行为”策略时,乙若选择“重农行为”策略,乙只需要等待 4 年即获晋升;乙若选择“弱农行为”策略,需等待 10 年才能获得晋升。于是,地方政府乙的占优策略肯定选择“重农行为”策略。

当甲选择“弱农行为”策略时,乙若选择“重农行为”策略,乙等待 3 年即获得晋升;乙若选择“弱农行为”策略,乙需等待 5 年获得正常晋升。于是,地方政府乙肯定选择“重农行为”策略。

(8)对地方政府“囚徒的快乐”式博弈分析的评论

在图 4.2“囚徒的快乐”式博弈的情形下,我们依据假设地方政府分别有“重农行为”和“弱农行为”,地方政府共同的目标是在有限任期内获得快速晋升,同时地方政府间存在良性竞争,该博弈的最终结果是地方政府将“重农行为”作为最优策略均衡。这与“囚徒困境”式博弈均衡状态(占优战略均衡:弱农,弱农)的结果完全不同。

主要原因在于中央政府重新优化支农的顶层制度设计,依据“三农”工作的成效来激励地方政府获得政治晋升。对于农业的外部性和三农政绩晋升约束信息中央政府和地方政府都充分了解,与地方政府“囚徒困境”式的竞争博弈分析不同,我们在这里只是改变了地方政府政治晋升的奖惩制度,即中央政府能够充分认识到农业的外部性,并将其设定为地方政府“重中之重”的工作,依“三农”工作的政绩来决定政治晋升,改变了单纯以做大 GDP 作为地方政府政治晋升的标尺。

在中央政府重新优化设计政绩考核的顶层制度设计后,地方政府都会选择“重农行为”策略作为自己的占优策略,并形成最优策略均衡,最终形成“囚徒的快乐”式博弈结局,这说明:中央政府的政治晋升规则,重视农业的标尺竞争对于地方政府的行为偏向影响很大,具有指挥棒的重要激励作用。

4.3 小结与评论

本章搭建了中国式分权、地方政府竞争与地方政府支农绩效的理论分析框架,在上一章对中国财政分权的演进变迁进行了历史回顾和制度评价,进而概括出中国式分权的基本特征和测度指标之后,借鉴相关基础理论的研究成果,同时结合本文的研究目的,对中国式分权、地方政府行为影响现代农业经济增长机理进行了理论分析与制度分析范式的搭建。

研究发现:中国式财政分权体制缺乏财政分权理论的严格假设,分权制度供给不足并具有内在缺陷,地方政府支农行为的效应与机制存在内在冲突,具有复杂性,并不明确:一方面,可能会促进农村公共品供给与农业经济增长,另一方面可能产生分权的代价,引致农村公共品供给与农业经济增长绩效低下,具有负作用。出现这种双重效应的影响因素,主要是中央政府的政治晋升标尺,重视农业的制度设计和如何有效约束地方政府基于 GDP 的竞争等。最后为使机理分析更加具有解释力,本部分借助博弈论的相关知识,基于静态博弈,“囚徒困境”和“囚徒的快乐”等对地方政府支农行为与制度激励机制进行了深入阐释。关于中国式分权、地方政府竞争的城乡收入分配效应,在第 6 章给予了新制度经济学分析与研究假说的提出,并进行实证的检验。

针对中国式分权、地方政府竞争与现代农业经济增长绩效的关系分析,理论探讨与实证检验往往被隐含在本章的研究框架和制度范式之中。本书将以上论题作为研究的目标,借助该研究框架和范式,在后文展开更加深入的理论探索与经验验证,尝试进行新制度经济学和新政治经济学等分析,并给予严谨的描述性统计数据支持和计量检验,为政策制定提供富有操作层面的参考。

第三篇

分权、治理与资源配置效应

第5章　中国式分权、政府治理与农村公共品供给

- ✧ 引言与研究述评
- ✧ 新政治经济学分析框架与研究假设
- ✧ 研究设计与计量模型
  - ➢ 变量选择
  - ➢ 模型设定
  - ➢ 数据来源与估计方法
- ✧ 实证结果及解释
  - ➢ 农村基础教育公共品供给
  - ➢ 农村公共卫生保健水平
  - ➢ 农村抚恤与社会福利保障
- ✧ 研究结论与援助之手

第 5 章　中国式分权、政府治理与农村公共品供给

本章基于新政治经济学视域对农村公共品供给的影响机制进行了的理论探析与实证研究。研究发现:财政分权制度变量(FD_{exp1})对农村义务教育支出具有显著的负作用,分权制度变量(FD_{exp1}和FD_{exp2})对农村医疗保健等的供给效应并不明确,但对农村福利社保具有显著而稳健的供给效应。

城镇化对农村基础教育、卫生保健和福利社保均具有显著的供给效应。中央转移支付并未有效促进农村医疗公共品供给,地方政府财政自给率供给效应不显著,"粘蝇纸效应"明显。政府竞争对农村基础教育与社保支出负向激励显著。政策启示是应持续优化中国式分权制度的顶层设计,提高地方政府的治理水平,完善城乡均衡统筹的公共品供给机制。

5.1　引言与研究述评

中国的分权改革被普遍认为是引致经济增长奇迹的一个关键性制度安排(Lin & Liu,2000;Jin, Qian & Weignast,2004;张晏和龚六堂,2005)。但是在理论研究与经验分析上,财政分权、政府治理对农村公共品的供给绩效并不明确。

在中国式分权的制度框架下①，地方政府面对GDP绩效考核的压力和有限任期内做出政绩获得政治晋升的动力，偏向于展开锦标赛式的“标尺竞争”（周黎安，2007），这种分权机制与治理模式驱动了地方政府采取城市倾向而漠视农村的经济政策（马光荣和杨恩艳，2010），并进而影响地方政府在城乡提供公共品的行为表现。Zhuravskaya（2000）对俄罗斯的研究发现，分权激励是地方政府加大教育和卫生投入的重要原因。Faguet（2004）对玻利维亚的面板数据研究发现，分权促进了政府对教育、卫生、污水处理等公共品供给。但是目前财政分权与地方公共品供给水平的关系并未得到足够的实证检验，而基于中国的经验研究则更少（陈硕，2010）。

West &s Wong（1995）对鲁、冀和黔三省进行实地调研后发现一些重要的社会服务，如教育和医疗的人均支出省际差异较大。平新乔和白洁（2006）认为分权制度背景下的财政激励显著改变了公共品的供给结构，导致公共支出的“偏差”，地方政府的预算内支出主要负责教育、城市维护和支农的供给。傅勇和张晏（2007）指出中国的财政分权和基于政绩考核下的政府竞争会对造成地方政府支出结构扭曲，形成“重基本建设、轻人力资本投资和公共服务”的问题。邓可斌和丁菊红（2009）认为分权加速了“硬”公共品供给，但明显抑制了“软”公共品供给。傅勇（2010）考量了财政分权与政府治理对非经济性公共品供给的结果，指出分权降低了基础教育的质量和城市公用设施的供给，中央政府的转移支付供给效应显著。陈硕（2010）发现20世纪90年代中期以来，地方公共品供给水平呈现下降趋势。付文林（2012）通过构建包含人口流动因素的公共品需求决策模型，实证研究发现地方公共服务的消费壁垒主要在教育、卫生与福利转移等项目上。

在中央与地方分权的制度框架下，与骄人的经济增长绩效相比，基础教育等重要公共品供给效率水平低下，而且地区分化严重（傅勇，2010）。乔宝云等（2005）发现财政分权并未增加小学义务教育的有效供给。郑磊（2008）认为地方政府间的标尺竞争与财政分权制度结合在一起，对教育支出比重产生显著的负影响。吴春霞等（2009）发现财政分权制度扩大了预算内教育经费的城乡差距。罗伟卿（2010）运用地级面板数据发现分税制改革提升了中央的财权，却

① 中国式分权是指在保持中央政府高度政治集权的前提下，赋予地方政府的经济分权，参见傅勇和张晏（2007）。近年来，分权领域研究出现了关注分权负面效应的学术动向，参见 Keen et al，1996；Triesman，2000；Bardhan，2002；Bucovetsky，2005；Cai et al，2005。关于中国分权式改革的得失讨论经典文献参见王永钦等，2007。正如乔宝云（2005），傅勇（2010）所述：本书并未否定委任制与分权制本身，不排除在联邦制下，同样存在因地方政府竞争而出现分权的不合意结果。

加重了地方政府的事权,并使其减少包括教育等公共服务的供给。左翔等(2011)发现,受"新农村建设"等政策压力,县级农业支出显著增加,但教育投入显著下降。林江(2011)等指出在 GDP 晋升激励下,地方政府"顾此失彼",热衷于基础设施建设,而压缩义务教育支出。邢祖礼和邓朝春(2012)从财政自给度视角,发现分权对农村义务教育具有普遍与显著的负向效应,保持农村义务教育财权与事权的适度集中非常必要。

通过梳理相关文献,现有研究对财政分权与农村公共品的经验研究还不充分,特别是探析分权对农村基础教育、公共卫生和福利保障影响机制的实证分析更是乏善可陈①。本部分的主要工作或可能的贡献在于:首先搭建中国式分权、地方政府治理影响农村公共品供给的制度分析框架并提出待验证的经验命题;其次在控制城镇化率、反腐败、经济增长水平等变量后,实证检验财政分权度、地方政府治理行为对农村公共品供给的影响机制与作用绩效,延续补充了分权与农村非经济性公共品供给的相关实证研究。另外就是在模型的数据与估计方法,内生性和稳健性的处理上,尝试采用静态(FGLS)与动态(System-GMM)面板数据模型综合分析,并运用逐次加入控制变量,剔除极端值,系统广义矩估计等处理变量的内生性与稳健性问题。②

5.2 新政治经济学分析框架与研究假设

(1)分权治理,城市偏向与农民的福利损失

无论是经典的还是第二代财政分权理论(Tiebout,1956;Musgrave,1959;Oates,1972;Qian & Weingast,1997;Qian & Roland,1998)认为财政分权增加社会福利的一个重要前提就是"以足投票"与"用手投票"机制的存在,即分权应是建立在充分尊重辖区居民偏好显示的前提下进行,地方政府行为受到辖区居

---

① 以往研究主要集中在中国式财政分权体制下,财政农业支出的影响因素及其绩效表现,作者亦有相关前期研究成果,具体参见重庆大学学报(社会科学版)2013 年第 4 期,题目为《中国式分权、标尺竞争与财政农业支出——基于动态面板数据模型的系统 GMM 实证》。

② 本章的部分理论内容曾以《中国式分权、政府治理与农村公共品供给研究——基于省级面板数据 FGLS 与 System-GMM 实证》为题发表于《预测》2014 年第 1 期,计量检验实证部分源自作者本人未发表的工作论文。

民流动和选票的激励与约束，这样来提供公共品就具有信息与管理等成本优势。但中国式分权制度供给失衡（姚洋和杨雷，2003），分权仅限于政府，地方政府所受的约束只是来自上级政府，而非当地居民（周业安和张泉，2008）。在这种分权模式下，地方政府发展农业、重视农村与农民的激励主要源于中央政府的政绩考核，忽视或缺乏对辖区农民偏好显示的充分尊重。与此同时，户籍、教育、医疗、住房等公共品的城乡供给差异在某种程度上又严格限制着农民的自由流动，即缺乏真正意义上的蒂伯特（Tiebout）模型中“以足投票”机制。为了在 GDP 竞争中占据优势与成果展示，地方政府更偏向在城市设计“政绩工程”和“形象工程”，于是城市有了更加良好的基础设施与公共服务（张军 等，2007），但引致农村教育、医疗、社保等公共品的供给主要靠农民自己，而非公共财政（吴春霞 等，2009）。中国的财政体制与理想的 Tiebout 模型相去甚远（周黎安，2007；傅勇，2010）。有限的分权，倾向城市的政策使农村居民并未机会均等地享受到与城市居民同等的公共品福利。

（2）**财政激励、标尺竞争与城乡二元矛盾**

1994 年分税制改革之后，中央集中了财权，事权向下级政府转移，事权与财权的不平衡导致地方政府财政支出压力加大，出于财政激励与税收最大化的动机，地方政府的经济政策更加重视短期内见效的“高税收，高产出”的非农产业，进而展开恶性竞争。特别是地方政府基于 GDP 绩效考核的压力和有限任期内做出政绩获得政治晋升的动力，偏向于展开锦标赛式（周黎安，2007）的“标尺竞争”（张晏和龚六堂，2005），分权和竞争驱动了地方政府采取城市倾向而漠视农村的经济政策（马光荣和杨恩艳，2010）。

地方政府的竞争与行为异化会驱使其在财政资源的配置上重新考虑资金的机会成本，发展农业、重视农村、关心农民往往并不是地方政府最优先考虑的事情。在财政资源有限的情况下，地方政府过多地偏向城市，导致农村公共品供给捉襟见肘，农村基础教育、卫生保健与社会福利保障供给长期滞后于城市，造成了公共品供给的城乡扭曲问题。再加之农村公共产品与服务供给相对于城市具有更高的门槛与成本效应，地方政府也可能因财力有限而力不从心。这种由地方政府主导的农村公共品供给机制不仅丧失了公平而且缺乏效率，其资源配置与福利再分配功能并没有得到良性发挥。为了保持竞争优势抑或“破罐子破摔”（Cai & Treisman，2005），地方政府财政支出倾向非农弱农化。这些悖论使农业农村发展受到抑制，农业资本积累不足，严重制约农民增收，农业可持续增长与现代农业的建立，最终会使城乡二元经济社会矛盾更加突出。

（3）政治晋升，中央权威与地方政府的策略行为

Enikolopov & Zhuravskaya（2007）曾使用 75 个转轨经济国家的实证研究发现财政分权能够发挥抑制腐败作用的先决条件就是有一个强有力的执政党，因为其有能力和权威协调局部利益与国家整体发展利益之间的矛盾。中国式分权体现自上而下，由中央政府供给驱动的分权模式，基于中央政府的强势地位与绩效考核可在很大程度上弥补"用手投票"和"以足投票"机制的缺失与不足，可以更好地监督与约束地方政府的行为异化，这或许是中国式分权的一大特色与优势。另一方面，分权本质上是中央政府基于强势地位，同时又要适当维护地方的积极性，对财政税收资源进行的国家分配行为。分权相当于中央政府与地方政府签订激励契约，以释放其发展辖区经济的活力，并依据竞争表现而擢升。因此分权赋予了地方政府"双重激励"，即除了财政激励以外，还有中央政府的政治晋升激励，但财政激励与晋升激励并非处于同等地位，政治晋升对地方官员来说拥有更大的动力与压力。

既然中央政府的政绩考核对地方政府具有很强的行为激励（王文剑和覃成林，2008），面对地方政府轻视三农等不合意行为，我们有理由相信一个廉洁有为的中央政府不会等闲视之，会从社会整体福利考量，调整修正先前与地方政府签订的激励合同，增加将三农作为所有工作中的重中之重，统筹城乡发展，出台建设新农村和现代农业等激励条款①。地方政府是否会作出中央政府的合意行为取决于"新合同"的激励效力。鉴于中央政府的权威地位与政策导向，自身有限任期与政治晋升激励，地方政府讨价还价的余地并不多，偏向于作出迎合中央政府的策略行为，所以说供给公共品以换取中央政府在政治上的支持是解释中国地方政府提供公共品动机的重要原因。

综上，在中国式分权模式下，虽然"以足投票"和"用手投票"机制发挥的并不充分，但是中央政府的政绩考核与权威号召力在很大程度上可以预防和约束地方政府的变异行为，即中央政府的权威与考核可以将地方政府拉回到提供公共品、增进社会整体福利的轨道上来。通过以上制度框架与内在机理的分析，

---

① 例如党的十七届三中全会提出"推进城乡基本公共服务均等化，实现城乡、区域协调发展，使广大农民平等参与现代化进程、共享改革发展成果"；十八大指出"加快完善城乡发展一体化体制机制，促进城乡要素平等交换和公共资源均衡配置"；2013 年中央农村工作会议强调"加快推进城乡基本公共服务均等化，促进城乡要素平等交换"。

本部分提出以下有待经验验证的研究命题：

命题 H_1：虽然农村非经济性公共品外溢性较大，但面对 GDP 晋升，标尺竞争和财政自给率不高的地方政府提供农村公共品行为具有惰性，对中央政府转移支付“粘蝇纸效应”明显。

命题 H_2：基于中央权威、政治晋升与激励契约的效力，地方政府具有提供农村非经济性公共品的激励与压力，分权能够促进农村基础教育、公共卫生和福利保障等公共品供给，但具有供给效应差异特征。

命题 H_3：中央与地方政府分权模式的顶层设计、反腐败、城镇化率、经济增长水平、新农村建设等变量是影响农村公共品供给的重要因素。

5.3 研究设计与计量模型

5.3.1 变量选择

农村公共品为被解释变量，由三项指标来具体衡量：使用农村小学生均教育经费 *RPEDU*（预算内指标并取对数，单位：元）度量农村基础教育公共品供给水平[①]；利用农村医疗机构床位数 *PRBED*（张/万农业人口）测度农村公共卫生保健水平[②]；运用农村人均社会保障支出 *RPSOC*（农村社会救济与自然灾害生活救助之和，其中农村社会救济包含农村最低生活保障线救济费，单位：元/人）刻画农村抚恤与社会福利保障水平。

选取测度中国财政分权程度的指标存在一定争议，鉴于目前研究尚未取得一致意见，为提高模型的稳健性，本部分使用两项指标：一是国际通行的标准

① 2011 年起，该指标称为：分地区地方农村小学生均公共财政预算教育经费支出；根据《中国教育经费统计年鉴》（2012）公共财政预算内教育经费是指中央、地方各级财政或上级主管部门在本年度内安排，并划拨到各级各类学校、教育行政单位、教育事业单位，列入国家预算支出科目的教育经费，即统计数据指标名称改变，但是数据口径一致。

② 因《中国农村统计年鉴》对北京和上海 2010 和 2011 年农村床位数并未统计，遂上述两市数据来源于《中国统计年鉴》。

FD_{exp1}，将人均各省本级财政支出占总财政支出的比值作为财政分权水平①。二是采用傅勇和张晏(2007)的财政分权指标 FD_{exp2}，即各省预算内人均本级财政支出与中央预算内人均本级财政支出的比值。政府治理水平主要通过以下3项指标来反映：*PTRANSFER* 为中央向地方的人均转移支付，分税制之后中央集中了财权财力，向下的转移支付可能会改善落后地区的公共品供给，同时这种财政资金的单方面无偿转移也可能造成地方政府在公共品投入上的惰性，将上级政府的定额补助被"粘"在公共品上，形成"粘蝇纸效应"，结论需要实证检验，数据来自各省(区、市)中央人均补助收入，并作取对数处理。另外较高的公共品供给水平总是和较高的地方政府财政自主权相联系(陈硕，2010)，研究引入各省的财政自给率 *FOWN*，使用一般预算内收入与预算内支出的比重表示。因地方政府使用财政政策工具(税收减免与优惠等)吸引外商直接投资 *FDI*② 是地方政府间的主要竞争行为，摘取各省级政府吸引的 *FDI* 占全国当年 *FDI* 的比重来刻画政府竞争程度(张军 等，2007；郑磊，2008)。其中 *FD*，*PTRANSFER*，*FOWN* 和 *FDI* 为本文主要关注的核心解释变量。

控制变量集③：反腐败指标(*ANTICOR*)④以每万公职人员贪污贿赂案件立案数来衡量(Mauro，1998；张军 等，2007；万广华和吴一平，2012)。随着城镇化水平 *URBAN* 的提高，城乡间的要素流动与资源配置加快，特别是中央政府重视三农的政策导向，地方政府有可能基于上级政府的政绩考核，推进城乡公共品均衡供给，估计为正效应。考虑到农村公共品供给与各地区经济增长水平联系密切，于是引入各省实际人均 *PGDP*(取对数处理)作为经济增长水平的代理变

---

① 财政分权指标也可以使用预算外财政支出比重衡量，但是鉴于在1993—1995，1996，1997，2004年预算外资金收支范围作了调整，与以前各年口径不可比，所以未使用预算外指标；总财政支出为人均各省份本级财政支出与人均中央本级财政支出之和，乔宝云(2002)，殷德生(2004)，周业安和章泉(2008)也使用了类似做法。

② 1995—2008年FDI数据来自《新中国六十年统计资料汇编》，2009—2010年数据来自各省统计年鉴，统计口径为"实际使用金额"。

③ 理论上农村公共品供给也会受农村人口数量与密度的影响，农村人口越多的地方，公共品供给应该越集中，出现规模经济或拥挤效应，但在前期数据实验中，农业人口比重变量因多重共线性问题(collinearity)被软件自动省略(dropped)；另外林江等(2011)，付文林(2012)发现：人口密度因素对义务教育供给几乎没有影响，遂舍弃该变量。

④ 因《中国检察年鉴》历年各省对贪污贿赂案件称谓略有不同，本文使用的检察机关立案侦查数包括反贪污贿赂案件，即贪污案、贿赂案、挪用公款案、集体私分案、巨额财产来源不明案和其他案件；渎职侵权案件，即滥用职权案、玩忽职守案、徇私舞弊案和其他案件；职务犯罪案件。1995—2008年数据来自《中国检察年鉴》和西南政法大学密集书库；在2009—2011年数据采集过程中，北京、天津、吉林、上海、江苏、安徽、河南、湖北、四川、贵州、甘肃来自各省统计年鉴，其他省份因数据缺失，使用剔除趋势的二次移动平均法($N=3$)进行预测取值。

量。*DUM*2005 为时间虚拟变量(2005 年以后设置为 1,其他设置为 0),表示新农村建设宏观政策变量对地方政府行为的影响,也可反映地方政府落实中央政策导向的执行绩效。

5.3.2 模型设定

在新政治经济学理论分析和 Barro(1991),World Bank(2006),张军(2007),傅勇(2010),邢祖礼和邓朝春(2012)前期研究基础之上,构造如下原初的静态面板数据模型:

$$Y_{it} = \alpha + \beta_1 I_{it} + \beta_2 X_{it} + \beta_3 C_{it} + \beta_4 D_{it} + \mu_i + v_t + \varepsilon_{it} \tag{5.1}$$

式(5.1)为静态面板数据模型,其中 Y 为被解释变量集,包括 *RPEDU*,*PRBED* 和 *RPSOC*;I 为中国式分权的制度变量,即财政分权指标 FD_{exp1} 与 FD_{exp2},X 为核心解释变量集,为 *PTRANSFER*,*FOWN* 和 *FDI*;将 *ANTICOR*,*URBAN*,*PGDP* 变量纳入控制变量集 C。*DUM*2005 为时间虚拟变量,于是将式(5.1)进行分解后,进一步得到式(5.2)、(5.3)、(5.4):

$$RPEDU_{it} = \alpha + \beta_1 FD_{it} + \beta_2 PTRANSFER_{it} + \beta_3 FOWN_{it} + \beta_4 FDI_{it} + \beta_5 ANTICON_{it} + \beta_6 URBAN_{it} + \beta_7 PGDP_{it} + DUM2005_t + \mu_i + v_t + \varepsilon_{it} \tag{5.2}$$

$$PRBED_{it} = \alpha + \beta_1 FD_{it} + \beta_2 PTRANSFER_{it} + \beta_3 FOWN_{it} + \beta_4 FDI_{it} + \beta_5 ANTICON_{it} + \beta_6 URBAN_{it} + \beta_7 PGDP_{it} + DUM2005_t + \mu_i + v_t + \varepsilon_{it} \tag{5.3}$$

$$RPSOC_{it} = \alpha + \beta_1 FD_{it} + \beta_2 PTRANSFER_{it} + \beta_3 FOWN_{it} + \beta_4 FDI_{it} + \beta_5 ANTICON_{it} + \beta_6 URBAN_{it} + \beta_7 PGDP_{it} + DUM2005_t + \mu_i + v_t + \varepsilon_{it} \tag{5.4}$$

根据对各省农村基础教育、公共卫生和福利保障数据的描述性统计观察发现,农村公共品供给具有惯性与“自增强”特征,为使模型设定更加符合经济运行的实际,并提高稳健性和处理内生性,解释变量中引入被解释变量滞后一期 Y_{it-1}。故在式(5.1)基础上,建立动态面板计量模型式(5.5):

$$Y_{it} = \alpha + \rho Y_{it-1} + \beta_1 FD_{it} + \beta_2 PTRANSFER_{it} + \beta_3 FOWN_{it} + \beta_4 FDI_{it} + \beta_5 ANTICON_{it} + \beta_6 URBAN_{it} + \beta_7 PGDP_{it} + DUM2005_t + \mu_i + v_t + \varepsilon_{it} \tag{5.5}$$

5.3.3 数据来源与估计方法

摘取 1995—2011 年[①]中国 29 个省(区、市)的样本观测值,不包括西藏和

① 根据《中国财政年鉴》中央补助收入(包括税收返还)从 1995 年开始在财经统计资料中显示,所以样本起始点选择在 1995 年;另外,本章将数据更新到 2011 年,前期研究成果发表于《预测》2014 年第 1 期,时间窗是 1995—2010 年。

港澳台地区。因重庆市1997年直辖,故将其从样本中剔除。数据主要来源于《新中国六十年统计资料汇编》《中国统计年鉴》《中国财政年鉴》《中国农村统计年鉴》《中国教育经费统计年鉴》《中国检察年鉴》《中国劳动统计年鉴》及相关省份统计年鉴等。全样本数据的描述性统计值参见表5.1。

表5.1 变量说明与统计描述

Table 5.1 Variable Expresssion and Statistical Description

变量集	变量含义	平均值	中位数	标准差	最小值	最大值
RPEDU	农村小学生均教育经费	7.015 3	6.928 2	1.109 7	4.964 9	9.989 1
PRBED	农村医疗机构床位数	11.173 8	9.702 3	6.456 1	0.525 7	45.958 7
RPSOC	农村人均社会保障支出	50.452 2	22.180 8	80.149 9	0.566 3	783.652 9
FD_{exp1}	财政分权制度变量1	0.744 7	0.751 0	0.095 6	0.518 8	0.949 3
FD_{exp2}	财政分权制度变量2	3.830 5	3.015 5	2.933 7	1.078 2	18.727 9
PTRANSFER	中央转移支付	6.659 9	6.640 7	1.012 4	4.642 3	9.568 1
FOWN	财政自给率	0.540 4	0.503 6	0.178 9	0.148 3	0.954 9
FDI	政府竞争变量	0.046 5	0.020 8	0.062 6	0.000 3	0.302 7
ANTICOR	反腐败指标	3.483 7	3.467 9	0.523 6	1.869 0	5.107 6
URBAN	城镇化率	0.443 7	0.419 6	0.171 2	0.163 2	0.887 0
PGDP	经济增长水平	8.045 9	7.995 0	0.801 6	6.233 0	10.114 0
*DUM*2005	新农村建设政策变量	0.411 8	0.000 0	0.492 7	0.000 0	1.000 0

注:样本观测值和截面值分别为493和29;农村医疗机构床位数的单位数据口径:张/万农业人口。

为提高模型估计效率与稳健性,研究综合使用静态(GLS:广义最小二乘法)与动态(Difference-GMM动态估计:差分广义矩法;System-GMM:系统广义矩法)面板数据模型。因寻找分权指标合适的工具变量相关文献至今尚未做到,动态面板数据模型估计方法使用Arellano & Bover(1995),Blundell & Bond(1998)推出的系统广义矩方法(System-GMM),该法可以克服差分广义矩估计(Difference-GMM)弱工具变量和动态面板偏差(Dynamic Panel Bias)问题,并能很好地解决模型中存在的变量间内生性问题。动态面板模型回归发现

Arellano-Bond AR(2)检验和 Hansen 检验统计量都不显著,说明模型不存在序列相关与工具变量的过度识别问题,回归结果具有稳健性,并有效处理了内生性问题。

5.4 实证结果及解释

5.4.1 农村基础教育公共品供给

在表 5.2 中,模型 1,2 使用静态广义最小二乘法(GLS)进行估计,模型 3,4 为使用动态差分广义矩法两步估计(Difference-GMM),模型 5,6 为使用动态系统广义矩法两步估计(System-GMM),因地方政府农村公产品支出具有明显动态性,前一期的支出对下一期的支出具有重要影响,所以回归结论主要以模型 5,6 为基准,其他回归模型的结论作为参照,辅助检验。

面板实证分析报告如下:由模型 5 和模型 6 可知,动态面板模型检验:Arellano-Bond AR(2)检验和 Hansen 检验统计量都不显著,说明模型不存在序列相关与工具变量的过度识别问题,回归结果具有稳健性,并有效处理了内生性问题。表 5.2 中回归模型 5 回归结果显示,从全样本来看(1995—2011)财政分权制度变量(FD_{exp1})在整个样本区间内具有显著的负向作用效应,模型 6 变量(FD_{exp2})也具有负向效应,但是不具有统计上的显著性,差分广义矩的回归结果与模型 5 和模型 6 的相似,即财政分权制度变量 FD_{exp1} 对农村义务教育支出具有显著的负作用,并未有效促进地方政府农村义务教育的支出。与此相反,中央转移支付($PTRANSFER$)变量对农村基础教育供给具有明显的正向激励,在所有静态与动态回归中,模型系数均通过了 1%的强统计显著性检验,充分证实了前文的制度分析与研究假设。财政自给率($FOWN$)变量在静态面板数据模型 1 和模型 2 中,对农村教育公共品具有显著的阻碍作用。

在所有动态面板数据(模型 3 到模型 6)回归估计中,符号为负,且不具有统计上的显著性。鉴于地方政府的短期行为与机会主义假设,财政自给率($FOWN$)变量回归结论仍然坚持静态面板数据的回归结果,即地方政府"拥财自重",在农村义务教育的支出上并不具有现实的激励。

政府竞争(FDI)变量通过了静态与动态面板数据模型的显著性与稳健性

检验(模型3,4虽然不具有统计显著性,但符号为负),说明政府竞争对农村基础教育的供给具有负向冲击作用,这也印证了目前地方政府间竞争并不是良性竞争,是以牺牲农村教育公共品供给为代价的。

从控制变量来看,反腐败变量(*ANTICOR*)在静态面板数据模型中显示正向作用(不具有显著性),在动态面板数据模型3到6中,对促进农村基础教育的供给显著而有效。长期来看,我们有理由相信,一个更加廉洁干净的"有形之手"在农村教育公共品的供给上一定是有所作为的,地方政府应提高治理水平,反腐败需常抓不懈。城镇化率(*URBAN*)在模型3和模型5中均具有显著性与稳健性,供给效应明显。

经济增长水平(*PGDP*)变量在系统广义矩(System-GMM)动态估计,回归系数不具有统计显著性,未通过稳健性检验,故不作分析。

新农村宏观政策变量(*DUM*2005),在所有模型中都具有强显著性,说明农村基础教育供给具有明显的政策驱动效应。这也在一定程度上辅证了地方政府面对中央政府的绩效考核与本身政治晋升的动力,具有提供教育公共品的压力与激励。

表5.2　中国式分权与农村基础教育公共品面板回归分析结果(1995—2011)

Table 5.2　Regression Results of China's Decentralization and Rural Public goods of basic education based on panel mode (1995—2011)

解释变量	模型1	模型2	模型3	模型4	模型5	模型6
	GLS 静态估计		Difference-GMM 动态估计		System-GMM 动态估计	
财政分权 FD_{exp1}	−0.033 2 (0.157 6)		−0.734 1** (0.318 3)		−0.761 8** (0.361 1)	
财政分权 FD_{exp2}		0.004 5 (0.004 3)		−0.007 1 (0.008 0)		−0.005 7 (0.007 1)
中央转移支付 *PTRANSFER*	0.153 9*** (0.011 0)	0.148 2*** (0.012 1)	0.140 1*** (0.028 3)	0.122 5*** (0.022 8)	0.154 0*** (0.021 4)	0.155 9*** (0.027 1)
财政自给率 *FOWN*	−0.947 9*** (0.088 5)	−0.980 9*** (0.090 4)	−0.096 7 (0.122 1)	−0.058 7 (0.080 3)	−0.040 3 (0.278 1)	−0.012 1 (0.087 8)
政府竞争 *FDI*	−1.232 8*** (0.205 8)	−1.179 8*** (0.214 6)	−1.173 0 (0.971 5)	−0.731 8 (0.767 3)	−1.728 2** (0.761 4)	−2.190 1** (0.894 0)

续表

解释变量	模型 1	模型 2	模型 3	模型 4	模型 5	模型 6
	GLS 静态估计		Difference-GMM 动态估计		System-GMM 动态估计	
反腐败 *ANTICOR*	0.016 9 (0.012 9)	0.012 5 (0.013 6)	0.074 6*** (0.008 6)	0.083 0*** (0.010 8)	0.105 1*** (0.012 3)	0.115 4*** (0.013 35)
城镇化率 *URBAN*	0.085 5 (0.072 3)	0.090 5 (0.075 3)	0.144 7** (0.069 7)	0.087 9 (0.079 2)	0.178 4*** (0.065 2)	0.100 1 (0.073 4)
经济增长水平 *PGDP*	1.225 2*** (0.029 2)	1.214 3*** (0.031 6)	0.268 4** (0.133 2)	0.194 9** (0.088 6)	0.160 5 (0.108 0)	0.095 7 (0.108 8)
新农村建设 *DUM* 2005	0.103 6*** (0.019 4)	0.108 8*** (0.020 4)	0.110 6*** (0.024 7)	0.113 8*** (0.020 0)	0.124 9*** (0.015 3)	0.132 6*** (0.021 2)
常数项 *CONS*	−3.337 8*** (0.196 4)	−3.224 4*** (0.234 6)	−0.836 3 (0.583 6)	−0.822 0* (0.462 0)	−0.579 1 (0.464 9)	−0.666 1 (0.517 7)
L.RPEDU			0.631 4*** (0.043 9)	0.662 6*** (0.037 1)	0.651 1*** (0.042 6)	0.690 6*** (0.036 1)
Wald 检验及 *P* 值	10 110.04 0.000 0	8 897.45 0.000 0	150 057.36 0.000 0	227 143.92 0.000 0	101 012.81 0.000 0	69 616.44 0.000 0
Arellano-Bond AR(1)检验			0.001 0	0.000 8	0.001 2	0.000 8
Arellano-Bond AR(2)检验			0.633 0	0.527 2	0.679 2	0.618 2
Hansen 检验			1.000 0	1.000 0	1.000 0	1.000 0
样本观测 值 OBS	493	493	377	377	406	406

注:①被解释变量为农村小学生均教育经费(*RPEDU*)。②括号内为标准误 Std.Error;***,**,* 分别表示在 1%,5%,10%显著性水平下拒绝原假设。③动态面板模型采取 twostep 回归;为解决扰动项自相关问题,被解释变量为三阶滞后,表 1 只报告了一阶滞后数据 *L.RPEDU*,二阶和三阶滞后值都通过了 1%显著性检验。④Arellano-BondAR(1), Arellano-BondAR(2)检验为随机扰动项是否存在一阶、二阶序列自相关检验统计量 *P* 值,因 GMM 只要求变量不存在二阶序列相关,一阶序列相关不影响估计有效性;Hansen 检验为伴随概率 *P* 值,如非特别说明,本章含义相同。

5.4.2 农村公共卫生保健水平

表 5.3 与表 5.4 模型回归过程、稳健性与内生性的处理与表 5.2 类似，实证分析结果主要以模型 5 和模型 6 为基础。从整体时间窗来看(1995—2011)，在动态面板数据模型系统广义矩估计中(System-GMM)，财政分权制度变量(FD_{exp1}和 FD_{exp2})对农村医疗公共品的供给效应并不确定。

对于中央转移支付(*PTRANSFER*)变量，差分动态回归 Difference-GMM 与系统动态回归(System-GMM)的结果冲突，且存在变量统计显著性部分未通过等问题，遂中央转移支付(*PTRANSFER*)的供给效应也不能确定。

财政自给率(*FOWN*)在动态面板数据模型系统广义矩估计中(System-GMM)具有强显著性，均通过了1%的显著性检验，模型 1，模型 2 和模型 3 回归结果显著该拟合结果具有很好的可靠性和显著性，说明地方政府在农村公共卫生的投入上并不"冲动"，严重阻碍了农村公共卫生保健水平的提高。

政府竞争(*FDI*)虽然具有正向影响，但是在所有回归拟合结果汇总并未通过显著性检验，不作分析。

反腐败(*ANTICOR*)变量未能通过符号检验与回归系数显著性检验，结果不具有稳健性。

但是城镇化率(*URBAN*)在所有面板模型中都通过1%的检验，具有强显著性与稳健性，为正向激励效应，说明有序推进城镇化，有助于地方政府农村卫生保健公共品的供给。

经济增长水平(*PGDP*)指标在静态面板回归模型与动态系统广义矩回归中通过检验，遗憾的是经济增长并未带来农村医疗保健水平的提高，两者具有负效应。经济增长的负向激励说明地方政府在标尺竞争，GDP 考核和财政资源约束等条件下，面临"顾此失彼"的境地，在推动经济增长与提供城乡公共卫生服务上并未统筹兼顾，这恶化了农村卫生医疗的供给水平。

新农村建设政策变量(*DUM*2005)回归结果与经济增长水平(*PGDP*)结果相似，在所有动态面板分析中都具有显著性，为负向影响，在静态面板回归中不显著。从政策评估来看，新农村政策虽然驱动了农村基础教育的有效供给，但在农村医疗产品供给上具有政策时滞，而且更为糟糕的是显著的负向效应。

表 5.3　中国式分权与农村医疗公共品面板回归分析结果(1995—2011)

Table 5.3　Regression Results of China's Decentralization and Rural Public Goods of Health Based on Panel Mode (1995—2011)

解释变量	模型 1	模型 2	模型 3	模型 4	模型 5	模型 6
	GLS 静态估计		Difference-GMM 动态估计		System-GMM 动态估计	
财政分权 FD_{exp1}	6.120 0*** (2.062 1)		20.428 8*** (1.154 8)		25.779 3*** (2.476 5)	
财政分权 FD_{exp2}		0.128 7 (0.110 5)		0.153 4** (0.072 6)		−0.166 4** (0.082 7)
中央转移支付 *PTRANSFER*	0.166 7 (0.129 6)	0.175 2 (0.140 6)	−0.782 7** (0.337 4)	−0.582 1 (0.411 7)	0.826 1 (0.617 3)	1.123 4*** (0.256 0)
财政自给率 *FOWN*	−2.621 7*** (0.859 1)	−3.148 4*** (0.896 9)	−1.738 6** (0.816 4)	−1.989 9 (1.425 2)	−13.036 8*** (2.169 6)	−10.066 1*** (1.710 7)
政府竞争 *FDI*	2.572 2 (1.709 1)	2.648 (1.705 6)	6.931 2 (5.474 0)	5.392 3 (6.830 9)	6.942 4 (6.330 2)	0.514 8 (5.671 0)
反腐败 *ANTICOR*	0.063 4 (0.091 9)	0.073 7 (0.093 8)	0.242 9 (0.161 7)	−0.060 8 (0.175 4)	−0.252 8 (0.162 8)	−0.513 9 (0.616 3)
城镇化率 *URBAN*	31.718 5*** (0.479 5)	31.758 1*** (0.470 3)	25.242 1*** (0.659 2)	27.349 4*** (0.613 4)	17.678 7*** (1.352 3)	23.348 2*** (1.207 5)
经济增长水平 *PGDP*	−1.110 3*** (0.421 2)	−1.070 3** (0.442 0)	−0.372 8 (0.538 8)	0.778 2 (0.736 5)	−4.350 3*** (0.787 0)	−1.881 1*** (0.632 6)
新农村建设 *DUM* 2005	−0.122 1 (0.214 0)	0.007 8 (0.216 9)	−1.791 1*** (0.068 3)	−1.640 8*** (0.096 3)	−0.317 2*** (0.119 4)	−0.383 3*** (0.084 2)
常数项 *CONS*	1.859 4 (2.872 8)	5.784 4* (3.261 2)	−11.437 8*** (2.396 3)	−7.685 5** (3.658 9)	14.739 8*** (2.743 8)	10.011 6** (4.910 7)
L.RPEDU			0.696 2*** (0.012 7)	0.714 6*** (0.005 0)	0.763 4*** (0.020 8)	0.767 4*** (0.031 0)
Wald 检验及 *P* 值	4 540.77 0.000 0	4 757.91 0.000 0	24 015.42 0.000 0	96 309.29 0.000 0	33 834.50 0.000 0	13 535.16 0.000 0
Arellano-Bond AR(1)检验			0.163 4	0.175 1	0.126 6	0.120 4

续表

解释变量	模型 1	模型 2	模型 3	模型 4	模型 5	模型 6
	GLS 静态估计		Difference-GMM 动态估计		System-GMM 动态估计	
Arellano-Bond AR(2)检验			0.417 6	0.393 3	0.546 7	0.492 0
Hansen 检验			1.000 0	1.000 0	1.000 0	1.000 0
样本观测值 OBS	493	493	377	377	406	406

注:被解释变量为农村医疗机构床位数(*PRBED*)。

5.4.3　农村抚恤与社会福利保障

表 5.4 经验分析结论主要仍然以模型 5 和模型 6 为基础,其他模型作稳健性检验。拟合结果显示,无论是静态还是动态面板数据模型,财政分权制度变量(FD_{exp1} 和 FD_{exp2})对农村福利社保公共品都具有显著的正向供给效应,而且模型的显著性与稳健性都非常好。这可能源于中央政府的绩效考核压力与城乡统筹政策效力。

中央转移支付(*PTRANSFER*)在静态面板数据和动态面板系统广义矩估计中(System-GMM)通过了模型检验,在差分动态面板回归中(Difference-GMM)虽然不具有统计显著性,但为正向效应。说明中央转移支付(*PTRANSFER*)变量在整体上有效促进了农村福利社保的供给。财政自给率(*FOWN*)与政府竞争(*FDI*)变量不具有稳健性,故不作分析。

根据静态面板数据和系统动态面板回归模型 5 结果,反腐败变量(*ANTICOR*)对地方政府农村福利支出具有明显的负效应(模型 6 虽不具有显著性,但符号为负),说明地方政府的农村抚恤与社会福利支出不透明,资金运作"黑箱"效应明显。另一方面,反腐败变量(*ANTICOR*)却显著促进了农村基础教育的有效供给(参见表 5.2),显示出地方政府在农村公共品供给上具有明显的腐败寻租空间(傅勇,2010)。

城镇化率(*URBAN*)和经济增长水平(*PGDP*)变量与农村医疗供给拟合结果类似,城镇化率为正向激励,而经济增长水平却是负向影响,说明推进城镇化战略有助于农村基础教育、卫生保健和福利社保公共品的有效供给(参见表5.2,表5.3和表5.4),但是高速的经济增长并未带来农村福利社保和卫生保健的同步改善。新农村建设宏观政策变量(*DUM*2005)为正效应,且在静态面板回归结果和系统广义矩动态面板回归模型中均具有1%的统计显著性,因差分广义矩估计(Difference-GMM)弱工具变量和动态面板偏差(Dynamic Panel Bias)问题,其负效应不影响最终的回归结论。

表5.4 中国式分权与农村福利社保公共品面板回归分析结果(1995—2011)

Table 5.4 Regression Results of China's Decentralization and Rural Public Goods of Welfare and Social Security Based on Panel Mode (1995—2011)

解释变量	模型1	模型2	模型3	模型4	模型5	模型6
	GLS 静态估计		Difference-GMM 动态估计		System-GMM 动态估计	
财政分权 FD_{exp1}	58.830 5*** (21.144 5)		714.378 7*** (171.102 9)		766.311 8*** (122.592 3)	
财政分权 FD_{exp2}		4.784 7*** (0.541 9)		29.163 9*** (1.157 8)		17.380 7*** (1.849 9)
中央转移支付 *PTRANSFER*	10.692 8*** (2.031 5)	8.254 4*** (1.047 3)	15.766 3 (14.742 7)	6.750 2 (17.105 6)	38.362 6*** (10.145 0)	67.505 1*** (14.844 9)
财政自给率 *FOWN*	-43.539 8*** (8.269 7)	-80.295 5*** (8.058 9)	172.429 1*** (46.110 7)	32.836 6 (69.170 6)	15.466 9 (31.038 9)	-32.103 8 (56.826 0)
政府竞争 *FDI*	-54.250 8* (30.171 8)	18.925 4* (11.484 2)	-98.469 1 (220.479 6)	25.695 8 (195.227 9)	33.324 1 (224.608 7)	78.502 7 (186.664 6)
反腐败 *ANTICOR*	-19.380 7*** (1.364 4)	-20.047 0*** (1.150 7)	17.564 5 (10.960 5)	13.288 7 (14.184 7)	-22.171 6** (10.634 6)	-22.871 0 (21.120 0)
城镇化率 *URBAN*	62.873 2*** (6.005 9)	65.954 6*** (6.445 4)	396.035 4*** (28.347 2)	404.701 2*** (29.318 0)	324.752 6*** (23.871 4)	286.100 2*** (24.346 0)
经济增长水平 *PGDP*	-8.062 3** (3.844 8)	-4.120 4* (2.221 9)	-22.338 5 (23.271 6)	-20.422 1 (23.224 0)	-108.137 5*** (13.697 0)	-130.960 1*** (26.732 6)
新农村建设 *DUM* 2005	29.611 9*** (6.241 1)	22.130 0*** (2.380 6)	-19.335 6*** (2.885 2)	-5.904 7*** (0.639 9)	17.317 2*** (3.513 3)	35.831 5*** (1.703 9)

续表

解释变量	模型 1	模型 2	模型 3	模型 4	模型 5	模型 6
	GLS 静态估计		Difference-GMM 动态估计		System-GMM 动态估计	
常数项 *CONS*	46.130 3** (19.744 9)	78.161 1*** (17.518 6)	-720.548 7*** (86.881 3)	-173.801 8* (97.299 3)	17.223 2 (46.268 0)	554.105 4*** (151.257 2)
L.RPEDU			-0.035 6* (0.019 5)	-0.084 7*** (0.009 8)	-0.043 6*** (0.009 9)	-0.042 7*** (0.014 0)
Wald 检验及 *P* 值	547.59 0.000 0	1 194.20 0.000 0	89 756.01 0.000 0	28 306.43 0.000 0	5 641.72 0.000 0	41 984.22 0.000 0
Arellano-Bond AR(1)检验			0.004 3	0.006 1	0.006 0	0.005 6
Arellano-Bond AR(2)检验			0.151 9	0.125 7	0.099 9	0.187 1
Hansen 检验			1.000 0	1.000 0	1.000 0	1.000 0
样本观测 值 OBS	493	493	377	377	406	406

注：①被解释变量为农村人均社会保障支出（*RPSOC*）；②模型 3 中 *L.RPSOC* 滞后两期与三期全部通过了 1%的显著性检验；③模型 4 中 *L.RPSOC* 滞后两期通过了 1%的显著性检验，但是滞后三期未通过 10%的显著性检验；④其他模型二阶和三阶滞后值均通过了 1%显著性检验。

5.5　研究结论与援助之手

本章构建了影响农村公共品供给的新政治经济学分析框架，将中国式分权与地方政府治理对农村基础教育、公共卫生和福利保障公共品的影响机制进行了理论分析和实证解释，经验研究的结论具有稳健性。

①本文构建了中国式分权、地方政府间竞争与财政农业支出的理论分析框架，利用 28 省（区、市）的动态面板数据模型进行了实证分析，研究结果表明：

地方政府财政农业支出具有明显的累积性，受宏观经济政策驱动明显，但是这种驱动效力正在减弱。1994 年分税制改革以来，财政分权制度显著促进了地方政府财政农业支出，具有正效应，但跨时与区域差异明显，财政分权的正向激励在西部最显著。

财政分权与政府竞争的交互项阻碍了地方财政农业支出，即在财政分权与政府竞争的双重叠加影响下，地方政府减少了财政农业投入，这在东部更加显著。加入政府膨胀程度、城市化、经济发展水平等变量后，回归结论保持稳健。

基于有限任期内做出"政绩"的政府间标尺竞争，这些因素在很大程度上诱使地方政府出现行为异化，导致财政支出结构的弱农非农化扭曲，进而减少对农业的保护与支持。

②研究延续拓展了财政分权与地方公共品供给关系的相关实证分析。本部分主要关注农村非经济性公共品供给，综合静态与动态面板数据拟合回归模型，全样本实证结果显示：财政分权制度变量（FD_{exp1}）对农村义务教育支出具有显著的负向作用，并未有效促进地方政府农村义务教育的公共支出。财政分权制度变量（FD_{exp1}和 FD_{exp2}）对农村医疗保健等公共品的供给效应并不明确。但是财政分权制度变量（FD_{exp1}和 FD_{exp2}）对农村福利社保公共品都具有显著而稳健的供给效应。

③中央转移支付变量显著驱动了农村基础教育和福利社保公共品的有效供给，但在农村医疗保健供给效应并不能确定，说明中央转移支付在农村公共品供给效率上具有差异。

地方政府"拥财自重"，彰显"诸侯经济"，在农村义务教育和公共卫生的投入上并不"冲动"，严重阻碍了农村教育发展与公共卫生保健水平的提高。地方政府财政自给率对农村公共品供给不显著，具有供给惰性，但对中央政府转移支付"粘蝇纸效应"明显，说明在农村公共品的供给上，中央财政应发挥更大作用，同时提高支农资金中央与地方配置效率与使用效率。政府竞争对农村基础教育支出具有显著的负向激励，显示出地方政府行为异化和标尺竞争的成本与代价。

④反腐败变量显著增强了农村基础教育的有效提供，但却减少了农村福利保障供给（对农村公共卫生影响不稳健），说明地方政府在农村公共品供给上具有腐败寻租的空间。

城镇化率在所有模型中均具有显著性和稳健性，具有正向的激励效应，说明积极稳妥推进城镇化战略有助于农村基础教育、卫生保健和福利社保公共品的有效供给。但是经济增长对农村基础教育改善效应并不确定，同时高速的具有奇迹般的经济增长却没有带来农村公共卫生和福利社保供给水平的同步提升，显示中国目前经济增长的成本与代价，经济增长并未实现城乡公共卫生服务上的均衡配置，特别是恶化了农村卫生医疗和社会保障福利的供给。

从政策评估来看，新农村宏观政策变量显著驱动了农村基础教育和福利社保公共品的有效供给，但在农村医疗保健供给上具有政策时滞，而且动力不足，需要地方政府在该政策执行过程中加以调整优化。

政策启示：

①中国式财政分权制度的演进体现出明显的路径依赖，为了促进农业又好又快发展，中央政府应对财政分权制度进行优化与创新，形成地方政府农业财政投入的“预算硬约束”，探索促进现代农业发展的财政资金支持机制与实施模式。

增强地方政府的活力与“自生能力”，提高经济发展水平，在稳步推进城镇化的同时，注重城乡统筹，促进传统农业向现代农业的转型升级。另外，中央政府应改变单纯的唯“GDP”论，落实科学发展观，革新绩效考核机制，控制政府规模，提高行政效能，矫正地方官员“高污染、高耗能、政绩工程”的投资冲动与行为异化。

地方政府重视农业投入不但要有上级政府政绩考核的约束，更要受到来自最基层，拥有信息优势的纳税人——农民“用手投票”“以足投票”机制的约束。中央政府与地方政府应逐步建立起真正意义上的公共财政框架体制和运行机制，以实现对农民的承诺。①

②应持续优化中国式分权制度的顶层设计，明晰中央与地方政府的支出责任边界，进行财权与事权的均衡配比，增强地方政府的财权财力，并建立中央和地方城乡公共品预算支出的硬约束机制。同时对分权制度进行路径延伸，建立健全公共财政的体制机制，让公共财政的阳光普照长期被忽视的农村地区。特别注重农民自由迁徙权利的实现，切实维护农民的经济利益与政治权利，赋予农民与市民真正意义上的同等投票权和话语权。

③坚持完善中国式分权应有效规制地方政府的“攫取之手”和过分重视城

---

① 本节标题“5.5 研究结论与援助之手”第一部分，在本书中并未给出详细的理论推导和实证检验，相关前期研究设计和过程，具体参见重庆大学学报（社会科学版）2013 年第 4 期，题目为《中国式分权、标尺竞争与财政农业支出——基于动态面板数据模型的系统 GMM 实证》。作者构建了中国式分权、地方政府间竞争与财政农业支出的理论分析框架，利用 28 省（区、市）的动态面板数据模型进行了实证分析。

市的行为偏向。中央政府应改革唯 GDP 的政绩考核导向，践行科学发展观，将农村公共品高质量供给纳入地方政府及其官员政治晋升考核体系之中。中央政府应建立转移支付的瞄准再分配机制，提高对落后省区农村公共品转移支付的精度和力度，尝试建立中央转移支付的绩效评价与动态追踪调整模式。地方政府应提高治理水平，积极回应农民对于公共品的需求偏好，在城镇化和农业现代化相互协调的过程中，健全城乡均衡统筹的公共品供给机制，坚持城乡一体化，并特别注重伸出对农村的“援助之手”。

④理性看待单纯的高经济增长和分权的成本与代价，转变经济增长方式，追求有质量、重发展的包容式增长，让农民与市民一同享受教育、医疗与社会保障等公共品福利，机会均等地分享改革开放和建成小康社会后的成果。执政党应加强自身纪律建设，将易腐的权力关进法治的笼子里，使其受到制度的严格管控，提高政策的公信力与执行力。

第四篇

分权、增长与收入分配效应

第 6 章　动态分析:中国式分权、农业经济增长与城乡收入差距

- ✧ 引言与研究综述
- ✧ 新制度经济学分析与研究假说
- ✧ 计量模型检验与分析
  - ➢ 模型设定、变量与数据说明
  - ➢ 平稳性、VAR 滞后期与协整检验
  - ➢ 标准化协整方程与误差修正模型
  - ➢ Granger 因果分析、IRF 与 VD
  - ➢ VAR 静态与动态预测
- ✧ 稳健性检验
  - ➢ 标准化协整方程与误差修正模型
  - ➢ Granger 因果分析、脉冲响应与方差分解
  - ➢ VAR 静态与动态模拟
- ✧ 小结与启示

第6章　动态分析：中国式分权、农业经济增长与城乡收入差距

本章尝试将财政分权、农业经济增长与城乡收入差距架构在统一的新制度经济学分析框架之下，进行多变量协整与向量误差修正模型（VECM）分析后发现：变量间具有显著的长期均衡关系与短期动态调节机制。城乡收入差距具有反向自身修正机制，但修正能力较弱。农业经济增长对城乡居民收入差距的影响呈现波动递减趋势。财政分权短期内会产生正向冲击，加剧城乡收入差距，但长期内会缓解差距。最后进行了VAR模型的静态与动态预测。这些发现对缩小城乡收入差距提供了有益启示与治理策略。

6.1　引言与研究综述

根据刘易斯-拉尼斯-费模型，学者们一般将中国居民的收入差距问题分解为城乡收入差距、地区收入差距、城镇和农村居民内部收入差距等（熊柴和黄薇，2010）。城乡收入差距问题产生与演变具有复杂性，众多实证研究指出城乡收入差距是造成中国高收入差距的最主要原因，对其研究备受关注，成果颇丰。蔡继明（1998）、蔡昉和杨涛（2000）、曾国安（2007）等从城乡比较生产力与工业化发展战略的角度进行了解释。李实（2003）、陆铭和陈钊（2004）、程开明和李金昌（2007）、莫亚琳和张志超（2011）等从城市化与城市倾向的经济政策方面进行了分析。陈宗胜和周云波（2001）、王小鲁（2007，2010）、陈刚和李树（2010）等主要关注了非法非正常收入、灰色收入、腐败寻租等对居民收入差距

的影响程度。万广华(2008)对各种收入不平等进行了测度与分解,构建和计算了各种不平等指数。郭剑雄(2005)、陈斌开等(2010)、张义博和刘文忻(2012)从生育率、人口流动和人力资本角度阐述了城乡收入差距的影响因素。

综上,国内的研究脉络基本上延续了西方学术界解释城乡收入差距两种主要的分析范式,即政治结构的特殊性理论(Lipton,1977;Bates,1981)和经济发展战略的工业化偏好(Krueger et al,1991)。同时,国内对城乡收入差距的解释也有了一些崭新的研究动向,研究者除了关注其影响因素外,还聚焦城乡收入差距福利损失的实证分析。胡联合等(2005)发现全国居民收入差距、城乡差距、地区差距的拉大都与违法犯罪活动的增多关系密切,贫富差距拉大,侵财性犯罪增加。但是章元等(2011)利用面板数据发现:没有明显的证据证明城乡收入差距的扩大必然增加犯罪率,中国犯罪率的上升与城市登记失业率有关。

在影响城乡收入差距的诸多因素中,部分学者尝试从财政分权视角,寻找差距产生与持续扩大的制度层面原因,但结论却迥然不同。Qian & Weingast(1997),Bardhan(2002)认为分权可以提高市场机制运行的效率,但在促进社会公平方面不利于缩小收入差距,而集权体制更利于满足贫困人口的需求偏好。Kanbur & Zhang(2005)认为财政分权是影响收入差距变量的重要因素。Hao & Wei(2008)给出了财政分权是造成中国收入差距拉大的经验证据。相反,Shankar & Shah(2001)则认为实行分权制的国家具有较完善的福利投资体系,能够缩小区域收入差距和减少贫困。

国内的研究普遍认为在财政分权的制度框架之下,地方政府城市化的政策偏向加剧了城乡收入差距,而如果矫正财政支出结构的扭曲效应与增加农村公共品的有效供给则会缓解这个问题。

代表性的研究有王永钦等认为政治集权下的经济分权给地方政府提供了发展经济的动力,但又造成了城乡和地区间收入差距的持续扩大,以及区域间市场分割和公共事业的公平缺失等问题(王永钦 等,2007)。陶然和刘明兴(2007)发现地方财政体系存在严重的城市倾向,地方政府通过加大转移支付来增加农民收入的效果被削弱。解垩(2007)认为农村公共品供给增加、财政分权程度、政府财政支出的结构对城乡收入差距有显著影响,但城市化未能缩小城乡收入差距。沈坤荣和张璟(2007)指出财政农村支出对农民增收并不显著,由于政府重视不够和目标偏差,公共支出限制了社会福利功能的发挥。陈安平和杜金沛(2010)认为在财政分权的背景下,只有财政支出结构倾向于农业和科教文卫支出增加才能有效缩小城乡收入差距。张克中等(2010)发现:北京、上海和天津财政分权程度的增加恶化了贫困状况,而其他省份则有利于缓解贫困。

学者马光荣和杨恩艳(2010)对于中国式分权的研究较为深入和突出,他们认为分权和竞争驱动了地方政府采取城市倾向而漠视农村的经济政策,进而加剧了城乡收入差距。高彦彦(2010)则关注了城市偏向、城乡收入差距对中国农业增长的不利影响,并发现城乡收入差距对农业具有显著的资源转移效应。余长林(2011)研究显示财政分权并未显著降低城乡收入差距,但缩小城乡公共品供给差异则有助于缩小这个差距。赖小琼和黄智淋(2011)也指出财政分权在长期和短期均不利于城乡收入差距的缩小。雷根强和蔡翔(2012)研究表明初次分配中劳动报酬比重下降、城市偏向的财政再分配政策是城乡收入差距扩大的重要原因。

通过梳理已有的研究成果①,本书研究发现:一是影响城乡收入差距的因素纷繁复杂,同时城乡收入差距反过来又会作用这些影响因素,即从方法论的角度看,城乡收入差距变量具有内生与外生双重性质;二是以往研究忽视了农业经济增长对于缩小城乡收入差距问题的重要作用,对三者之间的互动机理与动态效应剖析不够深入。另外,前期研究主要使用截面数据或短期面板数据进行静态分析,在变量的稳健性与内生性处理上略显不足。

因此,本章的研究主题将中国的财政分权制度、农业经济增长与城乡收入差距纳入新制度经济学分析框架,探索其互动机理,并基于多元协整与向量误差修正模型(VECM)尝试研究三者之间的长期均衡关系与短期动态影响,特别关注财政分权和农业经济增长对城乡收入差距的作用机制与动态效应,以期从中发现有价值的结论。②

---

① 正如李实(2003,2008)所述:研究收入分配的文献浩如烟海,此处的文献评论只是对一些具有代表性的研究进行简单评述,难免有遗漏的可能。

② 本章6.1至6.3内容曾以《中国式分权、农业增长与城乡收入差距动态分析》为题发表于《管理评论》2013年第5期;本章6.4稳健性检验源于作者本人未发表的工作论文;6.5小结与启示部分,在本书编辑定稿时有修改。

6.2 新制度经济学分析与研究假说

改革开放以来,特别是1994年的分税制改革到2011年,中央财政支出比重为15.1%,而地方财政支出占84.9%,中国已经表现出明显的财政分权趋势(具体参见图6.1)。

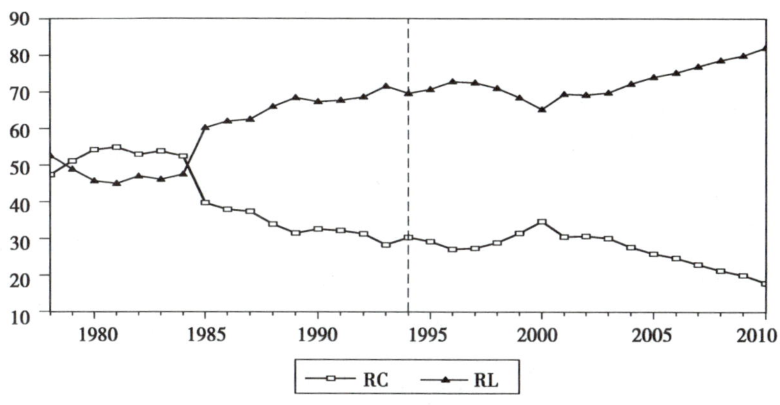

图6.1 中央(RC)与地方(RL)财政支出比重

Fig.6.1 The central (RC) and local (RL) proportion of fiscal expenditure

但是中国的财政分权制度与西方传统意义上的财政分权有较大差异。中国式分权是政治上高度集权与经济上适度分权的结合,中央政府对地方政府在政治任命、官员绩效考核上具有绝对权威。地方政府基于GDP绩效考核的压力和有限任期内做出政绩向上升迁的动力,偏向于展开"标尺竞争"(周黎安,2004;傅勇和张晏,2007;马光荣和杨恩艳,2010),很可能促使其将有限的财政资源投入到周期短、见效快的高税收、高回报的城市产业部门,例如竞争FDI和投资房地产业,从而绝对或相对挤占对农业部门的政府投入。

这种情况在2004年农业税逐步取消之后可能变得更加糟糕,取消农业税从某种意义上说是斩断了地方政府对农业的"攫取之手",农业税源减少,不规范的分权激励很可能会导致地方政府忽视农业的行为异化。同时,地方政府间的竞争会导致其实行偏向城市、弱化农村的政策选择,用以在城市获取更多的税源。Cecilia & Turnovsky(2007)研究表明,旨在提高经济增长率的财政政策往往会造成收入分配更加恶化。基于托达罗模型(Todaro Model)的解释,城乡如果存在收入、医疗、教育、就业等福利差异，就会诱使农业劳动者迁入城市，而在农村，由于缺少稳定充足的政府财政与人力资本等积累沉淀，农业经济增长就会出现波动与不稳定，农民收入增长缓慢，进而加大城乡收入差距。

另一方面，中国的分权又具有独特的城乡二元经济结构特征，户籍制度、教育、医疗、住房等公共品的供给差异在某种程度上严格限制着居民流动，特别是农村居民基于偏好的自由流动，缺乏真正意义上的蒂伯特（Tiebout）模型中“用手投票”“以足投票”机制。在中国，农业是传统的弱质产业，有些地区甚至一直保持着“传统牛耕，靠天吃饭”的作业方式，但同时农业又是国民经济的基础与战略产业，对中国这样一个农业大国，“三农问题”是所有工作中的重中之重。而城乡收入差距不仅是收入分配不公的结果，同时也是城市与农村、工业与农业部门之间发展效率差异的现实体现。

基于此，中央政府历来重视农业，不断增强制度创新和政策引导。中国的农业经济增长与发展在某种意义上说就是一个制度持续变迁的演变过程：以家庭联产承包经营为核心的农村土地制度创新，到20世纪80年代中后期开展的价格改革、生产要素与税费改革等一系列农村市场化配套改革（黄季焜 等，2008），再到进入新世纪的农业税减免、新农村建设、城乡统筹、建设现代农业等制度创新。中央政府在高度重视农业经济增长与发展的同时，也积极调动地方政府发展农业的积极性，保持制度与机制的激励，例如将“三农问题”“统筹城乡发展”等作为考核地方政府及其官员绩效的重要指标，实行“米袋子”省长负责制，“菜篮子”市长负责制，连续发布多个“一号文件”①要求重视和发展农业，三农工作的成效在很大程度上影响地方官员的升迁。面对这种分权的激励，地方政府更愿意对农业、农村和农民策略性地伸出“援助之手”，以迎合中央政府的政绩考核，获得上级政府的“垂青”。

通过以上制度框架与内在机理的分析，本章提出以下研究假设，并由计量分析给予经验验证。

假设 H_1：中国的财政分权制度、农业经济增长与城乡收入差距之间存在着相互作用的动态影响与长期均衡关系。

假设 H_2：面对政治晋升与中央政府绩效考核的压力，地方政府具有发展农业的激励与压力。农业经济增长对城乡居民收入差距的影响呈现波动趋势。

---

① 中共中央在1982至1986年连续发布以农业、农村和农民为主题的中央一号文件，对农村改革和农业发展作出具体部署；2004年后又连续多年发布以“三农”为主题的中央一号文件，强调了该问题在中国社会主义现代化时期“重中之重”的地位。

财政分权对城乡收入差距的影响会表现出跨时差异特征。

假设 H_3:城乡收入差距具有反向自身修正机制,但修正能力较弱。

6.3 计量模型检验与分析

6.3.1 模型设定、变量与数据说明

为更好地捕捉财政分权、农业经济增长与城乡收入差距各变量之间的系统动态性,克服变量选择的内生与外生问题,引入西姆斯(C. A. Sims, 1980) $VAR(p)$ 模型,其数学表达式为

$$y_t = A_0 + A_1 y_{t-1} + A_2 y_{t-2} + \cdots + A_p y_{t-p} + B_1 x_t + \cdots + B_q x_{t-q} + \varepsilon_t \quad (6.1)$$

式 6.1 中,y_t 为 m 维内生变量列向量,x_t 是 r 维外生变量列向量,$A_0, A_1, A_2, \cdots, A_p$ 和 $B_1, \cdots, B_q$ 为待估参数矩阵,内生变量与外生变量分别有 p 和 q 阶滞后期,ε_t 是随机扰动列向量。

各变量与数据的选取如下:数据主要来源于《新中国六十年统计资料汇编》《中国统计年鉴》和《中国财政年鉴》。城乡收入差距指标(Y_1)使用城镇居民家庭实际人均可支配收入与农村居民家庭实际人均纯收入之比,此比值越大,代表城乡收入差距越大(陆铭,陈钊,2004;陈安平,杜金沛,2010;章元 等,2011)。

本部分以第一产业 GDP 作为农业经济增长(Y_2)指标,单位亿元,实际值以商品零售价格定基指数(1985=100)进行处理。在稳健性检验部分,以相对指标人均农业总产值作为刻画农业经济增长($GOVA$)的指标。

中国的财政分权指标(Y_3)选取与测度存在一定的争议。财政分权一般是指中央政府将财政控制权下放给地方政府,表明地方政府财政自主性的大小。现有研究主要集中在省级政府财政分权指标(预算内或预算外)如何选取的讨论上(Zhang & Zou, 1998;林毅夫和刘志强,2000;乔宝云 等,2007;傅勇和张晏,2007),而本研究聚焦全国层面财政分权指标的刻画,结合研究目的与数据的可得性,采用赖小琼和黄智淋(2011)全国层面的财政分权指标,即使用地方财政支出与全国财政支出(中央和地方)的比重来衡量(小数形式),因考察的是全国层面的财政分权程度,无须进行人均化处理。

另外，因我国的农村居民消费价格定基指数是从1985年开始的，所以本部分的样本数据期间为1985—2011年。同时，为消除通胀、异方差等影响，保证数据的平稳性，以上变量都进行了不变价格处理，其中农村居民家庭人均纯收入以1985年为基期，除以农村居民消费价格指数；城镇居民家庭人均可支配收入除以城市居民消费价格指数（1985=100），然后对各变量取对数为 LNY_1，LNY_2，LNY_3。

6.3.2 平稳性、VAR滞后期与协整检验

为避免伪回归现象的出现，需要对数据进行单位根（ADF）检验。表6.1的检验结论表明城乡收入差距（LNY_1）、农业经济增长（LNY_2）、财政分权（LNY_3）原序列都是非平稳的，含有单位根。对以上各变量进行一阶差分，发现各变量均通过了5%显著性水平检验（城乡收入差距与财政分权变量为5%；农业经济增长变量为1%），拒绝了原假设，所有变量都是一阶单整 $I(1)$ 的数列，LNY_1，LNY_2，LNY_3之间可能存在长期均衡的协整关系。

表6.1　时间序列 LNY_1，LNY_2，LNY_3 单位根检验结果

Table 6.1　Unit Root Test Results of Time Series of LNY_1, LNY_2, LNY_3

选取变量	检验类型 (c,t,m)	ADF检验值	伴随概率 P.	诊断结论
LNY_1	$(c,t,1)$	−2.259 5	0.439 0	非平稳
ΔLNY_1	$(0,0,1)$	−2.444 0**	0.016 9	平　稳
LNY_2	$(c,t,1)$	−1.089 2	0.910 9	非平稳
ΔLNY_2	$(c,t,1)$	−4.623 2***	0.006 1	平　稳
LNY_3	$(c,t,1)$	−1.465 1	0.814 5	非平稳
ΔLNY_3	$(c,0,1)$	−3.293 2**	0.026 7	平　稳

注：Δ表示一阶差分；检验类型中的 c，t，m 分别表示带有截距项、时间趋势项和滞后阶数，加***，**，*分别表示在1%，5%，10%显著性水平下拒绝原假设。

在进行协整检验之前，需要确定VAR模型的最佳滞后期。滞后期的选择对VAR模型的估计非常重要，不同的滞后期会影响模型估计的有效性。表6.2中列出了0-5阶VAR模型的 LR，FPE，AIC，SC 和 HQ 值，并以“*”标记出依据相应准则选择出来的滞后阶数，其中有4个准则（FPE，AIC，SC 与 HQ）确定的滞后阶数为5阶，所以将VAR模型的滞后阶数定义为5。

表 6.2 VAR 模型滞后阶数判断结果

Table 6.2 The Judgment Result of VAR Model Lag Order

Lag	LogL	LR	FPE	AIC	SC	HQ
0	57.633 1	NA	1.40e-06	-4.966 6	-4.817 9	-4.931 6
1	142.088 7	138.200 0	1.49e-09	-11.826 2	-11.231 1	-11.686 1
2	156.147 6	19.171 2*	9.92e-10	-12.286 1	-11.244 7	-12.040 8
3	169.535 6	14.605 1	7.71e-10	-12.685 1	-11.197 3	-12.334 6
4	187.549 5	14.738 7	4.65e-10	-13.504 5	-11.570 4	-13.048 9
5	206.316 3	10.236 4	3.65e-10*	-14.392 4*	-12.011 9*	-13.831 6*

* indicates lag order selected by the criterion; LR: sequential modified LR test statistic (each test at 5% level); FPE: Final prediction error; AIC: Akaike information criterion; SC: Schwarz information criterion; HQ: Hannan-Quinn information criterion.

根据单位根(ADF)检验结果可知:城乡收入差距(LNY_1)、农业经济增长(LNY_2)和财政分权(LNY_3)3 个变量满足进一步协整分析的条件。本部分使用约翰森(Johansen)多变量协整检验。表 6.3 为检验结果,根据迹统计量(Trace)的检验判定:原假设(None)为没有协整关系,但该假设下的迹统计量值为 43.297 5,大于 5%的临界值 29.797 1,且伴随概率为 0.000 8,可以判定为拒绝原假设,至少存在一个协整关系。

表 6.3 变量约翰森(Johansen)协整检验结果

Table 6.3 The Test Results of Variables Johannsen Cointegration

原假设	特征根 Eigenvalue	迹统计量 Trace	5%临界值 Trace	最大特征根检验值 Maximum Eigenvalue	5%临界值 Maximum Eigenvalue
None*	0.729 9	43.297 5***	29.797 1	28.793 8***	21.131 6
At most 1	0.415 2	14.503 7*	15.494 7	11.801 6	14.264 6
At most 2	0.115 6	2.702 0	3.841 5	2.702 0	3.841 5

注:"None*"表示在 5%的显著性水平下拒绝原假设;迹统计量(Trace)与最大特征根检验值(Maximum Eigenvalue)加***,**,*分别表示在 1%,5%,10%显著性水平下拒绝原假设。

第二个原假设(At most 1)表示最多存在一个协整关系,但该原假设下得出的迹统计量数值为 14.503 7,略小于 5%的临界值 15.494 7,伴随概率为

0.070 1,在 10%的统计显著性水平上可以拒绝原假设,至少存在两个协整关系。

第三个原假设(At most 2)因迹统计量(2.702 0<3.841 5)明显小于 5%临界值,而且伴随概率为 0.100 2,意味着可以接受原始假设,存在两个协整关系。根据迹统计量(Trace)检验值,可以判定城乡收入差距(LNY_1)、农业经济增长(LNY_2)和财政分权(LNY_3)3 个变量存在两个协整关系。

同样,最大特征根(Maximum Eigenvalue)的诊断规则与迹统计量相同。原假设(None)意为无协整关系,但该假设下的最大特征根检验值为 28.793 8,大于 5%的临界值 21.131 6,且伴随概率为 0.003 4,可以判定为拒绝原假设,至少存在一个协整关系。第二个原假设(At most 1)与第三个原假设(At most 2)因迹统计量(11.801 6<14.264 6;2.702 0<3.841 5)明显小于 5%临界值,而且伴随概率分别为 0.118 3 和 0.100 2,意味着可以接受原始假设,至少存在两个协整关系。依据约翰森(Johansen)多变量协整检验综合判断,城乡收入差距(LNY_1)、农业经济增长(LNY_2)和财政分权(LNY_3)3 个变量间至少存在两个协整关系。

在变量的平稳性检验、VAR 滞后期确定与协整检验的基础上,将 VAR(5)参数估计结果写成矩阵形式,参见式(6.2),由各参数的检验值 $Adj.R^2$,LR,AIC,SC 恰当性可知,VAR 模型的拟合优度较好,这些检验对下文的向量误差修正模型(VECM)也是适用的。

$$LY_t = \begin{bmatrix} 1.209\,9 & 0.128\,7 & 0.626\,6 \\ 0.248\,8 & 0.136\,5 & -0.282\,7 \\ -0.022\,9 & 0.048\,3 & 0.548\,7 \end{bmatrix} \times LY_{t-1} +$$

$$\begin{bmatrix} 0.070\,5 & 0.130\,9 & -0.779\,3 \\ -0.151\,2 & -0.210\,6 & -0.076\,4 \\ 0.102\,9 & -0.131\,7 & 0.155\,1 \end{bmatrix} \times LY_{t-2} +$$

$$\begin{bmatrix} -1.030\,0 & -0.081\,1 & -0.875\,6 \\ 0.954\,2 & 0.537\,8 & 1.102\,8 \\ 0.170\,0 & 0.088\,1 & 0.617\,4 \end{bmatrix} \times LY_{t-3} +$$

$$\begin{bmatrix} -0.050\,3 & -0.310\,3 & 0.166\,0 \\ 0.198\,3 & 0.359\,0 & -0.698\,6 \\ 0.189\,4 & -0.078\,6 & -0.079\,9 \end{bmatrix} \times LY_{t-4} +$$

$$\begin{bmatrix} 0.783\ 4 & 0.196\ 8 & -0.068\ 1 \\ -0.362\ 5 & 0.029\ 1 & 0.285\ 8 \\ -0.475\ 9 & 0.098\ 6 & -0.029\ 2 \end{bmatrix} \times LY_{t-5} + \begin{bmatrix} -0.855\ 1 \\ 0.775\ 9 \\ -0.092\ 9 \end{bmatrix}$$

其中 $LY=[ly \quad ly \quad ly]'$ (6.2)

VAR(5)模型各方程检验结果

$R^2_{LNY1}=0.984\ 5$ $R^2_{LNY2}=0.999\ 5$ $R^2_{LNY3}=0.961\ 4$

$Adj.R^2_{LNY1}=0.945\ 7$ $Adj.R^2_{LNY2}=0.998\ 3$ $Adj.R^2_{LNY3}=0.865\ 0$

VAR(5)模型整体检验结果

Log likelihood=206.316 3 *Akaike information criterion*(*AIC*)= -14.392 4

Schwarz criterion (*SC*)= -12.011 9

6.3.3 标准化协整方程与误差修正模型

在确定 VAR 模型最佳滞后期和约翰森(Johansen)协整检验的基础上,得出城乡收入差距(LNY_1)、农业经济增长(LNY_2)与财政分权(LNY_3)最终的协整方程①为:

$$LNY_1 = 0.172\ 1LNY_2 - 0.909\ 4LNY_3 \quad (6.3)$$

$$(0.032\ 1) \qquad (0.354\ 9)$$

通过协整关系式(6.3),可以得到城乡收入差距(LNY_1)、农业经济增长(LNY_2)和财政分权(LNY_3)各变量在样本区间内(1985—2011)具有长期的均衡关系,即农业经济增长(LNY_2)对城乡差距(LNY_1)具有正向影响,说明农业经济增长缓慢,城乡收入差距在加剧;而财政分权 LNY_3 对城乡收入差距(LNY_1)具有负向影响,财政分权程度(LNY_3)每增加 1%,城乡收入差距(LNY_1)就会缩小 0.909 4%。但因 VAR 模型利用较少的先验信息,是缺乏理论的(Atheoretic),不适合政策分析②,此处结论参照后文的稳健性检验分析后再最终确定。

在长期均衡关系分析基础之上,使用向量误差修正模型(VECM)进行三变量间的短期动态效应进行分析。向量误差修正模型(VECM)与向量自回归模型的估计结果与形式和大部分内容一致,在向量误差修正模型(VECM)中,利

① 方程系数下括号内为渐进标准误差;对序列 $Vecm = LNY_1 - 0.172\ 1 * LNY_2 + 0.909\ 4 * LNY_3$ 进行单位根检验(无截距项,无趋势项),原序列不平稳,但是一阶差分 D(Vecm)单位根检验 t 统计量值为 -2.465 7,伴随概率 P 为 0.016 1,即在 5%显著性水平上拒绝原假设,易知它为平稳序列,再次验证了变量间的协整关系成立。

② 具体参见:[美]古扎拉蒂.计量经济学[M].3 版.林少宫,译.北京:中国人民大学出版社,2000:744;高铁梅.计量经济分析方法与建模:EViews 应用及实例[M].2 版.北京:清华大学出版社,2009:281.

用误差修正项($CointEQ$)表示的协整关系式(6.4)[①]:

$$CointEQ = LNY_1 - 0.172\,1LNY_2 + 0.909\,4LNY_3 + 0.829\,6 \tag{6.4}$$
$$\qquad\qquad (0.032\,1) \qquad\qquad (0.354\,9)$$
$$\qquad\qquad [-5.367\,5] \qquad\qquad [2.562\,6]$$

向量误差修正模型(VECM)的具体估计系数矢量矩阵形式如式(6.5),误差修正项($CointEQ$)系数估计值(调整系数)中有一个为负值,证明协整关系有效。

$$\Delta Y_{y-1} = \begin{bmatrix} -0.420\,2 \\ 0.525\,5 \\ 0.263\,6 \end{bmatrix} Coint\ EQ_{t-1} +$$
$$\begin{bmatrix} 0.966\,8 & 0.445\,9 & 1.141\,7 \\ -0.251\,6 & -0.587\,6 & -0.727\,0 \\ -0.187\,2 & 0.011\,1 & -0.681\,8 \end{bmatrix} \Delta Y_{t-1} +$$
$$\begin{bmatrix} 0.570\,0 & 0.500\,1 & 0.424\,3 \\ -514\,2 & -0.761\,5 & -0.691\,0 \\ -0.125\,3 & -0.196\,8 & -0.644\,5 \end{bmatrix} \Delta Y_{t-2} +$$
$$\begin{bmatrix} -0.517\,8 & 0.388\,4 & -0.100\,8 \\ 0.414\,5 & -0.216\,7 & 0.530\,4 \\ 0.054\,3 & -0.129\,4 & -0.040\,5 \end{bmatrix} \Delta Y_{t-3} +$$
$$\begin{bmatrix} -0.492\,6 & -0.058\,4 & -0.132\,7 \\ 0.518\,0 & 0.070\,2 & -0.311\,9 \\ 0.392\,8 & -0.170\,1 & -0.016\,0 \end{bmatrix} \Delta Y_{t-4} + \varepsilon_t ; \Delta Y = \begin{bmatrix} D(LNY_1) \\ D(LNY_2) \\ D(LNY_3) \end{bmatrix} \tag{6.5}$$

其中,$R^2_{LNY1}=0.794\,5$　　$R^2_{LNY2}=0.943\,9$　　$R^2_{LNY3}=0.725\,6$

$Adj.R^2_{LNY1}=0.460\,7$　　$Adj.R^2_{LNY2}=0.852\,6$　　$Adj.R^2_{LNY3}=0.279\,8$

Log likelihood = 199.064 4

Akaike information criterion(*AIC*) = −14.005 9

Schwarz criterion(*SC*) = −11.774 2

第一个系数-0.420 2 表示在农业经济增长(LNY_2)、财政分权(LNY_3)不变的情况下,城乡收入差距(LNY_1)在第 t 期的变化可以消除前一期 42.02%的非均衡误差,即当城乡收入差距(LNY_1)短期波动偏离长期均衡时,将以(-0.420 2)的调整力度将非均衡状态拉回到均衡状态,说明城乡收入差距变量

① 式(6.4)中( )表示参数标准差,[ ]表示参数 t 统计量值。

(LNY_1)具有反向自身修正机制,但修正能力较弱;

第二个系数0.525 5表示在城乡收入差距(LNY_1)、财政分权(LNY_3)不变的情况下,农业经济增长(LNY_2)在第 t 期的变化增加前一期52.55%的非均衡误差;

第三个系数0.263 6表示在城乡收入差距(LNY_1)、农业经济增长(LNY_2)不变的情况下,财政分权(LNY_3)在第 t 期的变化增加前一期26.36%的非均衡误差。

综上,农业经济增长(LNY_2)与财政分权(LNY_3)的调整系数为正,说明非均衡误差不能得到修正,而且误差会更大。

6.3.4 Granger 因果分析、IRF 与 VD

(1)格兰杰因果关系检验

格兰杰因果关系检验的一般模型为:

$$\left|\begin{aligned} LnY_t &= a_{10} + \sum_{i=1}^{q} a_{1i} LnY_{t-1} + \sum_{j=1}^{q} \beta_{1j} LnX_{t-j} + u_{1t} \\ LnX_t &= \lambda_{20} + \sum_{i=1}^{s} \lambda_{2i} LnX_{t-i} + \sum_{j=1}^{s} \delta_{2j} LnX_{t-j} + u_{2t} \end{aligned}\right. \tag{6.6}$$

其中,白噪声 u_{1t} 与 u_{2t} 为随机误差项。因为格兰杰因果关系(Granger Causality)检验式是VAR模型中的一个方程,因此格兰杰(Granger)检验式滞后长度可由VAR模型的滞后长度确定,所以取滞后长度为5期。对各变量间的因果关系进行检验,参见表6.4。

表6.4 格兰杰(Granger)因果关系检验结果

Table 6.4 The Test Results of Granger Causality

滞后长度(lags=5)	样本值 Obs	F值	伴随概率 Prob.	诊断结论
LNY_2 does not Granger Cause LNY_1	22	0.870 3	0.531 0	不拒绝
LNY_1 does not Granger Cause LNY_2	22	10.966 2	0.000 6	拒 绝
LNY_3 does not Granger Cause LNY_1	22	2.567 9	0.089 4	不拒绝
LNY_1 does not Granger Cause LNY_3	22	5.679 3	0.007 9	拒 绝
LNY_3 does not Granger Cause LNY_2	22	2.217 5	0.125 9	不拒绝
LNY_2 does not Granger Cause LNY_3	22	2.300 9	0.115 9	不拒绝

分析以上格兰杰因果关系(Granger Causality),可以得出以下结论:

第一,在1%显著性水平上,城乡收入差距(LNY_1)是农业经济增长(LNY_2)的格兰杰原因,农业经济增长(LNY_2)不是城乡收入差距 LNY_1 的格兰杰原因,城乡收入差距(LNY_1)与农业经济增长(LNY_2)具有单向的因果关系,即城乡收入差距(LNY_1)的前期信息会影响到农业经济增长(LNY_2)的当期,短期内农业经济增长(LNY_2)是以城乡收入差距(LNY_1)的扩大为代价的。

第二,在5%显著性水平上,城乡收入差距(LNY_1)与财政分权(LNY_3)具有单向因果关系,城乡收入差距(LNY_1)是财政分权(LNY_3)的格兰杰原因,城乡收入差距(LNY_1)的扩大促进了财政分权程度(LNY_3)的加深,说明城乡收入差距(LNY_1)的前期信息会影响到财政分权(LNY_3)的当期。但财政分权(LNY_3)不是扩大城乡收入差距(LNY_1)的格兰杰原因。

第三,在10%显著性水平上,农业经济增长(LNY_2)并不是财政分权(LNY_3)的格兰杰原因,农业经济增长(LNY_2)并未促进财政分权(LNY_3)程度的加深,同时财政分权(LNY_3)也不是农业经济增长(LNY_2)的格兰杰原因,两者不具有双向因果关系。

当然,格兰杰因果关系(Granger Causality)检验只是考察了三者间的短期非逻辑上的因果关系,并不能反映变量间的长期因果关系。

(2)脉冲响应与方差分解

①脉冲响应函数。本部分运用脉冲响应函数(Impulse Response Function, IRF)与方差分解(Variance Decomposition, VD)系统描述城乡收入差距(LNY_1),农业经济增长(LNY_2)和财政分权(LNY_3)之间的作用机制和影响程度。将冲击响应模型设定为

$$LnY_t^1 = \sum_{i=1}^{k} a_{11} LnY_{t-i}^1 + \sum_{i=1}^{k} a_{12} LnY_{t-i}^2 + \sum_{i=1}^{k} a_{13} LnY_{t-i}^3 + \varepsilon_{1t} \qquad (6.7)$$

其中,k 为滞后阶数,随机误差项 ε 为新息,运用渐进解析法计算响应函数的标准差。鉴于研究目的,重点考察来自城乡收入差距(LNY_1)本身,农业经济增长(LNY_2)和财政分权(LNY_3)的一个标准差新息冲击(经乔立斯基 Cholesky 自由度调整和渐进解析法 Analytic)后,城乡收入差距(LNY_1)的变化情况,所以将冲击变量(Impulses)设定为 LNY_1, LNY_2, LNY_3,响应变量(Responses)设定为 LNY_1,脉冲响应结果参见图6.2和表6.5。

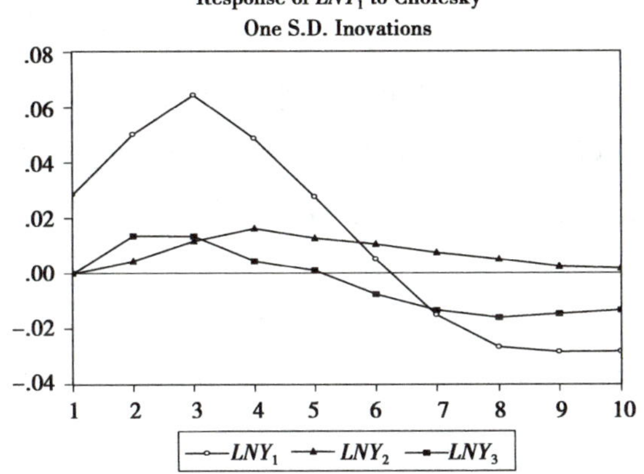

图 6.2 VAR 模型脉冲响应函数结果

Fig.6.2 The results of VAR model impulse response function

表 6.5 脉冲响应表格形式

Table 6.5 Impulse Response Table Form

追踪期 Period	变量 LNY_1	变量 LNY_2	变量 LNY_3
1	0.028 5	0.000 0	0.000 0
2	0.050 1	0.004 5	0.013 5
3	0.064 4	0.011 7	0.013 4
4	0.048 7	0.016 2	0.004 5
5	0.027 6	0.012 8	0.001 0
6	0.005 1	0.010 6	-0.007 6
7	-0.015 1	0.007 5	-0.013 3
8	-0.026 7	0.005 1	-0.016 0
9	-0.028 4	0.002 4	-0.014 7
10	-0.028 3	0.001 7	-0.013 4

如图 6.2 和表 6.5 所示，城乡收入差距（LNY_1）受自身的一个冲击（新息）后，立即有反应，大约连续 6 期保持冲击效应，并在第 3 期达到最高值（0.064 4），然后逐次开始下降，到第 7 期转为负向影响，这补充了向量误差修正模型（VECM）的研究结论，城乡收入差距（LNY_1）具有自身修正机制。

其次，城乡收入差距（LNY_1）对来自农业经济增长（LNY_2）和财政分权（LNY_3）的冲击，在第 1 期都没有反应，城乡收入差距（LNY_1）受到农业经济增长（LNY_2）的一个正向冲击后，从第 1 期到第 10 期作用并不像第一种情况那样冲击显著，最高峰值只是出现在第 4 期（0.016 2），这也印证了格兰杰（Granger）因果关系检验的结论，城乡收入差距与农业经济增长具有单向的因果关系。

另外，城乡收入差距（LNY_1）受到财政分权（LNY_3）的一个正向冲击后，在第 2 期达到最高值（0.013 5），从第 3 期开始下降，第 6 期转为负向影响。

②方差分解贡献度分析。方差分解提供了每个扰动项因素影响 VAR 模型内各个变量的相对程度，由图 6.3 和表 6.6 可知，随着期数的增加，来自城乡收入差距（LNY_1）本身新息的影响逐渐减少，到第 10 期预测误差的贡献度为 86.51%。

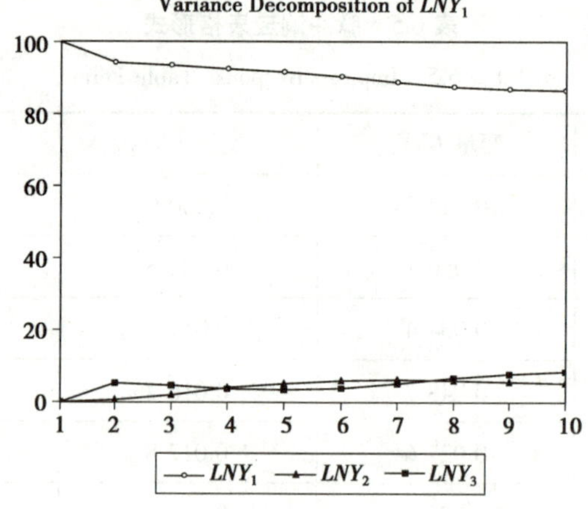

图 6.3　VAR 模型方差分解合成图

Fig.6.3　VAR model variance decomposition synthesis

表 6.6　城乡收入差距变量（LNY_1）方差分解表

Table 6.6　The Variance Decomposition of Income Gap between Urban and Rural Variable（LNY_1）

Period	S.E.	变量 LNY_1	变量 LNY_2	变量 LNY_3
1	0.028 5	100.000 0	0.000 0	0.000 0
2	0.059 4	94.235 4	0.565 2	5.199 4
3	0.089 4	93.506 8	1.948 7	4.544 5
4	0.103 2	92.467 0	3.933 6	3.599 3

续表

Period	S.E.	变量 LNY_1	变量 LNY_2	变量 LNY_3
5	0.107 6	91.654 7	5.025 0	3.320 3
6	0.108 5	90.353 5	5.896 7	3.749 8
7	0.110 6	88.802 7	6.133 0	5.064 3
8	0.115 0	87.509 2	5.865 6	6.625 3
9	0.119 4	86.854 7	5.483 4	7.661 9
10	0.123 4	86.505 3	5.148 5	8.346 1

注:第一列为预测期,S.E.为 LNY_1 的各期预测标准误,后三列均是百分数

来自财政分权(LNY_3)新息的影响最大,从第 2 期(5.20%)开始,预测误差的贡献度略微下降,然后逐渐递增,到第 10 期预测误差的贡献度为 8.35%,即约 8.35%的城乡收入差距(LNY_1)变动方差由财政分权(LNY_3)变动可以解释,约占城乡收入差距(LNY_1)预测误差的 8%,因此该变量的贡献度较为重要。农业经济增长(LNY_2)从第 2 期开始预测误差逐渐增大,贡献度达到 0.57%,到第 7 期达到最大,为 6.13%,后期影响逐期减弱。

6.3.5 VAR 静态与动态预测

结合研究目标,本部分进行了 VAR 模型样本内(1985—2011)动态与静态预测和样本外 5 年(2012—2016)的动态预测,主要测度了在农业经济增长(LNY_2)和财政分权(LNY_3)的冲击影响下,城乡收入差距(LNY_1)的变动趋势。

由图 6.4(右)可知,因静态预测是使用样本实际观测值进行的,所以预测效果较好。样本内和样本外 5 年(2012—2016)的动态预测(参见图 6.5 虚线部分)对具体年份的预测效果不够好,但是可以预测出城乡收入差距序列(LNY_1)的变化趋势:趋势在加重,但是增加的速率在放缓,这个结果并不乐观。

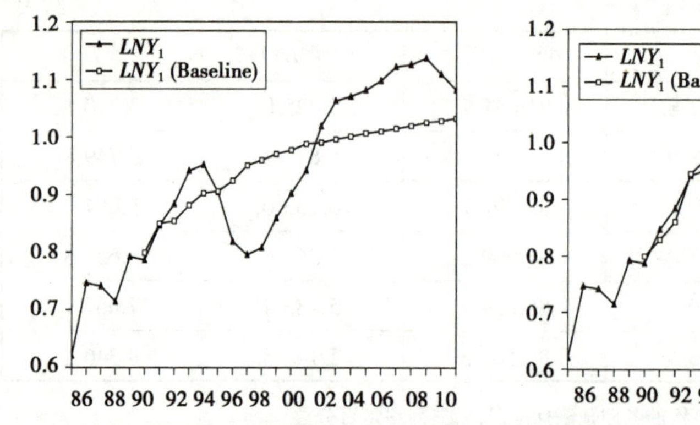

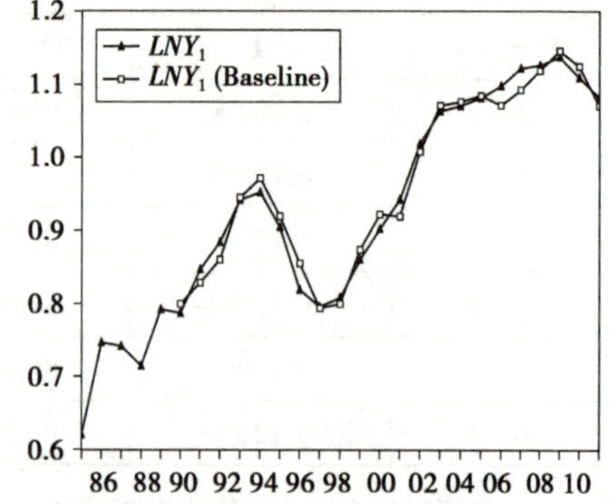

图 6.4　VAR 模型样本内动态(左)与静态(右)预测(1985—2011)

Fig.6.4　The VAR Model in Sample Dynamic (left) and Static (right) Prediction (1985—2011)

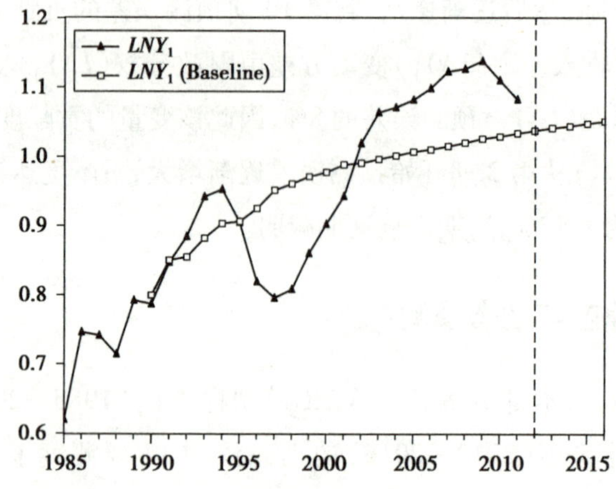

图 6.5　VAR 模型样本外动态预测(2012—2016)

Fig.6.5　VAR Model Out of Sample Prediction (2012—2016)

6.4　稳健性检验

为了提高动态模拟的可靠性和稳健性,本部分的工作主要包括两个部分:一是扩大样本数据范围,数据期间扩大为 1978—2011 年;二是替换刻画农业经济增长的指标,以相对指标人均农业总产值作为农业经济增长(*GOVA*)的测度指标。

城乡收入差距指标(*GAP*)仍然使用城镇居民家庭实际人均可支配收入与农村居民家庭实际人均纯收入之比。全国层面的财政分权指标(*FD*)依旧使用地方财政支出与全国财政支出(中央和地方)的比重(小数形式)。

为消除通胀、异方差等影响,保证数据的平稳性和图表的简约美观,以上变量都进行了不变价格处理(1978=100)①,然后对各变量取自然对数,即 $LnY_1=LnGAP$;$LnY_2=LnGOVA$;$LnY_3=LnFD$。

重新进行单位根(ADF)和约翰森(Johansen)协整检验,向量误差修正模型(VECM)构建,格兰杰因果关系检验,脉冲响应,方差分解和 VAR 模型预测等工作,深度发掘各变量间的动态调节机制与互动效应,以提高模型估计与分析结论的稳健性。

为避免谬误回归问题(Spurious Regression Problem),运用 Dick and Fuller 进行 ADF 单位根检验,以判断其平稳性。

表 6.7 的检验结论表明城乡收入差距(*LnGAP*)、农业经济增长(*LnGOVA*)、财政分权(*LnFD*)原序列都是非平稳的,含有单位根过程。对以上各变量进行一阶差分,发现在 5%显著性水平下拒绝了原假设,即所有变量都是一阶单整 $I(1)$ 的数列,满足协整检验的前提条件。

表 6.7 时序数列 *LnGAP*,*LnGOVA*,*LnFD* 单位根检验结果

Table 6.7 Unit root Test Results of Time Series of *LnGAP*, *LnGOVA*, *LnFD*

检验变量	检验类型 (c,t,m)	ADF 检验值	1% 临界值	5% 临界值	10% 临界值	结 论
LnGAP	$(c,0,1)$	-2.479 2	-3.653 7	-2.957 1	-2.617 4	非平稳
Δ*LnGAP*	$(c,t,1)$	-4.500 6	-4.284 6	-3.562 9	-3.215 3	平 稳
LnGOVA	$(0,0,1)$	3.304 8	-2.639 2	-1.951 7	-1.610 6	非平稳
Δ*LnGOVA*	$(c,0,1)$	-3.033 1	-3.661 7	-2.960 4	-2.619 2	平 稳
LnFD	$(0,0,1)$	-1.990 3	-2.639 2	-1.951 7	-1.610 6	非平稳
Δ*LnFD*	$(0,0,1)$	-3.722 7	-2.641 7	-1.952 1	-1.610 4	平 稳

注:Δ 表示一阶差分;检验类型中的 c,t,m 分别表示带有截距项、时间趋势项和滞后阶数;加 ***,**,* 分别表示 1%,5%,10%显著性水平,本章含义相同。

---

① 城乡收入差距和人均农业总产值实际值分别使用城镇居民家庭人均可支配收入指数、农村居民家庭人均纯收入指数、农产品生产价格指数进行不变价处理。

在进行协整检验之前,需要确定 VAR 模型的最佳滞后期,经检验(见表 6.8,以"*"标记)LR,FPE,AIC 信息标准一致认为应建立无约束 VAR(4)模型,即最优滞后期为 4。

表 6.8 VAR 模型滞后阶数判断结果

Table 6.8 The Judgment Result of VAR Model Lag Order

Lag	LogL	LR	FPE	AIC	SC	HQ
0	53.991 2	NA	5.96e-06	-3.516 6	-3.375 2	-3.472 3
1	168.088 9	196.720 2	4.26e-09	-10.764 8	-10.199 0*	-10.587 6*
2	178.727 5	16.141 3	3.90e-09	-10.877 8	-9.887 6	-10.567 7
3	183.314 6	6.010 69	5.61e-09	-10.573 4	-9.159 0	-10.130 4
4	200.146 1	18.572 7*	3.68e-09*	-11.113 5*	-9.274 7	-10.537 6
5	207.143 4	6.273 5	5.20e-09	-10.975 4	-8.712 3	-10.266 6

约翰森(Johansen)多变量协整检验结果表明(表 6.9),在 1%的显著性水平下,迹(Trace)和最大特征值(Maximum Eigenvalue)统计量均拒绝对应的没有协整(None)的原假设,认为至少存在一个协整关系。

表 6.9 变量约翰森(Johansen)协整检验结果

Table 6.9 The Test Results of Variables Johannsen Cointegration

原假设	特征根	迹统计量	5%临界值	最大特征值统计量	5%临界值
0 个协整向量	0.635 9	37.340 2***	29.797 1	30.308 6***	21.131 6
至少 1 个协整向量	0.172 4	7.031 6	15.494 7	5.677 8	14.264 6
至少 2 个协整向量	0.044 1	1.353 8	3.841 5	1.353 8	3.841 5

6.4.1 标准化协整方程与误差修正模型

在确定 VAR 模型滞后期和约翰森(Johansen)协整检验的基础上,得出最终的协整方程①为:

① 方程系数下括号内为渐进标准误;对序列 $Vecm = LNY_1 - 0.110\,5 * LNY_2 + 20.219\,0 * LNY_3$ 进行单位根检验(无截距项,无趋势项),t 统计量值为-2.011 6,在 5%显著性水平上拒绝原假设,易知它为平稳序列,再次验证了变量间的协整关系。

$$LnGAP = 0.110\ 5LnGOVA - 20.219\ 0LnFD \qquad (6.8)$$
$$(1.392\ 0)^{**} \qquad (4.575\ 2)^{*}$$

通过协整关系式,说明城乡收入差距、农业经济增长和财政分权各变量在样本区间内(1978—2011)具有长期稳定的均衡关系。

虽然 Gujarati(2000)、高铁梅(2009)认为 VAR 模型利用较少的先验信息,是乏理论的(Atheoretic),不适合政策分析,但是根据前文的协整关系式(6.3)的研究结果,再加上本处(6.8)式的佐证,可以判断城乡收入差距(LNY_1),农业经济增长(LNY_2)和财政分权(LNY_3)各变量在样本区间内(1985—2011)具有长期的均衡关系,即农业经济增长(LNY_2)对城乡差距(LNY_1)具有正向影响,说明农业经济增长并不是有质量的增长;而财政分权(LNY_3)对城乡收入差距(LNY_1)具有负向冲击作用,财政分权程度的加深会减缓城乡收入差距。

$$\Delta Y_{t-1} = \begin{bmatrix} -0.006\ 4 \\ -0.002\ 9 \\ -0.008\ 7 \end{bmatrix} Coint\ EQ_{t-1} + \begin{bmatrix} 0.241\ 8 & 0.274\ 5 & 0.132\ 0 \\ -0.803\ 9 & -0.038\ 2 & -0.005\ 6 \\ 0.019\ 4 & 0.164\ 4 & 0.188\ 2 \end{bmatrix} \Delta Y_{t-1} +$$
$$LL + \Delta Y_{t-4} + \varepsilon_t ; \Delta Y = \begin{bmatrix} D(LNY_1) \\ D(LNY_2) \\ D(LNY_3) \end{bmatrix} \qquad (6.9)$$

其中,$R^2_{LNY1} = 0.599\ 5$

$Adj.R^2_{LNY1} = 0.388\ 7$ $Adj.R^2_{LNY2} = 0.481\ 6$ $Adj.R^2_{LNY3} = 0.062\ 5$

$Log\ likelihood = 71.773\ 0$ $AIC = -4.051\ 5$ $SC = -3.537\ 8$

为深度测度各变量间的动态调节机制与互动效应,提高模型的稳健性,本部分研究工作依然涵括:向量误差修正模型(VECM),格兰杰因果关系检验,脉冲响应,方差分解和 VAR 模型预测。

向量误差修正模型(VECM)的矩阵形式如式(6.9),其中 *CointEQ* 表示误差修正项,其系数估计值(调整系数)中有负值,再次说明协整关系有效。

误差修正项(*CointEQ*)对短期偏离长期均衡可以起到修正调节机制,其系数反映具有正向(负向)的动态修正作用①。

式(6.9)第一个系数为-0.006 4,表示当城乡收入差距短期波动偏离长期均衡时,将以(-0.006 4)的调整力度将非均衡状态拉回到均衡状态,反映城乡收入差距变量具有负向自身修正机制,但修正能力较弱,这证实了前文的研究假设。

---

① 误差修正项系数的 t 值分别为-2.948 4,-1.241 6,-2.340 1,在 1%的水平下通过显著性检验。

第二个系数为0.002 9，表示农业经济增长（*LnGOVA*）在第 t 期的变化消除前一期0.29%的非均衡误差，即农业经济增长的误差修改项具有反向修正机制。

第三个系数是-0.008 7，反映财政分权（*LnFD*）在第 t 期的变化消减前一期0.87%的非均衡误差，对长期均衡的偏离也会对短期财政分权动态波动产生负向调节。

另外，通过误差修正项系数的绝对值可以看出当变量偏离长期均衡时，财政分权变量的调整速度最快，城乡收入差距次之，农业经济增长较慢。

6.4.2 Granger 因果分析、脉冲响应与方差分解

(1)格兰杰因果关系检验

因 Granger 因果关系检验式是 VAR 模型中的一个方程，所以检验式滞后期长度可由 VAR 模型的滞后长度确定，即 $q=s=4$。

表 6.10 各序列格兰杰(Granger)因果关系检验结果

Table 6.10 The Test Results of Each Sequence Granger Causality

因果关系假定，滞后长度(lags=4)	F 统计值	伴随概率 P 值	检验结论
LnGOVA 不是 *LnGAP* 的格兰杰原因	1.792 4	0.168 1	不拒绝
LnGAP 不是 *LnGOVA* 的格兰杰原因	5.043 1	0.005 2	拒　绝
LnGAP 不是 *LnFD* 的格兰杰原因	0.682 7	0.611 8	不拒绝
LnFD 不是 *LnGAP* 的格兰杰原因	2.950 4	0.044 2	拒　绝
LnFD 不是 *LnGOVA* 的格兰杰原因	0.928 0	0.466 6	不拒绝
LnGOVA 不是 *LnFD* 的格兰杰原因	1.070 0	0.396 1	不拒绝

以上格兰杰(Granger)因果关系检验①表明：在1%显著性水平上，城乡收入差距 *LnGAP* 是农业经济增长（*LnGOVA*）的格兰杰原因，农业经济增长（*LnGOVA*）不是城乡收入差距（*LnGAP*）的格兰杰原因，城乡收入差距与农业经济增长之间具有单向的因果关系，即城乡收入差距的前期信息会影响到农业经济增长的当期，短期内农业经济增长并未影响到城乡收入差距。

---

① Granger 因果关系检验只是考察了三者间短期非逻辑上的因果关系，并不能反映变量间的长期因果关系。

对此的解释是，从农民收入的构成来看，主要有务农收入、财产性收入、工资性收入（外出务工）等，农业收入与农业 GDP 相关，但近年来农业收入对农民收入增长的贡献度下降，且增速缓慢，而非农收入超过 50%，对农民收入增长的重要性逐渐上升，农民的收入结构进入临界点（陈锡文，2010）。农民收入增加的同时还受到通货膨胀、农业生产资料价格上涨、自然灾害等因素影响，这些因素可能稀释了农业经济增长拉动农民增收的效果。

还有就是人力资本流动的问题，伴随着城市化战略的推进，农村人力资本流向城市，具有外溢性，而城市人力资本驻足城市，发挥内溢效应，这种人力资本在城乡间溢出效应的差异性也会引致城乡收入差距进一步扩大（侯风云和张凤兵，2007）。这说明从“农业经济增长”到“农民收入增加”，再到“城乡收入差距缓解”需要一定的系统传导机制，而这种传导机制短期内效果并不明显。

另外在 5%显著性水平上，城乡收入差距（*LnGAP*）与财政分权（*LnFD*）具有单向的因果关系，财政分权是城乡收入差距的格兰杰原因，即短期内财政分权程度的加深引致了城乡收入差距的持续扩大，但城乡收入差距并不是财政分权的格兰杰原因。可能的原因是，在中国式分权的制度框架下，地方政府财权与事权不对等，偏向于实施城市倾向而忽视农村的政策，城乡并不能获得统筹均衡发展，城乡居民收入分配具有不公平性。

（2）脉冲响应与方差分解

通过脉冲响应函数（IRF）可以考察来自城乡收入差距本身、农业经济增长和财政分权的一个标准差新息（Innovation）冲击（经 Cholesky 自由度调整）后，城乡收入差距的变化情况，所以将冲击响应模型设定为

$$LnGAP_t = \sum_{i=1}^{k} a_{11} LnGAP_{t-i} + \sum_{i=1}^{k} a_{12} LnGAR_{t-i} + \sum_{i=1}^{k} a_{13} LnFD_{t-i} + \varepsilon_{1t} \qquad (6.10)$$

其中，k 为滞后阶数，随机误差项 ε 为新息，运用渐进解析法计算响应函数的标准差，脉冲响应结果参见图 6.6。

城乡收入差距 *LnGAP* 受自身的一个冲击（新息）后，立即有反应，在 2 期达到峰值（0.034 8）[①]，4~7 期大约连续保持稳定，从第 8 期开始下降，反映出城乡收入差距确实具有自身修正机制。

其次，城乡收入差距（*LnGAP*）对来自农业经济增长（*LnGOVA*）和财政分权（*LnFD*）的冲击后，在第 1 期都没有反应，城乡收入差距（*LnGAP*）受到农业经济

① 脉冲响应函数的表格 table 形式并未给出，备索。

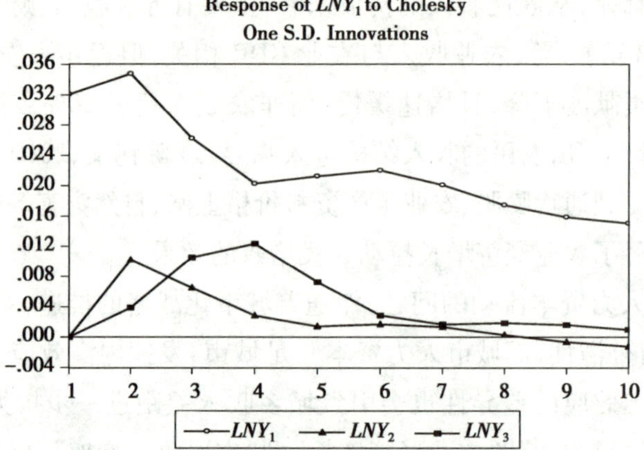

图 6.6 VAR 模型脉冲响应函数图

Fig.6.6 VAR Model Impulse Response Function

增长(*LnGOVA*)的一个正向冲击后,第 2 期达到峰值,第 3 期逐渐下降,到第 5 期后作用并不显著,这与格兰杰(Granger)因果关系检验结论保持一致。

但城乡收入差距(*LnGAP*)受到财政分权(*LnFD*)的一个正向冲击后,在第 4 期达到最高值(0.012 4),从第 5 期开始下降并转为负向影响,说明财政分权对城乡收入差距的冲击作用由强变弱,但最终呈现有助于缓解城乡收入差距的作用趋势。

表 6.11 城乡收入差距(*LnGAP*)方差分解结果

Table 6.11 The Variance Decomposition Results of Income Gap between Urban and Rural Variable (*LnGAP*)

时期	预测标准误(S.E.)	城乡收入差距占比(%)	农业经济增长占比(%)	财政分权占比(%)
1	0.032 1	100.000 0	0.000 0	0.000 0
2	0.048 6	94.952 8	4.411 1	0.636 1
3	0.056 6	91.501 8	4.571 4	3.926 8
4	0.061 4	88.528 4	4.093 0	7.378 6
5	0.065 4	88.609 3	3.655 6	7.735 1
6	0.069 1	89.563 1	3.335 1	7.101 8
7	0.072 0	90.297 0	3.106 3	6.596 7
8	0.074 1	90.777 0	2.933 6	6.289 4
9	0.075 8	91.133 7	2.811 3	6.055 0
10	0.077 3	91.431 7	2.729 3	5.839 0

表 6.11 的方差分解表明：随着期数的增加，来自城乡收入差距（*LnGAP*）本身新息的影响先较少再增加，到第 10 期预测误差的贡献度为 91.43%；而来自财政分权（*LnFD*）新息的冲击逐渐增强后缓慢减弱，预测误差的贡献度从第 2 期的 0.64%增加到第 5 期的 7.74%，即约 7.74%的城乡收入差距变动方差可由财政分权变动加以解释，因此该变量较为重要。农业经济增长（*LnGOVA*）到 3 期达到最大，为 4.57%，并呈现出波动递减的趋势，说明农业经济增长对城乡收入差距的预测误差贡献度并不大。

6.4.3 VAR 静态与动态模拟

VAR 模型样本内动态与静态模拟（图 6.7）和样本外 5 年的动态模拟（图 6.8）主要描述了在农业经济增长和财政分权的影响下，城乡收入差距的变动趋势。

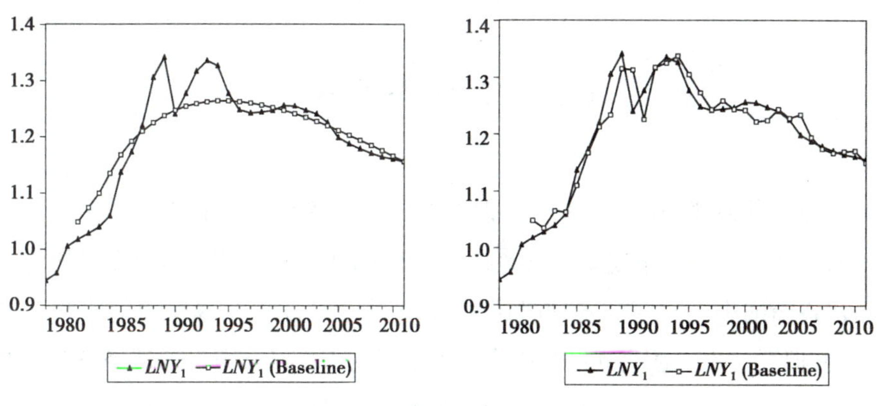

图 6.7 VAR 模型样本内动态（左）与静态（右）模拟（1978—2011）

Fig.6.7 The VAR Model in Sample Dynamic (Left) and Static (Right) Simulation (1978—2011)

因静态预测是使用样本实际观测值进行的，所以模拟效果较好。样本内和样本外 5 年的动态预测（图 6.8 虚线部分）对具体年份的模拟效果不够好，但是可以预测出城乡收入差距序列的变化趋势，即都是递减的。VAR 模型静态与动态预测显示中国的城乡收入差距曲线总体上呈现倒 M 型，似乎有缓解的趋势①。

① 李子奈（2010，2011）指出计量模型仅是依赖数据，模拟历史，对于非稳定发展的经济过程往往无能为力，因此不能夸大其预测功能。

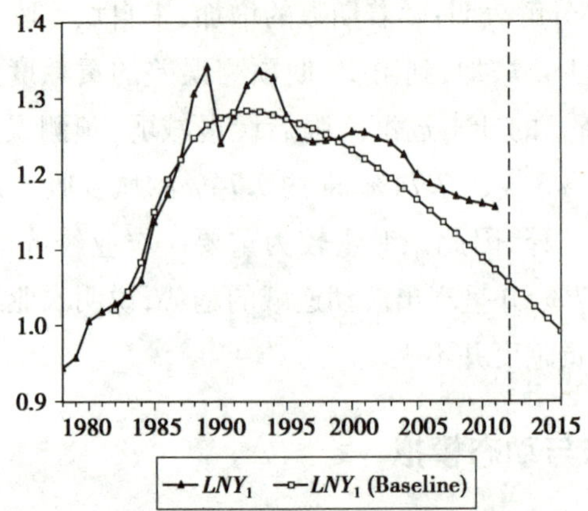

图 6.8　VAR 模型样本外动态模拟(2012—2016)

Fig.6.8　The VAR Model Out of Sample Dynamic Simulation (2012—2016)

6.5　小结与启示

库兹涅茨曲线(Kuznets curve)即倒 U 曲线假说认为:“在农业文明向工业文明过渡的经济增长早期阶段迅速扩大,随后是短暂的稳定,然后在增长的后期阶段逐渐缩小。”库兹涅茨同时还强调,尽管经济发展最终可以消除收入差距问题,但政府也应适当规制。因为完美运行的市场经济可以保证经济发展的效率,但并不必然能够带来公平的收入分配(丁志国 等,2011)。持续扩大的城乡收入差距不容忽视,有学者很早就指出中国城乡收入差距如此之大,在世界上很难找到相应的国家,如果把实物性收入、补贴、非法非正常收入、灰色收入、腐败寻租等都算入个人收入的一部分,那么此问题或许更加严重(陈宗胜和周云波,2001;李实,2003;王小鲁,2007,2010;陈刚和李树,2010)。

“一个住小草房的人在他的邻居搬来并建了一座宫殿之前,他一直是很快乐的,后来,那个住小草房的人开始感觉到了贫困。”关于城乡居民财产性收入差异问题,这虽然不是本章所研究的重点,但是农民财产性收入偏低已经成为学术界普遍共识(周其仁,1995,2012;姚洋,2000;蒋省三,刘守英和李青,2007;张晓山,2009;陈小君和蒋省三,2010;罗必良,2011,2013;刘灿,2011;陈锡文,2012)。这些必须引起制度设计者足够的重视,而学术界对此问题进行持续研究，将有助于获取更加丰富的研究成果与启示，提出更为完善的政策建议。

本部分研究运用多变量协整与向量误差修正模型（VECM），系统研究了城乡收入差距、农业经济增长与财政分权之间的相互影响与动态效应，研究表明：

变量间具有显著的长期均衡与短期的动态调节机制，当城乡收入差距短期波动偏离长期均衡时，具有反向自身修正机制，但修正能力较弱。格兰杰（Granger）因果关系检验显示，三者之间具有短期单向因果关系。农业经济增长短期内并未缓解城乡收入差距，说明从“农业经济增长”到“农民收入增加”，再到“城乡收入差距缓解”这种传导机制短期内并未起效。

脉冲响应函数捕捉了城乡收入差距、农业经济增长和财政分权变量的冲击对城乡收入差距的动态影响路径：城乡收入差距受自身的一个冲击后，立即反应，说明城乡收入差距具有滞后累积效应。财政分权对城乡收入差距具有正向冲击作用，长期内具有缓解城乡收入差距的调节机制，但短期内却加剧了差距。方差分解显示农业经济增长对城乡收入差距的影响呈现波动递减趋势，而财政分权对城乡收入差距的变动方差贡献度较高，是缓解城乡收入差距的重要因素。VAR 模型静态与动态预测结果较为乐观，给了我们更多的信心和政策调整的空间。

本章研究的政策启示：

①农业是基础性产业，外溢性较大，农业经济增长更应注重质量的提升，应为发展而增长，着力促进农业增长方式的转变和农民增收。政府农业政策的制定、执行和评估应注重农民持续增收和农业发展。同时完善反哺机制，坚持以城带乡，增强对农村财政、金融、科技和人力资本等要素的优化配置与合理使用，发展现代农业，提高农业部门的生产效率，促进城乡统筹。

②地方政府具有信息优势，应主动伸出“援助之手”，对城乡收入差距问题进行长期动态跟踪，并建立瞄准机制。中央政府应对财政分权制度和政绩考核机制进行顶层的优化设计，有效规制“攫取之手”，纠正地方政府过分重视城市的行为偏向。在政治集权、经济分权的制度框架之下，激励地方政府平衡城乡之间资源配置与福利分配，高度重视城乡教育、医疗、社会保障和就业等民生公共产品的均衡匹配供给。

③城乡收入差距问题不仅是经济问题，更是政治问题。阿马迪亚·森认为穷人的贫困在于权力的缺失。中国的财政分权制度应具有公共财政和集体选

择的价值追求，赋予农民与市民真正意义上的同等投票权、话语权[①]，使辖区居民可以自主表达对公共产品的偏好，并部分影响地方政府官员的升迁，最终让农民与市民机会均等地享受改革开放所带来的公共福利，消弭分权和增长所带来的成本与代价。

① 农民虽然人多，但并不“势众”，而且还是政治上的弱势群体，《选举法》（1953）规定：全国人大代表的选举，各省按每 80 万人选代表 1 人，直辖市和人口在 50 万以上的省辖市按每 10 万人选代表 1 人。按照选举权等价计算，即 8 个农民等于 1 个工人；1979 年修订《选举法》仍为 8∶1；1982 年修改为可以小于 4∶1直至 1∶1；1995 年修改仍确定为 4∶1；2010 年修订《选举法》才最终实现城乡同比例选举。

第五篇

分权与农业经济增长效应

第 7 章　技术测度:农业经济增长源泉探析与地方政府支农行为

- ✧ 研究的问题
- ✧ 研究述评
- ✧ 研究方法与数据准备
  - ➢ 非参数 Malmqusit 生产率指数
  - ➢ 变量选取与数据来源
- ✧ 农业全要素生产率测算结果及解释
  - ➢ 全国及省际农业 TFP 变动与分解
  - ➢ 农业 TFP 各指数时序动态波动变化特征
  - ➢ 农业 TFP 各指数地理空间测度
  - ➢ 农业 TFP 各指数增长与变动的分组考察
- ✧ 中国农业全要素生产率增长的影响因素分析
  - ➢ 变量的选取与数据准备
  - ➢ 研究方法与模型设定
  - ➢ Tobit 面板模型的回归结果及解释
- ✧ 结论性评述与建议

第 8 章　制度评价：中国式分权与农业经济增长绩效动态追踪

✧ 引言

➢ 研究的问题

➢ 研究概述

✧ 分析范式与研究假说

➢ 新制度经济学视域

➢ 研究假说的提出

✧ 研究设计与计量模型设定

➢ 变量选择与模型设定

➢ 数据来源与估计方法

✧ 实证结果及分析

➢ 全样本及跨时差异分析

➢ 区域差异空间地理测度

✧ 结论性评述与启示

第 7 章　技术测度：农业经济增长源泉探析与地方政府支农行为

本章基于 1978—2011 年中国省级面板数据为样本，运用数据包络分析（DEA）中的非参数曼奎斯特（Malmquist）生产率指数法，对农业全要素生产率（TFP）进行了系统分解，并细致考察了各指数时序演变差异与地理空间分布特征，然后使用受限因变量托比（Tobit）面板回归方法对农业全要素生产率变动的影响因素进行了实证分析。

本部分具体的研究设计作如下安排：首先提出研究的问题和文献述评；其次是介绍研究方法与数据准备；然后重点对曼奎斯特（Malmquist）指数评价结果进行说明与解释；接下来对影响农业全要素生产率（TFP）各指数变动的因素进行面板数据计量分析；最后是本章的结论性评价与政策建议。

7.1　研究的问题

舒尔茨曾提出：改造传统农业的关键是引进新的现代农业生产要素，从而使农业成为经济增长的源泉，即传统农业向现代农业转变的一个必备条件就是新的有利的技术供给，但遗憾的是舒尔茨并未说清什么样的技术要素可以纳入新的有利的技术要素，以及如此的技术要素是被如何创造出来的（林毅夫，1992）。对于一个拥有 13 亿人口的发展中农业大国，中国农业的可持续性增长不仅解决“谁来养活中国人”的问题，更是关系到经济、社会的稳定与和谐，是实现“中国梦”的基础战略产业。Johnson & Richard（1997）就曾指出：像中国这样的发展中国家，农业生产率的提高是国民财富增长的核心。持续性的农业生产率的增长，既为农业劳动力的重新配置提供了出路，也为非农产业发展提供了大量的农业剩余与增长红利（李静和孟令杰，2006）。

党的十八大提出："加快发展现代农业，增强农业综合生产能力，确保国家粮食安全和重要农产品有效供给。"十八届三中全会又提出："向农业输入现代生产要素和经营模式。"促进农业生产资源的配置效率和集约高效利用，探寻农业全要素生产率增长的动力源泉与变迁路径，对于建立现代农业，实现农业的可持续发展具有重要的政策含义和学术价值，同时也是确立我国现代农业发展政策的价值取向、战略重点与对策措施的基本依据。所以有必要深入了解中国农业全要素生产率的增长性质及其变动趋势，以便对农业输入现代生产要素与经营模式之间进行均衡匹配。

7.2 研究述评

全要素生产率与单要素生产率相比较而言，全要素生产率衡量与测度的范围更加广泛，不仅包括技术进步、技术效率改善、要素配置与利用质量提高等方面，还涵盖了组织创新、规模经济、专业化分工、技术创新能力、资源利用效率、成本控制力与竞争力等内容（李谷成，2009）。Solow（1957）将全要素生产率的增长等同于技术进步，并成为核算增长的经典方法，但却忽略了技术效率的变化。

近年来，越来越多的学者对全要素生产率的分解表现出浓厚的兴趣（Fare et al，1994；Battese & Coelli，1995；Kumbhakar，2000；Karagiannis et al，2002）。Grilliches（1957）指出农业总要素生产力对美国农业生产增长具有重要价值。Hayami et al（1970）论证了农业技术对日本发展的重要地位。Rosegrant and Evenson（1992）认为农业新品种与农业推广在印度农业总要素生产力扮演重要角色。中国农业全要素生产率的研究一致受到学者的持续关注，已经取得了诸多具有价值的前期研究成果。樊胜根（1998）较早基于农业总产出和总投入角度，使用 Tornqvist-Theil 指数测算出总要素在改革时期保持较高增长，必须增加农业投资克服制度革新影响效应的递减。研究主要集中在以下几个视域：

（1）**生产函数法**（C-D **模型**）

林毅夫（1992）评价了（1978—1984；1984—1987）农村改革对农业增长的相对贡献；朱希刚（1994）、顾焕章和王培志（1994）分别对“七五”期间农业技术进步对农业经济增长的贡献份额进行了定量测算。张元红（1996）实证考察了各种要素投入增长及其对农业增长的贡献，指出生产要素投入和技术进步等是引致农业增长的主要推动力。李雪松（2013）在扩展的农业生产函数框架下，结合中国式分权的制度分析，对地方政府财政支农、农村金融发展与生产要素投入对农业经济增长绩效变动进行了动态追踪研究。

（2）**非参数的曼奎斯特生产率指数法**（Malmquist Productivity Index）

主要基于 Data Envelopment Analysis（DEA）的 Malmquist 生产率指数对农业全要素生产率进行分析。孟令杰（2000）对农业产出的技术效率的单独进行了动态测量。顾海和孟令杰（2002）指出农业全要素生产率增长呈现 U 分布（1980—1995），技术进步推动与技术效率下滑并存。李周和于法稳（2005）单独对西部县域农业生产效率进行了 DEA 评价。陈卫平（2006）研究表明，1990—2003 年期间中国农业全要素生产率（TFP）年均增长 2.59%，大多数省区农业技术进步与农业效率损失并存。李静和孟令杰（2006）利用非参数的 HMB 生产率指数方法（扩展的 Malmquist 生产率指数）发现我国农业全要素生产率增长主要是由技术进步推动的，技术效率下降恶化了全要素生产率增长，而规模效应与混合效应影响较弱。李谷成（2009，2010）研究表明转型期农业全要素生产率增长较为显著，主要由前沿技术进步贡献，省际增长差异较大，并具有明显的阶段性变化特征，后续研究指出农村主要经济制度变迁是影响农业全要素生产绩效的重要变量。

（3）**随机前沿生产函数**（Stochastic Frontier Analysis，SFA）

李谷成（2010）实证表明：改革开放后农业各行业全要素生产率显著增长，但基本都是技术推进或效率驱动单独贡献，未出现“双驱动”良性模式。王奇等（2012）测算了中国农业绿色全要素生产率（GTFP，1992—2010）变化指数，并指出农业 GTFP 和 TFP 增长主要依靠技术进步推动，纳入环境要素后技术效率下降与技术进步增长趋势都有所放缓。

(4)农业全要素生产率影响因素的计量分析

Bardhan(1973)对印度农业的研究发现农业效率同农业规模之间普遍存在负相关关系。Chavas et al(2005)对哥伦比亚农户的研究发现农业效率与土地规模间的关系并不显著。Lin(1992)将改革初期的农业增长归因于家庭联产承包责任制的成功实施。黄少安等(2005)对1949—1978年中国大陆农业生产效率进行了计量与统计分析后发现:在不同的土地产权制度下,无论生产要素投入量与政策要素是否相同,农业总产出均有较大差异。郑京海和胡鞍钢(2005)认为农业劳动力向工业转移的过程中,可能造成掌握农业技术的青壮年离开农村,导致农业技术退步。高梦滔和张颖(2006)基于八省农户的面板数据集,发现在中国农村粮食生产上存在较强的"小农户更有效率"的经验证据。

李谷成等(2008,2009)借助湖北省微观经验证据发现土地生产率与耕地规模呈现负相关,而农户劳动生产率与耕地规模具有正相关关系。Daniel(2009)运用中国县级截面数据发现:发达的工业、较高的信贷资金占比、农业劳动力比率过高都与农业生产的低效率具有相关性。方福前和张艳丽(2010)在测算中国农业全要素生产率指数及其构成的基础上,利用面板两阶段最小二乘法计量分析了农业全要素生产率的影响因素,指出乡村从业人员、技术进步、财政支农力度与农业在整体经济中的地位会显著影响农业全要素生产率的变动。方鸿(2010)运用面板数据随机效应(Tobit)模型,单独对农业产出技术效率的影响因素进行实证研究后发现:农村劳动力受教育程度、农业科技对农业产出技术效率具有正效应,后者效应更加显著。王珏等(2010)在对各地区1992—2007年农业全要素生产率系统测算基础上,借助空间面板计量模型分析后发现:地理因素、土地利用能力、工业化进程,农业对外开放和科技水平对农业全要素生产率效率变动影响显著。朱喜等(2011)研究了微观农户个体的要素配置扭曲程度及其与农业总量全要素生产率的关系,认为农村非农就业机会、金融市场和土地规模是影响要素配置扭曲的重要因素。可见学者们通过经验分析后得出影响农业全要素生产率变动的因素并未取得一致。

在概览已有研究的基础上,本部分的研究拓展与创新体现在以下三个方面:首先是从研究维度来看,以往研究大多只是关注农业全要素生产率的时空演化特征,缺乏对农业地理空间外溢效应和分组效率差异进行动态比较,本研究聚焦农业全要素生产率增长的时空演化特征、地理空间分布与分组增速效率等特征性事实，全方位探寻农业全要素生产率变迁的技术路径和农业可持续增长的动力源泉。

其次是运用 DEA-Malmquist 指数法，将研究样本的生产决策单元（截面数据）进一步扩充，时序数列期间增加为 1978—2011 年，不单纯关注农业全要素生产率，而是对农业全要素生产率进行系统估算与指数分解，全面测度与评价农业全要素生产率（*TFP*）、农业技术进步（*TECH*）、农业技术效率（*EFFCH*）、纯技术效率（*PECH*）和规模效率（*SECH*）指数。Malmquist 指数法是一个比较规范的，其在应用中被证明是对生产率拆分的较有效方法（郑京海和胡鞍钢，2005）。

最后是在研究的政策应用价值上，在对农业全要素生产率进行系统测算与实证解释的基础上，结合党的十八大、十八届三中全会与中央农村工作会议等精神，将研究发现与政策应用有机结合，促进农业现代生产要素与经营模式之间进行均衡匹配。

7.3 研究方法与数据准备

7.3.1 非参数 Malmqusit 生产率指数

目前对农业生产效率的数量评价分为参数和非参数方法，参数方法需要对函数形式和误差扰动项作出同方差、正态分布等严格假设，且未能有效处理多产出的问题（方福前和张艳丽，2010）。若采用回归分析，解释变量参数值会产生严重的样本数据依赖、模型设定偏误等问题。

而基于数据包络分析（DEA）中的非参数 Malmquist 生产率指数法，优点之一是不需要对决策单元作任何事前假定、投入要素价格数据和严格的函数形式设定；优点之二是可以对农业全要素生产率进行系统分解，清楚测度农业全要素生产率的动力源泉；优点之三是该法仅仅需要投入和产出的数据，比较适合农业生产要素和产品价格不完备，价格信号失真等生产实际情况。

Malmquist 指数由 Sten Malmquist（1953）提出，最初用来分析不同时期的消费水平，后经 Caves et al（1982）应用于测算生产率变化。该方法可以测度全要素生产率的逐期动态变化，而且可以将全要素生产率进行系统分解。实证分析中，研究者普遍采用 Fare et al（1994）构建的基于 DEA-Malmquist 指数。

由此，本章借助 Fare et al（1994）拓展的基于 DEA 的 Malmquist 指数方法[①]，构造每个时期中国农业生产的最佳生产前沿面，测算农业 TFP 的效率演化，并将其主要分解为技术进步（前沿技术进步，Technological Progress，TECH）和技术效率（Technical Efficiency Change，EFFCH）进行分析评价，技术效率与技术进步的乘积即为 Malmquist 生产率指数。

其中，技术效率指数（*EFFCH*）还可以继续分解为纯技术效率变化指数（*PECH*）与规模效率变化指数（*SECH*）。农业全要素生产率（*TFP*）反映农业生产要素资源配置与开发利用的效率，而农业技术进步（*TECH*）体现农业技术扩散与改进的程度，农业技术效率（*EFFCH*）则表示在投入既定下的产出最大化抑或产出既定限制下的投入最小化，纯技术效率（*PECH*）测度的是技术无效率在多大程度上由纯粹的技术原因引致的，规模效率（*SECH*）表示生产决策单元是否处于最佳状况。

Malmquist 指数通过距离函数（Distance Function）定义，定义 t 时期产出角度 Malmquist 指数为：

$$M_0^t(x^t,y^t,x^{t+1},y^{t+1}) = \frac{\mathrm{D}_0^t(x^{t+1},y^{t+1})}{\mathrm{D}_0^t(x^t,y^t)} \tag{7.1}$$

相应地定义 $t+1$ 时期产出角度的 Malmquist 指数为：

$$M_0^{t+1}(x^t,y^t,x^{t+1},y^{t+1}) = \frac{\mathrm{D}_0^{t+1}(x^{t+1},y^{t+1})}{\mathrm{D}_0^{t+1}(x^t,y^t)} \tag{7.2}$$

为避免由于时期选择任意性所产生的差异，取时期不同的两个 Malmquist 指数几何平均值，然后分别以 t 和 $t+1$ 时期的生产技术为参照，数学表达式如下：

$$M_0(x^{t+1},y^{t+1},x^t,y^t) = \left[\left(\frac{\mathrm{D}_0^t(x^{t+1},y^{t+1})}{\mathrm{D}_0^t(x^t,y^t)}\right) \times \left(\frac{\mathrm{D}_0^{t+1}(x^{t+1},y^{t+1})}{\mathrm{D}_0^{t+1}(x^t,y^t)}\right)\right]^{\frac{1}{2}} \tag{7.3}$$

根据 Fare et al（1994）的思路，Malmquist 生产率指数在规模报酬不变的情况下，即在限定产出的条件下实现了最大产出，在经验估算中，这个最大化的平均生产率就是样本数据测算中最佳实践（郑京海，2002，2005）。

同时 Malmquist 生产率指数可以进一步被分解为技术效率变化指数（*EFFCH*）和技术进步指数（*TECH*），即

---

① 本章主要介绍基于产出的曼奎斯特生产率指数法，参考了 Fare et al（1994），郑京海等（2002，2005），魏权龄（2012）等相关前期研究。

$$M_0^t(x^t,y^t,x^{t+1},y^{t+1}) = \left[\left(\frac{D_0^t(x^{t+1},y^{t+1})}{D_0^t(x^t,y^t)}\right)\times\left(\frac{D_0^{t+1}(x^{t+1},y^{t+1})}{D_0^{t+1}(x^t,y^t)}\right)\right]^{\frac{1}{2}} =$$

$$\frac{D_0^{t+1}(x^{t+1},y^{t+1})}{D_0^t(x^t,y^t)}\left[\left(\frac{D_0^t(x^t,y^t)}{D_0^{t+1}(x^t,y^t)}\right)\times\left(\frac{D_0^t(x^{t+1},y^{t+1})}{D_0^{t+1}(x^t,y^t)}\right)\right]^{\frac{1}{2}} = EFFCH \times TECH \tag{7.4}$$

其中技术效率变化指数为:

$$EFFCH = \frac{D_0^{t+1}(x^{t+1},y^{t+1})}{D_0^t(x^t,y^t)} \tag{7.5}$$

技术进步效率指数(*TECH*)为

$$TECH = \left[\left(\frac{D_0^t(x^t,y^t)}{D_0^{t+1}(x^t,y^t)}\right)\times\left(\frac{D_0^t(x^{t+1},y^{t+1})}{D_0^{t+1}(x^{t+1},y^{t+1})}\right)\right]^{\frac{1}{2}} \tag{7.6}$$

以上两式分别表示 t 到 $t+1$ 时期所发生的技术效率(*EFFCH*)与技术进步率(*TECH*)变动,两者若小于 1,即表示生产率的下滑。当规模报酬可变(*VRS*),技术效率指数(*EFFCH*)还可以继续分解为纯技术效率变化指数(*PECH*)与规模效率变化指数(*SECH*),通过如此分解可分析可变规模报酬对效率的影响变化。

$$EFFCH = \left[\frac{D_0^{t+1}(x^{t+1},y^{t+1})}{D_0^t(x^t,y^t)}\right]\times \left[\frac{D_0^{t+1}(x^{t+1},y^{t+1})}{D_0^t(x^t,y^t)}\times\frac{D_0^t(x^t,y^t)}{D_0^{t+1}(x^t,y^t)}\right] = PECH \times EFFCH \tag{7.7}$$

所以,在规模报酬可变(*VRS*)的前提下,Malmquist 生产率指数最终被分解为

$$M_0(x^{t+1},y^{t+1},x^t,y^t) = TECH(x^{t+1},y^{t+1};x^t,y^t) \times EFFCH(x^{t+1},y^{t+1};x^t,y^t) = TECH(x^{t+1},y^{t+1};x^t,y^t) \times SECH(x^{t+1},y^{t+1};x^t,y^t) \times PTEC(x^{t+1},y^{t+1};x^t,y^t) \tag{7.8}$$

若 Malmquist 生产率指数大于 1,若前沿技术进步(*TECH*)或技术效率(*EFFCH*)大于 1,则表示全要素生产率变动主要由其引致。

7.3.2 变量选取与数据来源

(1)变量选取

参照陈卫平(2006)、李谷成(2009)、王珏等(2010)前期相关研究,农业产

出变量以农林牧渔业总产值(Gross Output Value of Farming, Forestry, Animal, Husbandry:GOFFAF)为作为决策单元的产出指标,并以1978年为基期,进行了不变价的处理。

农业全要素生产率投入变量指标①包含:

①劳动投入:以各地区农林牧渔从业人员(Employed Persons:EMP)表示;

②土地投入:使用农作物总播种面积(Sown Area:SOA;单位:千公顷)代替;

③机械动力:以农业机械总动力(Power of Agricultural Machinery:PAM)表示;

④折纯量的化肥施用量(Consumption of Chemical Fertilizers:CCF;单位:万吨);

⑤农业有效灌溉面积(Irrigated Area:IRA;单位:千公顷);

⑥役畜投入以各地区大牲畜年末存栏量表示(Large Animals:LAN;单位:万头,万只);

⑦农业能源消耗:以农村用电量表示(Electricity Consumed in Rural Areas:ECRA;单位:亿千瓦时),各变量的描述性统计指标参见表7.1。

表7.1　面板数据的描述性统计说明

Table 7.1　Descriptive Statistics of Panel Data

指标项目		变量含义	样本值	最小值	最大值	均　值	标准差
投入项	(1)EMP	劳动投入:农林牧渔从业人员	952	37.090	4 333.000	1 089.851	851.736
	(2)SOA	土地投入:农作物总播种面积	952	295.000	14 258.600	5 231.767	3 256.800
	(3)PAM	机械动力:农业机械总动力	952	48.970	12 098.300	1 470.531	1 813.896

① 理论上讲,农业投入应考虑资本存量核算问题(例如永续盘存法等),但厄尔·黑迪(1991)认为农业领域内资本投入本质不同,也无共同的物质单位,必须适度综合,使用物质费用价值量衡量。同时因农业中较为可靠的固定资本存量数据难以获取,一般将劳动力、土地、化肥、灌溉、机械等分项投入,参见李谷成(2010);朱喜等(2011)使用农业经营费用支出和种植业经营投工量分别代表资本与劳动投入,黄少安等(2005)、王奇等(2012)亦未进行资本存量处理。

续表

指标项目		变量含义	样本值	最小值	最大值	均　值	标准差
投入项	(4)CCF	折纯量的化肥施用量	952	5.300	711.490 0	147.549	141.865
	(5)IRA	农业有效灌溉面积	952	157.100	5 150.400	1 764.865	1 279.638
	(6)LAN	役畜投入:大牲畜年末存栏量	952	1.200	1 508.800	433.443	321.128
	(7)ECRA	农业能源消耗:农村用电量	952	0.700	1 606.800	79.881	165.105
产出项	GOFFAF	农林牧渔业总产值	952	4.800	1 738.550	227.715	252.355

(2)数据来源

摘取中国的每一个省级单位作为一个生产决策单元(Decision Making Unit:DMU),又因 DEA 方法对极端数据较为敏感,遂将港澳台、西藏、海南、重庆单元作为极端值进行剔除;样本为 1978—2011 年中国 28 个省(区、市)的平衡面板数据(Balanced Panel Data),主要来源于《新中国农业六十年统计资料》《新中国五十年农业统计资料》《中国农村统计年鉴》《新中国六十年统计资料汇编》《中国统计年鉴》《中国财政年鉴》和部分省级统计年鉴。Malmquist 指数估算与分解使用 Coelli(1996)DEAP 程序计算。

为保证实现平衡面板数据,提高模型估计的稳健性,对于缺失数据处理说明如下:

①农林牧渔从业人员 1978—2008 年数据来自《新中国农业六十年统计资料》,2009 年数据来自《中国农业年鉴 2010》,因《中国农业年鉴 2011》只列出第一产业从业人员,并未列出具体的农林牧渔业从业人员,最终使用各省统计年鉴补充 2010 和 2011 年数据。

②广东省 2006 年农业机械总动力数据使用移动平均法获取。

③折纯量的化肥施用量:虽然广东 2006 年《新中国六十年统计资料汇编》《新中国农业六十年统计资料》数据单位一致(万吨),但数据不一致,差距过

大,本部分统一按照《新中国六十年统计资料汇编》口径,取相邻两年的均值。辽宁 1978—1980 年数据来自《辽宁经济统计年鉴 1983》和《辽宁统计年鉴 1985》;广西 1978 年数据来自《广西统计年鉴 1984》,并根据 1979 年化肥实物量进行了折纯换算;甘肃 1978 年数据使用 1979 年代替;新疆 1978 年数据来自《新疆统计年鉴 1990》,并以 1979 年数据进行了折纯量的换算。

④天津、福建、广东和云南 2006 年农村用电量数据由《新中国农业六十年统计资料》补充完整。

7.4 测算结果及解释

7.4.1 全国及省际农业全要素生产率变动与分解

基于上述准备,本章对中国省际农业全要素生产率指数的估算及分解如下:

表 7.2 中国省际农业全要素生产率指数估算及分解(1978—2011)

Tab.7.2 Estimation and Decomposition of Provincial Agricultural TFP Index in China (1978—2011)

序号	决策单元	曼奎斯特生产率指数	技术进步率	技术效率	纯技术效率	规模效率
		TFP	*TECH*	*EFFCH*	*PECH*	*SECH*
1	北京	1.062	1.058	1.003	1.000	1.003
2	天津	1.075	1.062	1.012	0.994	1.018
3	河北	1.039	1.037	1.002	0.999	1.003
4	山西	1.043	1.039	1.003	1.003	1.000
5	内蒙古	1.023	1.026	0.997	0.997	1.000
6	辽宁	1.055	1.054	1.001	1.000	1.001
7	吉林	1.048	1.048	1.000	1.000	1.000
8	黑龙江	1.032	1.032	1.000	1.000	1.000
9	上海	1.057	1.057	1.000	1.000	1.000
10	江苏	1.042	1.042	1.000	1.000	1.000

续表

序号	决策单元	曼奎斯特生产率指数	技术进步率	技术效率	纯技术效率	规模效率
		TFP	*TECH*	*EFFCH*	*PECH*	*SECH*
11	浙江	1.036	1.036	1.000	1.000	1.000
12	安徽	1.039	1.036	1.004	1.000	1.004
13	福建	1.045	1.045	1.000	1.000	1.000
14	江西	1.018	1.022	0.996	0.996	1.000
15	山东	1.037	1.034	1.002	1.000	1.002
16	河南	1.031	1.035	0.997	1.000	0.997
17	湖北	1.032	1.032	1.000	1.000	1.000
18	湖南	1.035	1.033	1.002	1.001	1.002
19	广东	1.005	1.011	0.994	1.000	0.994
20	广西	1.043	1.039	1.004	1.003	1.000
21	四川	1.026	1.026	1.000	1.000	1.000
22	贵州	1.010	1.024	0.986	0.986	1.000
23	云南	1.032	1.037	0.995	0.995	1.000
24	陕西	1.042	1.035	1.007	1.007	1.000
25	甘肃	1.031	1.028	1.003	1.003	1.000
26	青海	1.035	1.035	1.000	1.000	1.000
27	宁夏	1.050	1.047	1.003	1.000	1.003
28	新疆	1.039	1.035	1.003	1.000	1.003
均值 mean		1.038	1.037	1.001	0.999	1.001

注:本表计算基于产出导向(OUTPUT ORIENTATED),运用 CRS 的 MALMQUIST-DEA 指数测算,使用的软件系 DEAP2.1,下同;采用规模报酬不变(CRS)假设是因为软件运算基于 FGNZ 模型,而规模报酬可变(VRS)假设基于 RD 模型运算(章祥荪和贵斌威,2008),对于宏观经济数据研究,假定规模报酬固定更加接近经验实际(吴磊和周洁,2010);鉴于本书排版要求,省级时序数据并未给出,备索。

表 7.2 系 1978—2011 年中国省际农业全要素生产率测算及其分解情况,以 1 为生产效率分界点:若大于 1,表明生产率提高,反之则下降。

(1)均值评价

1978年以来,中国农业全要素生产率(*TFP*)、技术进步率(*TECH*)、技术效率(*EFFCH*)和规模效率(*SECH*)总体上处于递增趋势,年均增速分别为3.8%,3.7%,0.1%和0.1%,说明改革开放以来,农业TFP增长显著,其增长源泉主要是由技术进步率(*TECH*)与技术效率(*EFFCH*)双轮驱动的。

促进农业技术进步与扩大农业要素投入可以显著拉动农业全要素生产率的增长,农业技术进步效率(*TECH*)增速最快,是农业全要素生产率增长的主要源泉和推动力,以技术进步为诱导的"增长效应"明显。正如Scott Rozelle,黄季焜(2005)所述:中国的农业研发体系能够为农业生产力提供先进的技术。

但是技术效率值(*EFFCH*)增速偏小(0.1%),特别是其中的纯技术效率(*PECH*)处于退步状态(-0.01%),说明技术效率(*EFFCH*)的驱动作用有限,动力不足,"水平效应"不够显著,这可能会成为制约未来中国农业长期可持续增长的重要瓶颈。

(2)双引擎驱动模式

1978—2011年中国农业技术进步效率值(*TECH*,3.7%)较高,而技术效率(*EFFCH*,0.1%)相对较低的状况说明:30多年来,农业全要素生产率(*TFP*)测算及分解体现农业技术进步与农业技术效率双引擎驱动模式,虽然农业技术效率(*EFFCH*)这部引擎驱动作用有限(0.1%),功力不足,但整体上仍然是正向驱动(规模效率增速为正,纯技术效率退步恶化)。这与李静和孟令杰(2006)、李谷成(2009)、全炯振(2009)、王珏等(2010)前期研究"整个农业前沿技术进步与技术效率损失并存"的结论并不完全一致。

农业技术效率(*EFFCH*)中的规模效率进步(*SECH*,0.1%),而农业纯技术效率(*PECH*,-0.01%)退步。同时也说明中国农业增长方式仍然处于单纯依靠要素投入等粗放式的增长模式,基于技术改进、资源优化配置的高效集约式驱动模式仍然不够显著。

(3)具体的省际差异审视

农业全要素生产率(*TFP*)增长、技术进步率(*TECH*)与技术效率(*EFFCH*)改进最快的省份都是天津(7.5%,6.2%,1.2%),农业全要素生产率(*TFP*)增长、技术进步率(*TECH*)最慢的省份为广东(1.1%),技术效率(*EFFCH*)改进最慢的省份为贵州(-1.4%)。农业技术效率(*EFFCH*)损失比较严重的省份分别是内蒙古(-0.3%)、江西(-0.4%)、河南(-0.3%)、广东(-0.6%)、贵州(-1.4%)和云南(-0.5%)。

农业TFP增速最快省份(天津,7.5%)与最慢省份(广东0.5%)的差距为7.0%;农业技术进步率(*TECH*)改进最快省份(天津,6.2%)与最慢省份(广东,1.1%)的差距为5.1%;农业技术效率(*EFFCH*)提升最快省份(天津,1.2%)与损失最严重的省份(贵州,-1.4%)的差距为2.6%,由此可见省际农业TFP,农业技术进步率(*TECH*)与农业技术效率(*EFFCH*)差异非常显著。

7.4.2 农业TFP各指数时序动态波动变化特征

由上部分分析可知省际农业全要素生产率(*TFP*)、农业技术进步率(*TECH*)与农业技术效率(*EFFCH*)差异较大,这种趋势是在加剧,还是趋向收敛?

为系统刻画各省农业全要素生产率(*TFP*)及其分解指数的动态波动变化,探寻其变动的源泉,本文利用表7.3生成曼奎斯特生产率指数(*TFP*)、技术进步率指数(*TECH*)、技术效率指数(*EFFCH*)、纯技术效率指数(*PECH*)、规模效率(*SECH*)的趋势图7.1,借助该图观测各个指数波折变化的动态态势与周期特征,可以看出:

表7.3 曼奎斯特生产率指数历年时序变化特征及其分解

Table 7.3 The Temporal Variation and Decomposition of Malmquist Productivity Index

时序数列	曼奎斯特生产率指数	技术进步率	技术效率	纯技术效率	规模效率
	TFP	*TECH*	*EFFCH*	*PECH*	*SECH*
1978—1979	1.103	1.141	0.966	0.959	1.008
1979—1980	0.983	0.962	1.023	1.013	1.010
1980—1981	1.049	1.015	1.034	1.026	1.007
1981—1982	1.076	1.073	1.002	0.994	1.009
1982—1983	1.054	1.034	1.019	1.011	1.008
1983—1984	1.085	1.094	0.992	0.987	1.005
1984—1985	1.021	1.029	0.993	0.995	0.998
1985—1986	0.993	1.007	0.987	0.984	1.003
1986—1987	1.033	1.029	1.004	1.008	0.996

续表

时序数列	曼奎斯特生产率指数	技术进步率	技术效率	纯技术效率	规模效率
	TFP	*TECH*	*EFFCH*	*PECH*	*SECH*
1987—1988	1.013	1.05	0.965	0.983	0.982
1988—1989	0.877	0.878	0.998	1.000	0.998
1989—1990	1.111	1.083	1.026	1.034	0.993
1990—1991	0.977	0.995	0.982	0.984	0.997
1991—1992	0.996	0.995	1.002	1.012	0.990
1992—1993	1.004	1.018	0.986	0.999	0.987
1993—1994	1.084	1.104	0.981	0.990	0.991
1994—1995	1.031	1.01	1.022	1.012	1.009
1995—1996	1.023	1.028	0.995	0.983	1.012
1996—1997	0.999	1.001	0.997	0.998	0.999
1997—1998	1.044	1.025	1.018	1.007	1.011
1998—1999	1.006	1.006	1.000	1.004	0.996
1999—2000	0.997	0.992	1.005	1.006	0.999
2000—2001	1.037	1.021	1.016	1.003	1.012
2001—2002	1.036	1.031	1.004	0.997	1.007
2002—2003	1.054	1.055	1.000	1.001	0.999
2003—2004	1.136	1.151	0.987	0.996	0.991
2004—2005	1.007	1.004	1.004	1.003	1.001
2005—2006	1.068	1.069	0.999	1.000	0.999
2006—2007	1.103	1.126	0.980	0.983	0.997
2007—2008	1.097	1.09	1.006	0.999	1.007
2008—2009	1.021	0.987	1.034	1.017	1.017
2009—2010	1.085	1.073	1.011	1.004	1.006
2010—2011	1.087	1.102	0.986	0.994	0.992
均　值	1.038	1.037	1.001	0.999	1.001

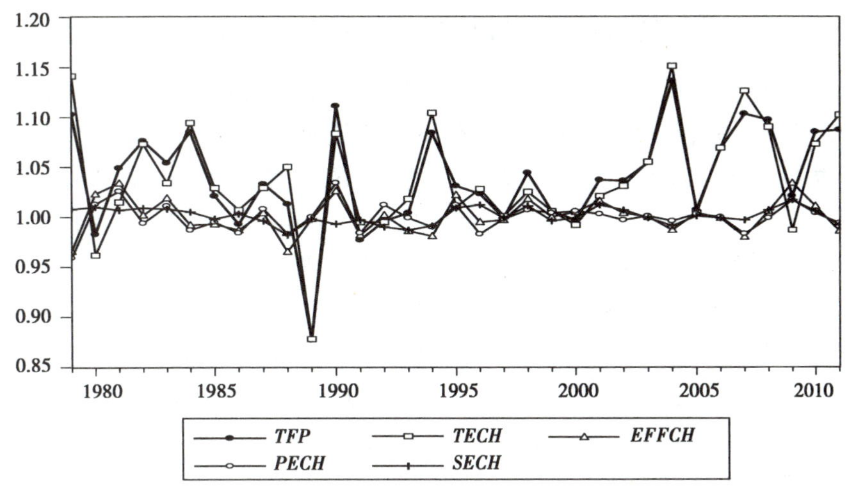

图 7.1　农业曼奎斯特生产率指数及分解变迁路径(1979—2011)

Fig.7.1　Agricultural Malmquist Productivity Index and Decomposition Change Path (1979—2011)

(1)趋势演化特征描述

这与顾海和孟令杰(2002)所称的“U”型分布(1980—1995)并不一致。同时本文测算出农业全要素生产率(*TFP*)具有年均 3.8%的增长率,说明改革开放以来,农业全要素生产率(*TFP*)增速较为显著,在整个农业增长中扮演重要角色。另外,5 个指数呈现出阶段性动态变化特征,其中曼奎斯特生产率指数,即农业全要素生产率(*TFP*)与技术进步率指数(*TECH*)波动幅度较大,提高与下降的趋势显著。

(2)周期性波动特征刻画

与全国及省际农业全要素生产率(*TFP*)变动与分解一致,农业全要素生产率(*TFP*)的增长主要是由技术进步率指数(*TECH*)驱动的,而且两者呈现顺周期变化特征。技术效率指数(*EFFCH*)对农业全要素生产率(*TFP*)增长驱动作用有限,而且与曼奎斯特生产率指数(*TFP*)有逆周期波动阶段,分别出现在1979—1980 年、1992—1995 年、2001—2011 年,并且这种逆周期波动持续的时间段越来越长,说明技术效率指数(*EFFCH*)的驱动作用正在逐步放缓恶化。本文农业全要素生产率(*TFP*)时序波动特征分析也再次印证了李谷成(2009)的研究结论:农业全要素生产率(*TFP*)变动主要表现为“增长效应”显著,但“水平效应”有限。

(3)**农业前沿技术进步指数与农业技术效率指数**

农业前沿技术进步指数(*TECH*)年均增长3.7%,而农业技术效率指数(*EFFCH*)年均增长0.1%,同时该指数下降趋势明显。由前文可知,农业技术效率指数波动(*EFFCH*)是由纯技术效率(*PECH*)和规模效率指数(*SECH*)共同作用形成的,从图7.1来看,两者波幅并不显著,主要引致了整体农业技术效率(*EFFCH*)持续走向恶化。比照顾海和孟令杰(2002)、陈卫平(2006)、李谷成(2009)等前期研究,本文的农业全要素生产率(*TFP*)时序动态波动特征的分析结论与上述学者是基本一致的,说明改革开放以来,中国农业全要素生产率(*TFP*)增长阶段性波动特征显著,增长机制主要是由农业前沿技术进步(*TECH*)驱动的,而农业技术效率(*EFFCH*)虽有贡献,但是这种推动作用十分有限,并且正在放缓恶化。

7.4.3 农业全要素生产率各指数地理空间测度

在地理空间分析上,本文划分为东部、中部、西部和东北地区,研究不同区域和省际农业经济增长源泉的驱动模式。表7.4具体列出了农业全要素生产率(*TFP*)针对地理空间的测度及分解指标数据。

表7.4 东、中、西和东北农业全要素生产率测度及分解(1978—2011)

Tab.7.4 Estimation and Decomposition of Agricultural TFP Index in the East, Middle, West and Northeast (1978—2011)

区域	决策单元	曼奎斯特生产率指数	技术进步率	技术效率	纯技术效率	规模效率
		TFP	*TECH*	*EFFCH*	*PECH*	*SECH*
全国均值		1.038	1.037	1.001	0.999	1.001
东部地区	北京	1.062	1.058	1.003	1.000	1.003
	天津	1.075	1.062	1.012	0.994	1.018
	河北	1.039	1.037	1.002	0.999	1.003
	上海	1.057	1.057	1.000	1.000	1.000
	江苏	1.042	1.042	1.000	1.000	1.000
	浙江	1.036	1.036	1.000	1.000	1.000
	福建	1.045	1.045	1.000	1.000	1.000
	山东	1.037	1.034	1.002	1.000	1.002
	广东	1.005	1.011	0.994	1.000	0.994
东部均值		1.044	1.042	1.001	0.999	1.002

续表

区域	决策单元	曼奎斯特生产率指数	技术进步率	技术效率	纯技术效率	规模效率
		TFP	*TECH*	*EFFCH*	*PECH*	*SECH*
东北地区	辽宁	1.055	1.054	1.001	1.000	1.001
	吉林	1.048	1.048	1.000	1.000	1.000
	黑龙江	1.032	1.032	1.000	1.000	1.000
东北均值		1.045	1.045	1.000	1.000	1.000
中部地区	山西	1.043	1.039	1.003	1.003	1.000
	安徽	1.039	1.036	1.004	1.000	1.004
	江西	1.018	1.022	0.996	0.996	1.000
	河南	1.031	1.035	0.997	1.000	0.997
	湖北	1.032	1.032	1.000	1.000	1.000
	湖南	1.035	1.033	1.002	1.001	1.002
中部均值		1.033	1.033	1.000	1.000	1.001
西部地区	内蒙古	1.023	1.026	0.997	0.997	1.000
	广西	1.043	1.039	1.004	1.003	1.000
	四川	1.026	1.026	1.000	1.000	1.000
	贵州	1.010	1.024	0.986	0.986	1.000
	云南	1.032	1.037	0.995	0.995	1.000
	陕西	1.042	1.035	1.007	1.007	1.000
	甘肃	1.031	1.028	1.003	1.003	1.000
	青海	1.035	1.035	1.000	1.000	1.000
	宁夏	1.050	1.047	1.003	1.000	1.003
	新疆	1.039	1.035	1.003	1.000	1.003
西部均值		1.033	1.033	1.000	0.999	1.001

注:东中西及东北区域的划分以《中国统计年鉴》为准。

(1)曼奎斯特生产率指数区域差异分析

区域性的农业全要素生产率(*TFP*)呈现东北(1.045)、东部(1.044)、西部(1.033 1)和中部(1.033 0)地区依次递减的变动趋势,各区域农业全要素生产率(*TFP*)增长的动力源泉主要是农业前沿技术进步率(*TECH*)贡献的,这与表7.2和表7.3的分析一致。1978—2011年东北地区农业全要素生产率平均增长

4.5%,为各地理空间中最高,而且东北和东部地区农业全要素生产率增速明显高于全国平均水平(3.8%),而中西部地区虽然农业全要素生产率也在增长,但是增速迟缓,低于全国平均水平。

从具体省份来看:曼奎斯特生产率指数东部9省(市)中有6省(市)全要素生产率高于全国平均水平(3.8%),分别是北京(6.2%)、天津(7.5%)、河北(3.9%)、上海(5.7%)、江苏(4.2%)、福建(4.5%),京津沪直辖市农业全要素生产率增速全部高于全国平均水平,东部地区增速最快的是天津(7.5%),最慢的是广东(0.5%)。

曼奎斯特生产率指数(*TFP*)东北3省中,有2个省高于全国平均水平(3.8%),分别是辽宁(5.5%)和吉林(4.8%),东北地区增速最快的是辽宁(5.5%),最慢的是黑龙江(3.2%)。

曼奎斯特生产率指数中部6省中,仅有2个省高于全国平均水平(3.8%),分别是山西(4.3%)和安徽(3.9%),江西(1.8%)、河南(3.1%)、湖北(3.2%)、湖南(3.5%)均低于全国水平,中部地区增速最快的是山西(4.3%),最慢的是江西(1.8%)。

曼奎斯特生产率指数西部10省(区)中仅有4个省(区)高于全国平均水平(3.8%),分别是广西(4.3%)、陕西(4.2%)、宁夏(5.0%)和新疆(3.9%),西部地区中增速最快的是宁夏(5.0%),最慢的是贵州(1.0%)。

可以看出,中国农业全要素生产率增长具有明显的地理区域空间差异性,东北和东部地区增长较快,但是西部和中部增速迟缓。而且不同区域空间内的省际差异也非常显著,东北、东部、西部和中部地区内增长差异分别为2.3%,7%,4%,2.5%,东部区域内省际差异最大。

(2)农业前沿技术进步率指数区域差异分析

技术进步率指数(*TECH*)东部9省(市)中有6省(市)高于(含)全国平均水平(3.7%),分别是北京(5.8%)、天津(6.2%)、河北(3.7%)、上海(5.7%)、江苏(4.2%)和福建(4.5%)。

技术进步率指数(*TECH*)东北3省中,有2个省高于全国平均水平(3.7%),分别是辽宁(5.4%)和吉林(4.8%)。

技术进步率指数(*TECH*)中部6个省中,仅有山西(3.9%)高于全国平均水平(3.7%),其他5个省均低于全国水平。

技术进步率指数(*TECH*)西部10个省(区)中,仅有3个省(区)高于全国平均水平(3.7%),分别是广西(3.9%)、云南(3.7%)和宁夏(4.7%),由此可见中西部地区的农业前沿技术进步率(*TECH*)是比较糟糕的。

(3)技术效率指数区域差异分析

技术效率指数(*EFFCH*)东部9省(市)中,有4省(市)高于全国平均水平(0.1%),分别是北京(0.3%)、天津(1.2%)、河北(0.2%)和山东(0.2%)。技术效率指数(*EFFCH*)东北3省中,仅有辽宁(0.1%)高于(含)全国平均水平(0.1%)。

技术效率指数(*EFFCH*)中部6省中,仅有3省(市)高于全国平均水平(0.1%),分别是山西(0.3%)、安徽(0.4%)和湖南(0.2%)。

技术效率指数(*EFFCH*)西部10省(区)中,有5省(区)高于全国平均水平(0.1%),分别是广西(0.4%)、陕西(0.7%)、甘肃(0.3%)、宁夏(0.3%)和新疆(0.3%)。

总之,农业技术效率指数(*EFFCH*)全国各区域普遍不高,差异显著。

基于东、中、西和东北地区地理空间考察再次充分说明,农业全要素生产率(*TFP*)、前沿技术进步率(*TECH*)和技术效率(*EFFCH*)区域间,省际存在明显效率差异,效率变动具有比较严重的地理空间上的非均衡性。同时三大农业生产效率区域间,省级间的外溢性并不强。

7.4.4 农业全要素生产率各指数增长与变动的分组考察

通过前文对农业全要素生产率及其分解指数分析可以发现,农业全要素生产率变动的区域与省际差异明显,本章将全国28个省级决策单元划分为4个效率组别,分别为高速Ⅰ组、快速Ⅱ组、缓慢Ⅲ组和损失Ⅳ组。组别划分的依据如下:

高速Ⅰ组:农业全要素生产率(*TFP*)、前沿技术进步率(*TECH*)和技术效率(*EFFCH*)全部为增长或提升,即指数>全国平均值,且纯技术效率(*PECH*)与规模效率(*SECH*)>1.000;

快速Ⅱ组:除了高速组、损失组省份外,且农业全要素生产率(*TFP*)指数>全国平均水平值;

缓慢Ⅲ组:除了高速组、损失组省份外,且农业全要素生产率(*TFP*)指数≤全国平均值;

损失Ⅳ组:技术效率(*EFFCH*)指数<1.000。分组考察参见表7.5。

表 7.5 农业全要素生产率及分解指数的组别考察

Table 7.5 Group Study of Agricultural TFP and Decomposition Index

组别	决策单元	曼奎斯特生产率指数	技术进步率	技术效率	纯技术效率	规模效率
		TFP	*TECH*	*EFFCH*	*PECH*	*SECH*
全国均值 mean		1.038	1.037	1.001	0.999	1.001
高速Ⅰ组	北京	1.062	1.058	1.003	1.000	1.003
	山西	1.043	1.039	1.003	1.003	1.000
	广西	1.043	1.039	1.004	1.003	1.000
	宁夏	1.050	1.047	1.003	1.000	1.003
快速Ⅱ组	天津	1.075	1.062	1.012	0.994	1.018
	河北	1.039	1.037	1.002	0.999	1.003
	辽宁	1.055	1.054	1.001	1.000	1.001
	吉林	1.048	1.048	1.000	1.000	1.000
	上海	1.057	1.057	1.000	1.000	1.000
	江苏	1.042	1.042	1.000	1.000	1.000
	安徽	1.039	1.036	1.004	1.000	1.004
	福建	1.045	1.045	1.000	1.000	1.000
	陕西	1.042	1.035	1.007	1.007	1.000
	新疆	1.039	1.035	1.003	1.000	1.003
缓慢Ⅲ组	黑龙江	1.032	1.032	1.000	1.000	1.000
	浙江	1.036	1.036	1.000	1.000	1.000
	山东	1.037	1.034	1.002	1.000	1.002
	湖北	1.032	1.032	1.000	1.000	1.000
	湖南	1.035	1.033	1.002	1.001	1.002
	四川	1.026	1.026	1.000	1.000	1.000
	甘肃	1.031	1.028	1.003	1.003	1.000
	青海	1.035	1.035	1.000	1.000	1.000

续表

组别	决策单元	曼奎斯特生产率指数	技术进步率	技术效率	纯技术效率	规模效率
		TFP	*TECH*	*EFFCH*	*PECH*	*SECH*
损失Ⅳ组	内蒙古	1.023	1.026	0.997	0.997	1.000
	江西	1.018	1.022	0.996	0.996	1.000
	河南	1.031	1.035	0.997	1.000	0.997
	广东	1.005	1.011	0.994	1.000	0.994
	贵州	1.010	1.024	0.986	0.986	1.000
	云南	1.032	1.037	0.995	0.995	1.000

(1)高速Ⅰ组与快速Ⅱ组

进入高速Ⅰ组的分别是直辖市北京,中部省份山西,西部省份广西和宁夏。进入快速Ⅱ组分别是直辖市天津和上海,东部省份:河北、江苏、福建;东北省份:辽宁和吉林;中部省份:安徽;西部省份:陕西和新疆。

借助高速Ⅰ组和快速Ⅱ组的分析比对可以得出:

第一,农业全要素生产率(*TFP*)、技术进步率(*TECH*)和技术效率(*EFFCH*)直辖市效应显著,三项主要的农业生产效率指数全部体现为增长或提升;

第二,农业全要素生产率(*TFP*)、技术进步率(*TECH*)和技术效率(*EFFCH*)增长的省际空间外溢效应并不显著,关联度不高。

(2)缓慢Ⅲ组

纳入缓慢Ⅲ组的有浙江和山东(东部),黑龙江(东北),湖北和湖南(中部),四川、甘肃和青海(西部),测度发现传统意义上的农业大省全要素生产率(*TFP*)指数均小于或等于全国平均水平值[①],农业全要素生产率增长缓慢,并不乐观,而且大部分省份集中在中西部。

① 以2011年中国大陆31个省(区、市)农林牧渔总产值(现价)排名:浙江2 534.9亿元(东部第6,全国第13);山东7 409.7亿元(东部与全国第1);黑龙江3 223.5亿元(东北第2,全国第12);湖北4 252.9亿元(中部第3,全国第7);湖南4 508.2亿元(中部第2,全国第5);四川4 932.7亿元(西部第1,全国第4);甘肃1 187.8亿元(西部第6,全国第22)。

(3)**损失Ⅳ组**

进入损失Ⅳ组包括东部省份:广东;西部:内蒙古、贵州和云南;中部:江西和河南。损失Ⅳ组呈现农业前沿技术进步与农业技术效率损失并存的格局。各省份农业技术效率指数(*EFFCH*)均低于1.000,技术效率指数退步现象是真实的技术退步,这与顾海和孟令杰(2002)、李静和孟令杰(2006)、陈卫平(2006)、李谷成(2009,2010)、全炯振(2009)、方福前和张艳丽(2010)、王奇(2012)等前期研究取得了一致。说明该组农业全要素生产率呈现技术诱导型的增长模式,技术效率退步引致了负向冲击,减缓了农业全要素生产率的增长。同时该组各决策单元农业全要素生产率,前沿技术进步率(*TECH*)全部低于全国平均水平(仅云南农业技术进步效率与全国持平)。农业全要素生产率反映的是农业生产要素资源配置与开发利用的效率,而农业技术进步(*TECH*)体现农业技术扩散与改进的程度,说明该组农业生产效率非常糟糕,农业技术推广滞后,效率提升的任务繁重。

综上所述,对中国农业生产效率分解指数的分组考察也再次说明:农业全要素生产率(*TFP*)、技术进步率(*TECH*)和技术效率(*EFFCH*)变动在地理空间演变上"发散效应""收敛效应"与"外溢效应"趋势不显著,这与李谷成(2009)的前期研究取得了基本一致的结论。

7.5 影响因素分析

党的十八届三中全会提出:"向农业输入现代生产要素和经营模式",而农业全要素生产率动力源泉包括以现代生产要素投入为代表的技术进步、组织创新、专业化和生产经营模式创新等。在前面部分讨论的基础上,本部分运用DEA-Malmquist生产率指数法对农业全要素生产率效率演化与技术分解进行了系统测度。然而哪些因素会影响农业全要素生产率及其分解指数的变动并未明确,探究这些效率指数变动的内在机理与运行机制,进而对地方政府制定具有针对性、有效性的农业政策大有裨益,亦可为政府科学决策提供实证数据研究的经验参考。

在下面的研究中，本章将地方政府行为、农业总产值占比，农业人力资本数量与存量、农业市场化、自然条件等因素纳入研究的解释变量集，对农业生产各效率指数变动（包含 *TFP*，*TECH*，*EFFCH*，*PECH*，*SECH*）的影响因素进行面板数据的回归分析，进而解释农业效率演化变动的作用机制。

7.5.1 变量的选取与数据准备

本部分将利用系统计算出的农业全要素生产率（*TFP*）、农业技术进步率（*TECH*）、技术效率（*EFFCH*）、纯技术效率（*PECH*）和规模效率（*SECH*）这些效率得分进行数据并用（Pooling The Data），并将这些整理后的数据设定为面板模型中的被解释变量集。解释变量集选取与数据准备工作参见如下说明：

①*RAGR*：表征地方政府支农行为，将地方政府财政农业支出占一般预算支出作为地方政府政策行为的代理变量，该变量可以反映地方政府财政支农政策的执行力度，同时也可表示地方政府经济政策城市偏向，轻视农业农村的程度（马光荣和杨恩艳，2010）。

因财政收支口径变化，地方政府财政支农支出 1988—2002 年为支援农村生产支出、农业综合开发支出与农林水利气候等部门的事业费支出之和；2003—2006 年为农业支出、林业支出与农林水利气象等部门事业费支出之和；2007 年后为农林水事务支出（简称为地方政府财政农业支出，在本章含义相同）。其中安徽财政农业支出 1988—1989 年数据来自《安徽统计年鉴（1989）》《安徽统计年鉴（1990）》，1990—2011 年来自《新中国六十年统计资料汇编》；四川财政农业支出 1978—1993 数据来自《四川统计年鉴（1994）》。

②*RGOVA*：农林牧渔业总产值（以下简称农业总产值）占地区生产总值的比重，用以刻画产业结构变动（农业总产值占比）对农业生产效率的影响，该指标也可反映农业生产区域差异的结构特征。

③*EMPER*：农业人力资本数量指标，即农林牧渔从业人员占各地区年末总人口的比重，其中农林牧渔从业人员 1978—2008 年数据来自《新中国农业六十年统计资料》，2009 年数据来自《中国农业年鉴 2010》，因《中国农业年鉴 2011》只列出第一产业从业人员，并未列出具体的农林牧渔业从业人员，最终使用各省统计年鉴补充 2010 和 2011 年数据。

④*HCAP*：农业人力资本存量指标，农村劳动力教育程度和人力资本的提高

有助于农业技术的采用和扩散，研究预期该变量对农业效率的提高具有正向影响。

因农林牧渔从业人员占各地区年末总人口的比重（*EMPER*）只能单独反映农业人力资本的数量指标，却不能很好地刻画农业劳动力的质量，即农业人力资本存量。舒尔茨指出："经济学家们一直面临着的一个谜就是产出增长率大大高于投入资源的增长率。现在清楚了，这个谜主要是由我们自己造成的，因为我们使用衡量资本与劳动的方法太狭窄了，没有把资源质量提高因素考虑在内。"农业人力资本存量指标可用接受学校正规教育年限来测度。

遵照目前官方农村劳动力资本存量统计口径：各地区农村居民家庭劳动力文化状况（平均每百个劳动力，参见《中国农村统计年鉴》），本文将农村劳动力按照受教育程度类别及其对应的实际教育年数分别设定为：①不识字或识字很少（文盲半文盲）：0 年；②小学：6 年；③初中：9 年；④高中：12 年；⑤中专：12 年；⑥大专及以上：15.5 年。于是，使用接受学校正规教育年限测度农村人力资本存量方法参见式（7.9）：

$$HCAP_1 = 0 \times EDU_1 + 6 \times EDU_2 + 9 \times EDU_3 + 12 \times EDU_4 + 12 \times EDU_5 + 15.5 \times EDU_6 \quad (7.9)$$

其中，EDU_1至EDU_6为农村家庭平均每百个劳动力中，各种教育程度所占比例。

但是在使用式（7.9）测算农业人力资本存量时，完全忽略了教育质量差别，而是充分考虑农业劳动力的异质性（李谷成，2009），借用教育收益率法测度农业人力资本存量，以考察农业人力资本存量，即农业劳动力的文化水平对农业产出效应的影响。

所以，本部分并未采用教育年数的方法（方鸿，2010）测度农业人力资本存量，而是在式（7.9）的基础上考虑教育投资的明瑟收益率（Mencerian Rate of Return），测算农业人力资本存量问题。

根据侯风云（2004）、邹薇和张芬（2006）、李谷成等（2006，2009）前期研究，中国教育收益率（多接受正规学校教育使劳动者生产效率提高的比重）$0 \leqslant 0.18 \leqslant 6$ 年；$6 < 0.314 \leqslant 12$ 年；$12 < 0.151 \leqslant 15.5$ 年。本文在式（7.9）的基础上，结合中国教育收益率指标，获得了农业人力资本存量指标（*HCAP*）。

需要说明的是 *RAGR*，*RGOVA*，*EMPER*，*HCAP* 是模型回归重点关注的 4 个核心解释变量。

⑤*PLAND*：各省农村人均耕地面积，用以考察耕地规模与农业生产效率之

间的关系，变量使用农村人口数除以各地区耕地面积获取，单位：亩/人。其中农村人口数以乡村人口表示，该数据可以从以下两个渠道获得：

一是通过《新中国农业六十年统计资料》获取1978—2008年数据，《中国统计年鉴(2010,2012)》中可以获取2009和2011数据，但是《中国统计年鉴(2011)》和《中国农村统计年鉴(2011)》并未列出乡村人口数。

二是通过各省年末总人口数减去城镇人口，其中1978—2008数据来自《新中国六十年统计资料汇编》，2009—2011年数据来自《中国统计年鉴》，数据残缺的部分由各省统计年鉴补齐。本文使用第二种方法获取农村人口数据。

⑥*NGRAIN*：非粮食作物播种面积占比，使用非粮食作物播种面积占农作物总播种面积的比重衡量，即借助农业内部产业结构调整表征农业生产的市场化取向，然后考察其对农业生产效率变动的影响。

⑦*DISAS*：自然灾害因素使用成灾面积占农作物总播种面积的比重表示，其中上海成灾面积数据缺失的年份赋值为0。因农业具有天然的弱质性，受自然条件影响显著，于是纳入此变量衡量自然灾害因素对农业生产效率变动的影响。

控制变量主要选择两个政策变量：

⑧*URB*：城镇化率指标，使用各省城镇人口与年末总人口的占比。

⑨*IND*：工业化水平指标，使用第二产业增加值占地区生产总值的比重刻画，用以捕捉城镇化、工业化对农业生产效率的影响效应与运行机制，控制变量也可在一定程度上检验评价城镇化、工业化与农业现代化同步发展的政策效应[①]。

摘取1988—2011年中国28个省(区、市)的样本观测值，系平衡面板数据(Balanced Panel Data)，不包括西藏、海南和港澳台地区。因重庆市1997年直辖，故将其从样本中剔除。数据主要来源于《新中国六十年统计资料汇编》《新中国五十五年统计资料汇编》《新中国五十年统计资料汇编》《全国各省、自治区、直辖市历史统计资料汇编(1949—1989)》《新中国农业六十年统计资料》《中国统计年鉴》《中国财政年鉴》《中国农村统计年鉴》和部分省级统计年鉴，

① 党的十八大报告中提出："坚持走中国特色新型工业化、信息化、城镇化、农业现代化道路，推动信息化和工业化深度融合、工业化和城镇化良性互动、城镇化和农业现代化相互协调，促进工业化、信息化、城镇化、农业现代化同步发展。"2013年中央一号文件也指出："把城乡发展一体化作为解决'三农'问题的根本途径；必须统筹协调，促进工业化、信息化、城镇化、农业现代化同步发展，着力强化现代农业基础支撑，深入推进社会主义新农村建设。"具体参见《关于加快发展现代农业 进一步增强农村发展活力的若干意见》。

各变量的描述性统计指标参见表 7.6。运用 Stata10.0 软件程序计算。

表 7.6 各变量的描述性统计指标说明

Table 7.6 Descriptive Statistics Index of Each Variable

变量集	变量说明	样本值/截面值	最小值	最大值	均 值	标准差
TFP	农业全要素生产率指数	670/28	0.365 0	2.212 0	1.042 3	0.118 3
TECH	农业技术进步率指数	670/28	0.417 0	2.150 0	1.040 2	0.095 2
EFFCH	农业技术效率指数	670/28	0.770 0	1.757 0	1.002 2	0.066 8
PECH	农业纯技术效率指数	670/28	0.751 0	1.748 0	1.002 1	0.059 4
SECH	农业规模效率指数	670/28	0.835 0	1.325 0	1.000 1	0.032 9
RAGR	地方政府财政支农比重	670/28	0.012 0	0.182 9	0.080 4	0.031 9
RGOVA	农业总产值占比	670/28	0.016 4	0.595 4	0.287 0	0.132 5
EMPER	农林牧渔从业人员比重	670/28	0.015 9	0.545 2	0.234 2	0.093 6
HCAP	农业人力资本存量指标	670/28	1.080 0	1.884 0	1.786 8	0.262 3
PLAND	各省农村人均耕地面积	670/28	0.339 0	28.192 7	3.294 7	3.044 7
NGRAIN	非粮食作物播种面积占比	670/28	0.057 7	0.686 2	0.301 4	0.112 4
DISAS	农业成灾面积占比	670/28	0.000 0	0.635 6	0.162 7	0.103 2
URB	城镇化率指标	670/28	0.138 4	0.887 0	0.430 6	0.184 8
IND	工业化水平指标	670/28	−0.036 7	0.174 3	0.067 6	0.034 5

7.5.2 研究方法与模型设定

由前文农业 EDA-Malmquist 生产效率指数评价可知,被解释变量的取值范围是受限制的(Limited Dependent Variable),于是采用断尾回归模型(Truncated Regression Model),模型设定形式如下:

$$Y_{it} = \alpha + \beta X_{it} + v_i + \varepsilon_{it}, v_i \mid X_{it}, c_{it} \sim Normal(0, \sigma^2) \quad (7.10)$$

$$\omega_{it} = \min(Y_{it}, c_{it}) \quad (7.11)$$

其中,Y_{it},X_{it}分别为被解释变量和解释变量向量集;α,β 分别系截距项和参数向量集;v_i 为依个体变化而非时间变化的随机向量集,与解释变量不相关;ε_{it}系随时间和个体独立变化的随机变量,ε_{it},v_i 都服从正态分布;ω_{it}为密度函数,c_{it}是截取值;式(7.10)和式(7.11)的含义是只有当 Y_{it}小于截取时,才能被观测到,在本文考虑右端截取的情形(从上截取)①,设定右端截取的上限(Upper Limit),即 $c_{it} = 1$。

如果使用普通最小二乘法(Ordinary Least Squares,OLS)对具有截取特征的模型(Censored Regression Model)进行估计,会导致不一致性的估计结果。Tobit(1958)提出使用最大似然估计法(Maximum Likelihood Estimation,MLE)来估计此类模型,因此该法被称为"Tobit"回归。同时因为 Tobit 模型的无条件固定效应回归估计量会产生偏误,降低模型的稳健性,又鉴于 Daniel(2009)、方鸿(2010)等学者尝试进行了前期的相关研究,模型的稳定性与可靠性较好,本文考虑使用面板 Tobit 随机效应模型进行拟合。

7.5.3 Tobit 面板模型的回归结果及解释

(1)农业全要素生产率

模型Ⅰ聚焦核心解释变量;模型Ⅱ系未加入控制变量的回归结果;模型Ⅲ为全部解释变量的拟合结果;模型Ⅳ至模型Ⅶ为逐次加入核心解释变量的回归,用以检验模型的稳健性(如非特别说明,本章含义相同)。Tobit 面板随机回

① 左端截取(从下截取)的原理与估计方法与右端截取一致,但是考虑本文农业效率 EDA-Malmquist 评价值,主要分析非效率,即≤1 的影响因素;同时因为经过前期模型试验,进入右端截取情形的样本值多于左端截取,代表性更强,模型的估计结果更加稳定。

归结果诊断如表 7.7 所示：面板方差成分对总方差的贡献(RHO)模型Ⅰ至模型Ⅶ数值较小，表明组内自相关比较小，各模型均通过了检验。各模型的整体显著性的 Wald(chi2)与 Log Likelihood 检验表明，模型整体显著，伴随概率 P 值均通过 1%的显著性检验，所以应拒绝模型回归系数为常数的原假设，说明随机系数模型拟合是恰当的。似然比检验的 P 值不显著，表明面板估计量(Xttobit)与混合估计量(Tobit)没有显著区别，这再次印证了本文采用的 Tobit 面板随机模型设定偏误较小，稳健性较好。

表 7.7　农业全要素生产率变动的托比面板随机拟合结果(1988—2011)

Table 7.7　The Tobit Panel Random Fitting Results of Agricultural TFP Changes (1988—2011)

解释变量与诊断	模型Ⅰ	模型Ⅱ	模型Ⅲ	模型Ⅳ	模型Ⅴ	模型Ⅵ	模型Ⅶ
财政支农比重 *RAGR*	0.484 4** (0.195 8)	0.528 8** (0.210 6)	0.484 3** (0.212 2)	0.152 7 (0.182 4)			
农业总产值占比 *RGOVA*	-0.121 0** (0.057 9)	-0.113 2* (0.063 8)	-0.099 5 (0.065 6)		-0.144 2*** (0.047 9)		
农业从业人员比重 *EMPER*	-0.047 6 (0.085 5)	-0.040 3 (0.098 0)	-0.048 7 (0.100 1)			-0.143 6** (0.068 2)	
农业人力资本存量 *HCAP*	0.062 0*** (0.020 2)	0.068 9*** (0.022 2)	0.067 0*** (0.022 6)				0.062 1*** (0.018 3)
农村人均耕地面积 *PLAND*		-0.000 3 (0.002 1)	-5.70e-06 (0.002 4)	-0.000 4 (0.002 1)	0.002 2 (0.002 2)	0.000 5 (0.002 1)	0.000 1 (0.002 0)
非粮食作物播种面积占比 *NGRAIN*		0.046 7 (0.059 4)	0.050 6 (0.059 7)	0.043 8 (0.054 5)	0.036 9 (0.054 4)	0.033 4 (0.054 6)	0.029 0 (0.053 6)
农业成灾面积比重 *DISAS*		-0.195 6*** (0.055 1)	-0.191 3*** (0.055 5)	-0.178 3*** (0.053 2)	-0.202 4*** (0.053 5)	-0.186 6*** (0.053 0)	-0.185 6*** (0.052 2)
城镇化率 *URB*			-0.004 2 (0.040 2)	0.042 1 (0.033 2)	-0.027 0 (0.036 7)	-0.010 8 (0.037 3)	0.020 4 (0.031 1)

续表

解释变量与诊断	模型Ⅰ	模型Ⅱ	模型Ⅲ	模型Ⅳ	模型Ⅴ	模型Ⅵ	模型Ⅶ
工业化率 *IND*			0.261 4 (0.160 3)	0.378 3** (0.158 5)	0.303 2* (0.160 3)	0.363 9** (0.158 3)	0.359 0** (0.156 6)
截距项 *CONS*	0.958 3*** (0.045 8)	0.957 8*** (0.055 1)	0.944 0*** (0.064 8)	1.022 7*** (0.032 8)	1.109 7*** (0.036 0)	1.094 4*** (0.037 9)	0.938 4*** (0.039 0)
样本值/右端截取	672/463	670/462	670/462	670/462	670/462	670/462	670/462
面板方差成分对总方差的贡献 *RHO*	1.66e-34	0.015 0	0.014 1	4.58e-32	5.74e-27	3.97e-31	2.43e-13
沃尔德卡方检验/伴随概率 Wald Chi2/*p*	25.91/ 0.000 0	33.06/ 0.000 0	35.53/ 0.000 0	25.71/ 0.000 3	32.78/ 0.000 0	28.83/ 0.000 1	35.93/ 0.000 0
对数似然值 Log Likelihood	-43.472 9	-35.146 6	-33.786 3	-44.316 1	-40.048 4	-42.438 9	-36.525 6
似然比检验/伴随概率 Chibar2(01)/*p*	0.00/ 1.000 0	0.34/ 0.280	0.30/ 0.292	0.00/ 1.000 0	0.00/ 1.000 0	0.00/ 1.000 0	0.00/ 1.000 0

注:①被解释变量:农业全要素生产率;②括号内为标准误 Std.Error; ***,**,* 分别表示在 1%,5%,10%显著性水平下拒绝原假设;③被解释变量在 1 处右端截取(Right-censored Observations),即 ul(1);④为促进模型收敛,最大似然估计的积分点个数为 24,即 intpoints(24);⑤命令 xttobit 的语法形式:xttobit depvar [indepvaes] [if] [in] [weight],[options];如非作特别说明,下表同。

首先分析财政支农比重(*RAGR*)变量。模型Ⅰ至模型Ⅲ均通过了 5%的显著性检验,模型Ⅳ虽然未通过检验,但具有正向影响,而且在所有变量中,除常数项外,该变量的拟合系数是最大的,分别为 0.484 4,0.528 8,0.484 3,拟合结果表明:地方政府的财政支农比重(*RAGR*)对农业全要素生产率(*TFP*)提升具有正效应,且在所有变量中,财政支农比重(*RAGR*)变量的正向冲击效应最显著。这说明地方政府行为因素对农业效率提升与可持续增长意义重大,农业生产效率的提升需要地方政府政策的保护与支持。

变量农业总产值占比(*RGOVA*)虽然在模型Ⅰ、模型Ⅱ和模型Ⅴ中显著,但在全部变量的回归中(模型Ⅲ)并不显著,故不作分析。农业人力资本存量(*HCAP*)模型Ⅰ、模型Ⅱ、模型Ⅲ与模型Ⅶ中均通过了1%的显著性检验,具有强显著性,而且稳健性非常好,说明农业人力资本存量(*HCAP*)也是影响农业全要素生产率的重要因素。农业科技的研发与扩散,农业劳动力素质的提升是农业效率提升与可持续发展的核心变量。

农业成灾面积比重(*DISAS*)与农业经济理论与现实预期一致,具有负向影响,在各个模型总均通过了1%的假设检验,也具有强显著性和稳健性,充分体现了农业弱质性,农业生产效率受自然灾害等因素影响明显。

农业从业人员比重(*EMPER*)、农村人均耕地面积(*PLAND*)、非粮食作物播种面积占比(*NGRAIN*)、城镇化率(*URB*)、工业化率(*IND*)以上变量均未通过显著性检验或稳健性不高,故未作分析。

(2)农业技术进步率

Tobit面板随机回归结果如表7.8所示:面板方差成分对总方差的贡献(RHO)模型Ⅰ至模型Ⅶ数值较小,说明组内自相关比较小,各模型的稳健性属于可接受的范围内。反映模型整体显著性的Wald(chi2)与Log Likelihood检验显著,伴随概率P值均通过1%的显著性检验,所以应拒绝模型回归系数为常数的原假设,即随机系数模型拟合是恰当的。各个模型似然比检验的P值等于1或不显著,表明面板估计量(Xttobit)与混合估计量(Tobit)无显著区别,模型的稳健性较好。

表7.8 农业技术进步率变动的托比面板随机拟合结果(1988—2011)

Table 7.8 The Tobit Panel Random Fitting Results of Agricultural TECH Changes (1988—2011)

解释变量与诊断	模型Ⅰ	模型Ⅱ	模型Ⅲ	模型Ⅳ	模型Ⅴ	模型Ⅵ	模型Ⅶ
财政支农比重 *RAGR*	0.318 4* (0.184 0)	0.299 5 (0.199 2)	0.213 3 (0.200 6)	0.058 4 (0.177 5)			
农业总产值占比 *RGOVA*	-0.144 7*** (0.055 2)	-0.147 8** (0.060 8)	-0.129 0** (0.061 7)		-0.123 4*** (0.045 7)		

续表

解释变量与诊断	模型Ⅰ	模型Ⅱ	模型Ⅲ	模型Ⅳ	模型Ⅴ	模型Ⅵ	模型Ⅶ
农业从业人员比重 *EMPER*	0.072 7 (0.082 4)	0.093 0 (0.093 6)	0.083 2 (0.094 3)			−0.067 0 (0.066 3)	
农业人力资本存量 *HCAP*	0.051 8*** (0.019 4)	0.054 8*** (0.020 8)	0.051 2** (0.021 2)				0.058 0*** (0.021 4)
农村人均耕地面积 *PLAND*		0.000 2 (0.002 0)	0.001 1 (0.002 3)	−0.000 1 (0.002 1)	0.001 9 (0.002 1)	0.000 3 (0.002 0)	−0.000 1 (0.002 1)
非粮食作物播种面积占比 *NGRAIN*		0.000 4 (0.053 5)	0.008 5 (0.053 5)	0.008 3 (0.052 6)	0.005 3 (0.052 3)	0.003 8 (0.052 5)	0.005 5 (0.057 2)
农业成灾面积比重 *DISAS*		−0.094 8* (0.053 2)	−0.090 7* (0.053 2)	−0.078 8 (0.052 5)	−0.095 1* (0.052 5)	−0.081 7 (0.052 1)	−0.087 1* (0.052 6)
城镇化率 *URB*			−0.013 7 (0.037 8)	0.015 5 (0.032 1)	−0.040 3 (0.035 3)	−0.008 7 (0.036 2)	0.003 9 (0.032 3)
工业化率 *IND*			0.551 3*** (0.158 5)	0.634 5*** (0.158 1)	0.571 3*** (0.158 8)	0.625 2*** (0.158 1)	0.615 4*** (0.156 7)
截距项 *CONS*	0.972 4*** (0.044 0)	0.980 7*** (0.051 2)	0.954 2*** (0.060 7)	1.023 9*** (0.032 1)	1.089 8*** (0.034 2)	1.056 1*** (0.036 4)	0.933 1*** (0.046 1)
样本值/右端截取	672/482	670/482	670/482	670/482	670/482	670/482	670/482
面板方差成分对总方差的贡献 *RHO*	1.18e-29	0.004 8	0.003 5	8.07e-31	2.00e-28	5.88e-30	0.013 2
沃尔德卡方检验/伴随概率 Wald Chi2/*p*	19.39/ 0.000 7	19.30/ 0.007 3	30.46/ 0.000 4	20.28/ 0.002 5	26.58/ 0.000 2	21.08/ 0.001 8	25.27/ 0.000 3

续表

解释变量与诊断	模型Ⅰ	模型Ⅱ	模型Ⅲ	模型Ⅳ	模型Ⅴ	模型Ⅵ	模型Ⅶ
对数似然值 Log Likelihood	-43.612 4	-43.884 2	-37.426 8	-44.888 8	-41.263 2	-44.433 4	-40.512 7
似然比检验/伴随概率 Chibar2(01)/ p	0.00/ 1.000 0	0.04/ 0.419	0.02/ 0.441	0.00/ 1.000 0	0.00/ 1.000 0	0.00/ 1.000 0	0.24/ 0.312

注:被解释变量为农业技术进步率(*TECH*)。

财政支农比重(*RAGR*)变量虽然在模型Ⅰ中通过了10%的显著性检验,但在模型Ⅱ与模型Ⅲ中并未通过显著性检验,财政支农比重(*RAGR*)变量对农业前沿技术进步率(*TECH*)并不具有直接的显著影响。这也反映了地方政府财政支农资金使用中的深层次问题:财政支农资金科研投入产出效率不高,结构不合理。

农业总产值占比(*RGOVA*)变量在模型Ⅰ、模型Ⅱ、模型Ⅲ和模型Ⅴ中非常显著,至少通过了5%的显著性检验。农业总产值占比的增加对农业前沿技术进步具有明显的负向影响,说明目前的农业经济增长仍然属于粗放式的增长模式。第一产业做大规模只是对提升农业技术效率具有正效应(参见表7.9),但在农业技术进步率(*TECH*)的推动上却差强人意,表现不够理想。

表7.9 农业技术效率变动的托比面板随机拟合结果(1988—2011)

Table 7.9 The Tobit Panel Random Fitting Results of Agricultural EFFCH Changes (1988—2011)

解释变量与诊断	模型Ⅰ	模型Ⅱ	模型Ⅲ	模型Ⅳ	模型Ⅴ	模型Ⅵ	模型Ⅶ
财政支农比重 *RAGR*	- 0.361 7** (0.175 9)	- 0.163 3 (0.155 4)	- 0.355** (0.174 1)	- 0.324 5** (0.143 5)			
农业总产值占比 *RGOVA*	0.258 3*** (0.064 6)	0.263 5*** (0.054 8)	0.320 9*** (0.068 6)		0.137 3*** (0.044 6)		
农业从业人员比重 *EMPER*	-0.549 0*** (0.124 2)	-0.389 0*** (0.079 2)	-0.392 5*** (0.120 3)			-0.142 9 (0.091 3)	

续表

解释变量与诊断	模型Ⅰ	模型Ⅱ	模型Ⅲ	模型Ⅳ	模型Ⅴ	模型Ⅵ	模型Ⅶ
农业人力资本存量 *HCAP*	0.019 9 (0.019 5)	0.028 2* (0.015 6)	0.032 2* (0.018 8)				0.013 7 (0.017 2)
农村人均耕地面积 *PLAND*		0.001 7 (0.001 7)	-0.005 8** (0.002 6)	0.001 4 (0.001 9)	-0.001 6 (0.001 9)	-0.003 5 (0.002 5)	-0.004 0 (0.002 5)
非粮食作物播种面积占比 *NGRAIN*		0.132 9*** (0.046 1)	0.117 0* (0.066 0)	0.089 3** (0.045 0)	0.097 9** (0.044 7)	0.056 4 (0.061 1)	0.060 0 (0.061 8)
农业成灾面积比重 *DISAS*		-0.185 4*** (0.040 8)	-0.176 0*** (0.041 7)	-0.188 0*** (0.041 7)	-0.162 7*** (0.041 3)	-0.178 5*** (0.042 3)	-0.182 1*** (0.042 2)
城镇化率 *URB*			0.137 1*** (0.046 0)	0.103 9*** (0.029 9)	0.185 9*** (0.036 7)	0.088 4** (0.042 9)	0.117 9*** (0.038 9)
工业化率 *IND*			-0.159 8 (0.120 0)	-0.287 7** (0.120 8)	-0.226 1* (0.122 7)	-0.327 3*** (0.119 4)	-0.318 2*** (0.119 1)
截距项 *CONS*	1.112 0*** (0.052 0)	1.020 1*** (0.040 7)	0.998 7*** (0.062 7)	1.057 6*** (0.025 5)	0.956 4*** (0.030 4)	1.102 7*** (0.041 9)	1.031 6*** (0.036 6)
样本值/右端截取	672/497	670/495	670/495	670/495	670/495	670/495	670/495
面板方差成分对总方差的贡献 *RHO*	0.252 5	4.74e-13	0.240 9	4.53e-13	7.66e-13	0.209 5	0.214 7
沃尔德卡方检验/伴随概率 Wald Chi2/*p*	28.69/ 0.000 0	68.71/ 0.000 0	58.41/ 0.000 0	57.29/ 0.000 0	59.97/ 0.000 0	40.00/ 0.000 0	38.95/ 0.000 0
对数似然值 Log Likelihood	4.705 8	3.895 8	25.528 6	1.612 5	3.061 4	9.586 2	8.683 7
似然比检验/伴随概率 Chibar2(01)/*p*	48.53/ 0.000 0	0.00/ 1.000 0	35.37/ 0.000 0	0.00/ 1.000 0	0.00/ 1.000 0	37.01/ 0.000 0	34.44/ 0.000 0

注:被解释变量系农业技术效率指数(*EFFCH*)。

农业从业人员比重(*EMPER*)在各模型中未通过显著性检验。但是农业人力资本存量(*HCAP*)在各个模型中均通过了显著性检验,对农业技术进步率具有正向提升效应,这也符合基本的经济理论解释。

农业成灾面积比重(*DISAS*)与农业经济理论与现实预期一致,具有负作用。工业化率(*IND*)从模型Ⅲ至模型Ⅶ中均通过了1%的显著性检验,且该变量的稳健性较好,说明工业化对农业技术进步率(*TECH*)具有明显的正向拉动效应,坚持以工促农,以工业化战略推进农业现代化和农业生产效率的提升,特别是农业技术进步率的提高,这是一条良性高效的农业效率提升的路径,该结论得到了实证数据的支撑。

农村人均耕地面积(*PLAND*)、非粮食作物播种面积占比(*NGRAIN*)与城镇化率(*URB*)变量均未通过显著性检验,故未作分析。

(3)农业技术效率指数

Tobit 面板随机回归结果诊断如表 7.9 所示:面板方差成分对总方差的贡献(RHO)模型Ⅰ至模型Ⅶ数值较小,表明组内自相关比较小,处在稳健性可接受的范围内。各模型的整体显著性的 Wald(chi2)与 Log Likelihood 检验表明,模型整体显著,伴随概率 *P* 值均通过 1%的显著性检验,所以应拒绝模型回归系数为常数的原假设,即随机系数模型拟合是恰当的。

模型Ⅱ、模型Ⅳ和模型Ⅴ似然比检验的 *P* 值等于 1,表明面板估计量(Xttobit)与混合估计量(Tobit)无显著区别,其他模型似然比检验 *P* 值等于零,说明关注面板方差成分、面板估计量(Xttobit)与混合估计量(Tobit)具有显著区别,这再次印证了本部分采用的 Tobit 面板随机模型设定偏误较小,稳健性较好。

财政支农比重(*RAGR*)变量在模型Ⅰ、模型Ⅲ和模型Ⅳ中均通过了 5%的显著性检验,模型Ⅱ虽未通过检验,但具有负向影响,综合判断,回归结果表明:地方政府的财政支农比重(*RAGR*)对农业技术效率(*EFFCH*)提升具有负向冲击效应。

但在表 7.7 中,财政支农比重(*RAGR*)变量对农业全要素生产率(*TFP*)的正向冲击效应显著。这说明地方政府财政支出对农业生产效率的变动影响具有复杂性,作用非均衡,在提升整体农业全要素生产率(*TFP*)的同时,对农业技术效率(*EFFCH*)的影响却为负,这也再次表明地方政府财政支农资金使用中的深层次问题:支农资金投入产出效率不高,结构不合理。

农业总产值占比(*RGOVA*)变量在模型Ⅰ、模型Ⅱ、模型Ⅲ和模型Ⅴ中显著,均通过了1%的显著性检验,说明该变量对提升农业技术效率正效应显著。

农业从业人员比重(*EMPER*)在模型Ⅰ、模型Ⅱ和模型Ⅲ中均通过了10%的显著性检验(虽在模型Ⅵ未通过显著性检验,但为负向影响),说明农业生产技术效率的提升不能靠"人海战术"的数量累积,农业生产必须坚持集约化和专业化的人力资本质量累积效应,还需要将农业剩余劳动力转移出来。

农业人力资本存量(*HCAP*)在模型Ⅱ与模型Ⅲ中均通过了10%的显著性检验,在模型Ⅰ和模型Ⅶ中正向影响,但未通过显著性检验。理论上看,农业人力资本存量(*HCAP*)对农业全要素生产率(*TFP*)及其各个分解要素的提升具有正向作用机制。

在此处显著性和稳健性不高说明:一方面,农业人力资本存量(*HCAP*)的功能可能还没有充分地释放出来;另一方面是农业人力资本存量可能濒临枯竭。结合目前中国农村的生产实际,大批青壮年农民工进城务工,从事农业的人力资本匮乏,而农业技术效率的提升需要具有更多知识与技术素养的青壮年农业劳动力。

非粮食作物播种面积占比(*NGRAIN*)变量在模型Ⅱ与模型Ⅲ中分别通过了1%和10%的显著性检验,说明农业生产适度市场化,提高非粮食作物播种面积与产量可以有效促进农业技术效率的提高,这也可以促进农民增收,提高农业资本的积累。农业成灾面积比重(*DISAS*)与农业经济理论与现实预期一致,具有负向影响。城镇化率(*URB*)对农业技术效率(*EFFCH*)具有显著的正向效应,且从模型Ⅳ至模型Ⅶ中,也可看出该变量的稳健性较好。农村人均耕地面积(*PLAND*)与工业化率(*IND*)变量均未通过显著性或稳健性检验,故未作分析。

(4)农业纯技术效率变化指数

由前文可知,技术效率指数(*EFFCH*)可以继续分解为纯技术效率变化指数(*PECH*)与规模效率变化指数(*SECH*),表7.10与表7.11分别汇报了农业纯技术效率变化指数(*PECH*)与农业规模效率变化指数(*SECH*)Tobit面板随机拟合结果。

表 7.10　农业纯技术效率变化指数托比面板随机拟合结果（1988—2011）

Table 7.10　The Tobit Panel Random Fitting Results of Agricultural PECH Changes（1988—2011）

解释变量与稳健性诊断	模型Ⅰ	模型Ⅱ	模型Ⅲ（24）	模型Ⅲ（12）	模型Ⅳ	模型Ⅴ	模型Ⅵ	模型Ⅶ
财政支农比重 *RAGR*	−0.400 2* （0.231 2）	−0.212 4 （0.199 8）	−0.515 1*** （0.197 9）	−0.558 6** 0.241 5	−0.463 1** （0.187 6）			
农业总产值占比 *RGOVA*	0.332 3*** （0.079 6）	0.287 9*** （0.071 5）	0.321 6*** （0.066 4）	0.405 9*** （0.097 4）		0.141 5** （0.058 9）		
农业从业人员比重 *EMPER*	−0.744 3*** （0.150 9）	−0.474 0*** （0.103 7）	−0.358 0*** （0.098 9）	−0.711 9*** （0.242 4）			−0.206 1*** （0.074 3）	
农业人力资本存量 *HCAP*	0.008 1 （0.025 1）	0.000 9 （0.020 9）	0.041 8* （0.022 2）	0.034 5 （0.025 6）				0.009 9 （0.019 8）
农村人均耕地面积 *PLAND*		−0.000 0 （0.002 1）	−0.007 0*** （0.002 3）	−0.008 1** （0.003 3）	0.001 3 （0.002 3）	−0.007 4*** （0.002 5）	0.000 4 （0.002 2）	−0.000 1 （0.002 2）
非粮食作物播种面积占比 *NGRAIN*		0.138 1** （0.060 7）	0.071 6 （0.055 8）	0.172 7 （0.107 2）	0.112 8* （0.059 6）	0.137 0* （0.072 4）	0.113 8* （0.060 7）	0.117 7** （0.059 5）
农业成灾面积比重 *DISAS*		−0.243 4*** （0.053 0）	−0.255 1*** （0.050 6）	−0.262 1*** （0.054 7）	−0.253 6*** （0.054 7）	−0.264 1*** （0.057 3）	−0.250 5*** （0.054 8）	−0.240 1*** （0.054 2）
城镇化率 *URB*			0.181 0*** （0.047 9）	0.127 8** （0.060 7）	0.066 7* （0.038 7）	0.172 1*** （0.047 9）	0.031 0 （0.042 1）	0.091 5** （0.037 5）

工业化率 *IND*			−0.077 8 (0.152 3)	−0.045 3 (0.159 3)	−0.101 5 (0.159 6)	−0.156 4 (0.159 9)	−0.170 3 (0.160 9)	−0.124 8 (0.160 0)
截距项 *CONS*	1.244 6*** (0.073 8)	1.141 8*** (0.055 2)	1.046 1*** (0.065 4)	1.136 5*** (0.101 5)	1.117 8*** (0.035 2)	1.020 8*** (0.049 2)	1.151 3*** (0.042 0)	1.054 1*** (0.042 1)
样本值/右端截取	672/559	670/558	670/558	670/558	670/558	670/558	670/558	670/558
面板方差成分 对总方差的贡献 *RHO*	0.687 5	9.81e-13	0.851 0	0.646 0	3.80e-13	0.688 7	4.42e-13	4.27e-13
沃尔德卡方检验/ 伴随概率 Wald Chi2/*p*	34.21/ 0.000 0	53.56/ 0.000 0	72.69/ 0.000 0	47.99/ 0.000 0	40.39/ 0.000 0	52.97/ 0.000 0	40.77/ 0.000 0	36.85/ 0.000 0
对数似然值 LogLikelihood	−21.706 7	−46.899 0	−3.031 8	−4.873 3	−52.107 7	−16.287 8	−53.870 1	−55.395 2
似然比检验/ 伴随概率 Chibar2(01)/*p*	94.00/ 0.000 0	0.00/ 1.000 0	93.26/ 0.000 0	89.58/ 0.000 0	0.00/ 1.000 0	93.01/ 0.000 0	0.00/ 1.000 0	0.00/ 1.000 0

注：被解释变量为农业纯技术效率变化指数（*PECH*）。

表 7.11　农业规模效率托比面板随机拟合结果(1988—2011)

Table 7.11　The Tobit Panel Random Fitting Results of Agricultural SECH Changes (1988—2011)

解释变量与诊断	模型Ⅰ	模型Ⅱ	模型Ⅲ	模型Ⅳ	模型Ⅴ	模型Ⅵ	模型Ⅶ
财政支农比重 *RAGR*	-0.141 1 (0.110 1)	-0.121 7 (0.112 0)	-0.105 0 (0.111 1)	-0.079 7 (0.094 1)			
农业总产值占比 *RGOVA*	0.091 8** (0.040 0)	0.124 6*** (0.042 6)	0.135 1*** (0.043 5)		0.065 3* (0.034 5)		
农业从业人员比重 *EMPER*	-0.225 9*** (0.075 0)	-0.213 7*** (0.074 2)	-0.134 7* (0.073 6)			0.003 4 (0.039 1)	
农业人力资本存量 *HCAP*	0.018 0 (0.012 1)	0.018 3 (0.011 9)	0.023 3* (0.012 0)				0.014 2 (0.010 8)
农村人均耕地面积 *PLAND*		0.000 3 (0.001 7)	-0.001 9 (0.001 8)	0.001 9 (0.001 4)	-0.001 7 (0.001 8)	0.001 6 (0.001 3)	-0.001 1 (0.001 7)
非粮食作物播种面积占比 *NGRAIN*		0.102 0** (0.043 8)	0.082 2** (0.041 4)	0.087 6*** (0.030 4)	0.092 2** (0.041 4)	0.088 7*** (0.030 2)	0.055 3 (0.039 4)
农业成灾面积比重 *DISAS*		-0.046 6* (0.027 3)	-0.041 2 (0.027 1)	-0.052 0* (0.027 3)	-0.039 2 (0.026 8)	-0.049 0* (0.027 1)	-0.043 6 (0.026 8)
城镇化率 *URB*			0.088 1*** (0.030 6)	0.079 5*** (0.019 4)	0.096 5*** (0.029 8)	0.084 7*** (0.023 0)	0.069 4*** (0.025 0)
工业化率 *IND*			-0.127 5* (0.075 5)	-0.213 5*** (0.077 4)	-0.157 5** (0.074 8)	-0.217 3*** (0.077 4)	-0.185 9** (0.073 2)
截距项 *CONS*	1.048 9*** (0.032 1)	1.010 3*** (0.036 2)	0.961 7*** (0.041 3)	1.004 0*** (0.016 4)	0.977 0*** (0.025 4)	0.995 0*** (0.020 7)	0.993 1*** (0.022 8)
样本值/右端截取	672/511	670/509	670/509	670/509	670/509	670/509	670/509
面板方差成分对总方差的贡献 *RHO*	0.297 9	0.276 1	0.231 4	8.87e-13	0.241 8	3.22e-12	0.234 5

续表

解释变量与诊断	模型Ⅰ	模型Ⅱ	模型Ⅲ	模型Ⅳ	模型Ⅴ	模型Ⅵ	模型Ⅶ
沃尔德卡方检验/伴随概率 Wald Chi2/p	14.79/0.005 2	22.85/0.001 8	33.37/0.000 1	46.80/0.000 0	24.47/0.000 4	46.83/0.000 0	23.53/0.000 6
对数似然值 Log Likelihood	79.133 9	84.318 3	90.163 6	68.808 7	84.978 6	66.522 7	83.970 6
似然比检验/伴随概率 Chibar2(01)/p	66.19 /0.000 0	51.20/0.000 0	32.57/0.000 0	0.00/1.000 0	38.75/0.000 0	0.00/1.000 0	38.52/0.000 0

注:被解释变量为农业规模效率变化指数(*SECH*)。

首先分析农业纯技术效率变化指数(*PECH*)面板回归结果:模型Ⅲ(24)最大似然估计的积分点个数为24,即Intpoints(24)所有变量的拟合结果,但面板方差成分检验(*RHO*)值为0.851 0,说明组内自相关较高,面板方差成分对总方差的贡献较大,模型的稳健性不令人满意。于是表7.10又汇报了最大似然估计的积分点个数为12,即Intpoints(12)所有变量的回归结果,具体参见模型Ⅲ(12)。面板方差成分检验(*RHO*)数值较小,说明组内自相关比较小,模型的稳健性属于可接受的范围。

反映模型整体显著性的Wald(chi2)与Log Likelihood诊断值通过检验,伴随概率P值均通过1%的显著性检验,所以应拒绝模型回归系数为常数的原假设,即随机系数模型拟合是恰当的。模型Ⅱ、模型Ⅳ、模型Ⅵ和模型Ⅶ似然比检验的P值等于1,表明面板估计量(Xttobit)与混合估计量(Tobit)无显著区别,其他模型似然比检验P值等于零,说明应注意面板方差成分对拟合稳健性的影响,面板估计量(Xttobit)与混合估计量(Tobit)具有显著区别,这也再次印证的了本研究所采用的Tobit面板随机模型设定偏误较小,稳健性较好。

表7.10的回归结论以模型Ⅰ、模型Ⅱ和模型Ⅲ(12)综合判断,同时借助模型Ⅳ至模型Ⅶ稳健性检验加以辅助说明。

财政支农比重(*RAGR*)变量在模型Ⅰ、模型Ⅲ(12)和模型Ⅳ中均通过了5%的显著性检验,模型Ⅱ虽未通过检验,但具有负向影响,综合判断,拟合结果表明:地方政府的财政支农比重(*RAGR*)对农业纯技术效率(*PECH*)提升具有负向冲击效应。

联系表 7.9，财政支农比重（*RAGR*）变量对农业（*EFFCH*）同样具有负向冲击效应影响。因为技术效率指数（*EFFCH*）可以分解为纯技术效率变化指数（*PECH*）与规模效率变化指数（*SECH*，参见表 7.11，该变量虽为负向影响，但不具有显著性），这再次说明地方政府财政支出对农业生产效率的变动影响具有复杂性，作用非均衡，在提升整体农业全要素生产率的同时，对农业技术效率（*EFFCH*）和农业纯技术效率（*PECH*）影响却为负作用，说明财政支农资金在使用过程中存在深层次问题：财政支农资金投入产出效率不高，结构不够合理。

农业总产值占比（*RGOVA*）变量在模型Ⅰ、模型Ⅱ、模型Ⅲ（12）和模型Ⅴ中显著，均通过了 10%或 5%的显著性检验，结合表 7.9，说明农业总产值的增加对提升农业技术效率和纯技术效率具有显著的正向作用机制。

农业从业人员比重（*EMPER*）在模型Ⅰ、模型Ⅱ、模型Ⅲ（12）和模型Ⅵ中均通过了 1%的显著性检验，再次印证了表 7.9 的分析结论，反映农业生产技术效率和纯技术效率的提升需要将过多的农业剩余劳动力转移出来，农业生产必须走高效的集约化、专业化之路。

农业人力资本存量（*HCAP*）在模型Ⅲ（24）中通过了 10%的显著性检验，在模型Ⅰ、模型Ⅱ和模型Ⅶ（12）、模型Ⅶ中均未通过显著性检验。可能的原因与表 7.9 农业技术效率（*EFFCH*）分析基本一致，说明农业人力资本存量（*HCAP*）的功能还没有被充分地释放出来。另外的原因就是大批青壮年农民工进城务工，从事农业的人力资本匮乏，农业技术效率与纯技术效率的提升缺乏拥有更多人力资本存量的农村青壮年劳动力。

农业成灾面积比重（*DISAS*）的负向影响具有强显著性与稳健性，均通过了 1%的显著性检验。城镇化率（*URB*）与农业纯技术效率（*PECH*）和农业技术效率（*EFFCH*，参见表 7.9）显著正相关。农村人均耕地面积（*PLAND*）、非粮食作物播种面积占比（*NGRAIN*）与工业化率（*IND*）变量均未通过显著性检验，故未作分析。

（5）农业规模效率变化指数

Tobit 面板随机回归结果参见表 7.11，首先进行模型的诊断性说明。面板方差成分对总方差的贡献（*RHO*）模型Ⅰ至模型Ⅶ数值较小，组内自相关处于在模型稳健性可接受的范围内。各模型 Wald（chi2）与 Log Likelihood 整体显著性检验值表明，模型整体显著，且 *P* 值均通过 1%显著性检验，所以应拒绝模型回归系数为常数的原假设，即随机系数模型拟合比较恰当。

模型Ⅳ和模型Ⅵ似然比检验的 *P* 值等于 1，即认为面板估计量与混合估计量无显著区别，其他模型 *P* 值等于零，即应注意面板方差成分，说明面板估计量与混合估计量具有显著区别，这也印证了本文采用的 Tobit 面板随机模型设定偏误较小，稳健性较好。表 7.11 的回归结论以模型Ⅰ、模型Ⅱ和模型Ⅲ综合判断，同时借助模型Ⅳ至模型Ⅶ稳健性检验结果辅助说明。

财政支农比重(*RAGR*)变量虽具有负向影响，但在各模型中均不显著。结合表 7.9 和表 7.10 的分析结论，说明地方政府财政支出对农业生产效率的变动影响具有复杂性，作用非均衡，在提升整体农业全要素生产率的同时，对农业技术效率(*EFFCH*)和农业纯技术效率(*PECH*)影响却为负效应，对农业规模效率(*SECH*)影响不显著。

农业总产值占比(*RGOVA*)变量在模型Ⅰ、模型Ⅱ、模型Ⅲ和模型Ⅴ中均显著，结合表 7.8、表 7.9 和表 7.10，说明农业总产值的增加对提升农业技术效率，纯技术效率和规模效率具有明显的正效应，但对农业技术进步率具有显著的负向影响，说明目前的农业经济增长依旧沿袭粗放式增长模式，并形成了路径依赖。

农业从业人员比重(*EMPER*)在模型Ⅰ、模型Ⅱ、模型Ⅲ负向作用机制明显，但是在模型Ⅵ中稳健性稍差，这也佐证了农业生产技术效率(表 7.9)，纯技术效率(表 7.10)和规模效率(表 7.11)的提升需要将过剩的劳动力从农业部门中有序转移出来。

农业人力资本存量(*HCAP*)只在模型Ⅲ中通过了 10%的显著性检验，在模型Ⅰ、模型Ⅱ和模型Ⅶ中显著性检验与稳健性不满意，未作分析。

非粮食作物播种面积占比(*NGRAIN*)与农业规模效率提升显著正相关，结合表 7.9 和表 7.10 的分析结论，说明农业生产适度市场化，提高非粮食作物播种面积与产量可以显著促进农业技术效率和规模效率的提高，但对农业纯技术效率的变动影响不显著(参见表 7.10)。农业成灾面积比重(*DISAS*)显著性与稳健性检验稍差一些，但是基本符合经济理论与现实的解释，综合判断，结论为具有负向作用。

城镇化率(*URB*)和工业化率(*IND*)均通过显著性与稳健性检验。城镇化率(*URB*)与农业技术效率(*EFFCH*，参见表 7.9)，农业纯技术效率(*PECH*，参见表 7.10)和农业规模效率(*SECH*，参见表 7.11)正相关，说明科学有序适度地推进城镇化，坚持以城带乡，城乡统筹协调，有助于农业生产效率的提升。

但是工业化率（*IND*）却并未带动农业规模效率的显著提升（参见表7.11），反而阻碍恶化了农业规模效率。综合前面部分的分析：工业化水平对农业技术进步率（*TECH*）具有明显的正效应（参见表7.8），但对农业全要素生产率（*TFP*，参见表7.7）、农业技术效率指数（*EFFCH*，参见表7.9）、农业纯技术效率变化指数（*PECH*）的影响不显著（参见表7.10），说明以工促农，工业反哺农业，以工业化战略推进农业现代化和农业生产效率提升的路径机制并不协调顺畅，工业化与农业生产效率的良性协调互动机制还有很多需要完善的地方。

农村人均耕地面积（*PLAND*）未作分析，因在各模型中该变量均未通过显著性检验。

7.6 结论性评述与建议

本章主要进行了两个方面的研究工作，一是运用数据包络分析（DEA）的曼奎斯特（Malmquist）生产率指数法对改革开放以来中国农业全要素生产率（*TFP*）、技术进步率（*TECH*）、技术效率（*EFFCH*）、纯技术效率（*PECH*）和规模效率（*SECH*）进行了数量测算、系统分解与经验评价。

第二部分的主要工作是运用Tobit面板随机模型对农业生产效率各指数的影响因素进行了计量分析。Tobit面板随机回归结果诊断检验表明本文采用的Tobit面板随机模型设定偏误较小，显著性与稳健性较好。回归模型有效结果汇总参见表7.12，研究结论整理如下：

表7.12 托比面板随机拟合有效结果汇总

Table 7.12 The Summary of Tobit Panel Random Fitting Effective Results

解释变量	农业全要素生产率 *TFP*	农业技术进步率 *TECH*	农业技术效率 *EFFCH*	农业纯技术效率 *PECH*	农业规模效率 *SECH*
财政支农比重 *RAGR*	$+^{**}$	?	$-^{**}$	$-^{**}$	?
农业总产值占比 *RGOVA*	?	$-^{**}$	$+^{***}$	$+^{***}$	$+^{***}$

续表

解释变量	农业全要素生产率 *TFP*	农业技术进步率 *TECH*	农业技术效率 *EFFCH*	农业纯技术效率 *PECH*	农业规模效率 *SECH*
农业从业人员比重 *EMPER*	?	?	$-^{***}$	$-^{***}$	$-^{*}$
农业人力资本存量 *HCAP*	$+^{***}$	$+^{**}$	$+^{*}$	?	?
农村人均耕地面积 *PLAND*	?	?	?	?	?
非粮食作物播种面积占比 *NGRAIN*	?	?	$+^{*}$	?	$+^{**}$
农业成灾面积比重 *DISAS*	$-^{***}$	$-^{*}$	$-^{***}$	$-^{***}$	$-^{*}$
城镇化率 *URB*	?	?	$+^{***}$	$+^{**}$	$+^{***}$
工业化率 *IND*	?	$+^{***}$	?	?	$-^{*}$

注:①"+""-"分别表示正向影响和负向作用机制;"?"表示模型的显著性与稳健性不满意,不作分析。②***,**,*分别表示在1%,5%,10%显著性水平下拒绝原假设。③拟合结论主要以模型Ⅲ为准,其他模型作为辅助诊断,表6.10以模型Ⅲ(12)为基准;截距项略去。

①总体特征描述。1978年以来,中国农业全要素生产率(*TFP*)、技术进步率(*TECH*)、技术效率(*EFFCH*)和规模效率(*SECH*)总体上处于递增趋势,增长源泉主要是由技术进步率(*TECH*)与技术效率(*EFFCH*)双轮驱动的,以技术进步为诱导的"增长效应"明显,但技术效率值(*EFFCH*)增速偏小,说明技术效率(*EFFCH*)的驱动作用有限,动力不足,"水平效应"不够显著。中国农业增长方式仍然处于单纯依靠要素投入等粗放式的增长模式,基于技术改进、资源优化配置的高效集约式驱动模式仍然不够显著,这可能会成为制约未来中国农业长期可持续增长的重要瓶颈。

②时空演化特征。五项效率分解指数呈现阶段性动态波动特征,其中农业

全要素生产率(*TFP*)与技术进步率指数(*TECH*)波动幅度较大,提高与下降的趋势显著,农业全要素生产率(*TFP*)与技术进步率指数(*TECH*)两者呈现顺周期变化特征,技术效率指数(*EFFCH*)与农业全要素生产率(*TFP*)有逆周期波动阶段。另外,农业纯技术效率(*PECH*)和规模效率指数(*SECH*)两者波幅并不显著,主要引致了整体农业技术效率(*EFFCH*)持续走向恶化。省际各主要效率指数差异非常显著。

③地理空间与分组考察。中国农业全要素生产率(*TFP*)增长具有明显的地理区域空间差异性,呈现东北、东部、西部和中部地区依次递减的变动趋势。农业全要素生产率(*TFP*)及其分解指数效率变动体现比较严重的地理空间上的非均衡性,外溢性并不强,关联度不高。其中,农业技术效率指数(*EFFCH*)全国各区域普遍不高,差异显著。中西部地区的农业前沿技术进步率(*TECH*)是比较糟糕的。农业全要素生产率(*TFP*)、技术进步率(*TECH*)和技术效率(*EFFCH*)直辖市增长效应显著。传统意义上的农业大省全要素生产率(*TFP*)指数均小于或等于全国平均水平值,而且这些省份大部分集中在中西部。

④地方政府的财政支农正向冲击效应最显著。地方政府的财政支农比重对农业全要素生产率(*TFP*)提升具有正效应,且在所有变量中,地方政府的财政支农(*RAGR*)变量的正向冲击效应最显著。农业人力资本存量也是影响农业全要素生产率(*TFP*)的重要核心因素。农业成灾面积比重与农业经济理论与现实预期一致,具有负向作用,充分体现了农业天然的弱质性,农业生产效率受自然灾害等因素制约显著。

⑤地方政府财政农业支出作用非均衡。地方政府财政农业支出对农业生产效率的变动影响具有复杂性,作用非均衡,在提升整体农业全要素生产率的同时,对农业技术效率的影响却为负,对农业前沿技术进步率并不具有直接的显著影响。

这表明地方政府财政支农资金使用中的深层次问题:支农资金投入产出效率不高,结构不合理。农业总产值占比的增加对农业前沿技术进步具有明显的负向影响,但对提升农业技术效率具有显著的正效应,说明目前的农业经济增长依旧沿袭粗放式增长模式,彰显路径依赖特征。农业从业人员比重在各模型中不显著或为负向影响,相反农业人力资本存量具有正向提升效应。

提高非粮食作物播种面积可以有效促进农业技术效率的提高,这也可以促进农民增收,提高农业资本积累。农业成灾面积比重与农业经济理论与现实预期一致,具有负作用。工业化对农业技术进步率具有明显的正效应。城镇化率对农业技术效率具有显著的正向效应。

另一方面，地方政府财政支农比重对农业纯技术效率提升具有负向冲击，对农业规模效率影响不显著。农业总产值的增加对提升农业技术效率和纯技术效率具有显著的正向作用机制。农业从业人员比重负向作用机制明显，但农业人力资本存量显著性检验与稳健性并不令人满意。非粮食作物播种面积占比与农业规模效率提升显著正相关。农业成灾面积比重的负向影响对两者具有强显著性与稳健性。城镇化率与农业纯技术效率、农业规模效率显著正相关，但工业化率反而阻碍恶化了农业规模效率。

综上所述，农业全要素生产率增长源泉主要是由技术进步率与技术效率双轮驱动的，但技术效率的驱动作用有限。说明中国农业增长方式仍然处于单纯依靠要素投入等粗放式的增长模式，基于技术改进、资源优化配置的高效集约式驱动模式仍然不够显著，这可能会成为制约未来中国农业长期可持续增长的重要瓶颈。

另外，地方政府支农行为、农业人力资本累积与提升、农业产业结构调整等变量是中央政府和地方政府在有序推进“新四化”，特别是农业现代化战略必须考虑的重要因素。

政策建议如下：

第一，“双轮驱动”模式应成为未来中国农业经济增长方式转变与可持续发展的路径轨迹。国家相关部门可以通过财政金融和保险等扶植政策，降低农民、农业合作组织等使用农业新技术的门槛，促进农业技术进行扩散与传播。

中央政府应完善财政支农支出的顶层制度设计，有效治理“标尺竞争”，着力提高资金投入产出效率，同时实行有配套条件、有全程评估的转移支付政策。地方政府应加强对财政支农资金的规模提升与结构优化。在分权的制度安排下，中央与地方共同提高财政支农资金的匹配与使用效率，促进现有农业投入资源的优化配置和技术效率的改良，这对长期农业全要素生产率技术退步的地区尤为重要。

第二，应高度重视农业技术效率动力不足与效率损失的特征事实，实现对农业输入现代生产要素与经营模式之间进行均衡匹配，并特别重视农业经营模式创新问题。充分认识农业生产的周期规律性，加强农业基础设施建设，完善农业保险机制，增强农业抵御自然灾害、丰产歉收、谷（果）贱伤农的市场风险能力。通过农业生产组织与制度创新，完善激励与约束机制，发展农业合作组织，尝试家庭农场等适度规模经营，通过可持续性地经营模式创新，提高农业生产要素的高效使用，改善农业纯技术效率和规模效率，走产出高效、产品安全、资源节约、环境友好的农业现代化道路。

第三，促进城镇化、工业化与信息化与农业现代化的统筹协调发展[①]。在有序转移农村剩余劳动力的同时，促进高质量的人力资本进入农业产业部门。通过统筹完善城乡就业创业市场，建立城乡一体化的户籍与社会保障体系，彻底改变发展现代农业和新农村建设中的"386199 部队"现象[②]。促进农业生产的机械化、集约化和市场化，建立工业化与农业生产效率的技术转移与良性协调互动机制。

四化同步，促进农业生产效率的最佳实践，无疑将为管好"天下粮仓"，端牢中国人自己的饭碗和助推农业现代化注入强劲动力。

---

① 农业现代化则是整个经济社会发展的根本基础和重要支撑，十八大报告提出："坚持走中国特色新型工业化、信息化、城镇化、农业现代化道路，推动信息化和工业化深度融合、工业化和城镇化良性互动、城镇化和农业现代化相互协调，促进工业化、信息化、城镇化、农业现代化同步发展。"

② 伴随中国城市化进程加快，农村青壮年男性劳动力进城务工数量剧增，农村便形成了一个以妇女、儿童和老人为主的庞大留守群体，这实在是一个苦涩的赞誉。

第 8 章　制度评价：中国式分权与农业经济增长绩效动态追踪

刘易斯较早注意到制度变迁在经济增长中的作用，并将决定经济增长的人类行为分为“近因”和“近因的起因”，其中“近因”是从事经济活动的努力、知识的增进与运用及资本积累，而决定这些的直接原因则是制度与信念。刘易斯指出：“制度是促进还是限制经济增长，要看它对人们的努力是否加以保护；要看它为专业化的发展提供多少机会和允许有多大的活动自由。”在农业技术短期内没有发生变化的情况下，通过制度创新或变迁亦能提高农业生产率和实现农业经济增长的目标。

本章首先构建了中国式分权与农业经济增长绩效的新制度经济学分析框架，提出研究假说，然后理论分析地方政府财政支农、农村金融发展与生产要素投入对农业经济增长绩效变动的作用机制①。实证研究结果显示：农业经济增长呈现明显的累积滞后效应，受政策驱动显著。分权的增长效应明显，具有跨时与区域差异特征。城乡金融发展非均衡与金融财政化引致农村金融功能拓展受到抑制，阻碍了农业经济增长，农村金融与实体经济部门之间良性互动机制不显著。地方政府财政农业投入和农村金融的协调与配合具有显著的增长效应，明显大于单纯财政支农的效力。宏观经济形势、农业能源消耗与农业经济增长的联系日益紧密。

---

① 本章内容曾以《中国式分权与农业经济增长绩效动态追踪研究》为题发表于《中国经济问题》2013年第1期，书稿出版时有删改。

8.1 引 言

8.1.1 研究的问题

根据Booke(1933) & Lewis(1954)著名的“二元经济”模型理论,中国具有二元经济典型的历史逻辑与刚性的现实结构。虽然受掣二元矛盾与城市偏向,但改革开放以来,中国农业仍然取得了增长的奇迹,第一产业GDP和农林牧渔业总产值分别由1978年的1 027.5亿元和1 397.0亿元增加到2010年的40 533.6亿元和69 319.8亿元。农业的可持续性增长对于缓解二元经济社会矛盾,实现城乡统筹发展具有举足轻重的理论与现实意义。

1994年中国实行财政分权改革,财政联邦主义可以很好地解释中国式分权所取得的经济增长成就①,由于中国的经济增长主要来源于城市部门,地方政府在有限财政资源的约束下,注重考虑城市利益,而忽视农业与农村发展,即实施城市倾向的经济政策激励(Yang,1999;Chen,2002;陆铭和陈钊,2004;Lu & Chen,2006;王永钦 等,2007;马光荣和杨恩艳,2010)。特别是2006年农业税全面取消之后,地方政府从农业部门获取的税源减少,这可能加重财政资源城市倾向的再分配性扭曲。

伴随着财政分权体制的确定,中国金融市场化改革也在稳步推进。农村金融是现代农村经济的核心②,但金融发展也呈现明显的城乡二元分割特征,即城市金融不断深化,而农村金融在一定程度上受到抑制与排斥,制约了三农的发展(洪正,2011)。通过回顾中国农村金融的制度演化历程,我们发现:农业银行与农村信用社在商业化改革中,由于缺乏财税政策引导,“去农化”现象严重,主动撤离农村金融市场,大规模向城市金融市场渗透(王定祥 等,2010)。再加之分税制改革使得地方政府的财政收支比例大幅下降,支农资金短缺,客观上强化了地方政府对金融资源的控制,中央和地方政府靠汲取金融能力的上

① 关于“中国式分权”参见本书第3章的有关说明。
② 具体参见十七届三中全会《中共中央关于推进农村改革发展若干重大问题的决定》。

升弥补汲取财政能力的不足，靠金融功能的财政化替代弱化的财政功能（周立，2005）。

财政分权与金融市场化改革的逐步推进是中国经济体制制度变迁的核心内容，但财政分权、农村金融发展对农业增长的作用机制与绩效变动却不明确，相关研究也并未完全展开。本章研究内容架构在中国式财政分权的制度框架之下，对地方政府落实中央支农政策进行动态追踪研究，将有助于总结评价相关政策的实施效果，调整优化未来的政策设计。

8.1.2 研究概述

改革初期的中国农业经济增长主要源于制度创新以及农业生产要素的高效配置使用（McMillan et al，1989；Lin，1992；Lin，1997）。后期对于农业增长的研究可以遵循林毅夫制度、技术与中国农业发展的脉络进行分析。

首先是按照新古典主义，使用经典或扩展的农业生产函数模型与要素投入角度（主要是农业全要素生产率）研究农业经济增长。顾海和孟令杰（2002）研究表明：农业全要素生产率增长呈现"U-形"分布，技术进步是推动其增长的主要因素，但效率下滑减缓了农业全要素生产率增长。李焕彰和钱忠好（2004）认为农业公共品投入不足极大制约了农业可持续增长的潜力，必须大幅增加农业科技投入，适度增加农业基础设施投入，压缩农业事业费支出。辛翔飞和秦富（2005）认为应通过提高生产要素与物质费用的投入量增加农业产出，劳动力质量是提高农业经济增长与农业全要素生产率的有效途径。陈卫平（2006）指出农业全要素生产率（1990—2003）年均增长 2.59%，绝大多数省区农业技术进步与农业效率损失并存。石慧等（2008）进一步将地区农业全要素生产率进行分解，并对其波动绩效以及跨区差异进行了实证解释。吴玉鸣（2010）认为中国省域农业产出空间依赖性与局域集聚特征明显，土地贡献不显著，农业生产要素投入处于规模报酬递减阶段。朱喜等（2011）重点研究了各地区农户要素配置扭曲对农业总量全要素生产率的影响。应瑞瑶和潘丹（2012）运用 Meta 回归分析方法对农业全要素生产率测算进行了差异性研究。

其次是从农村经济制度变迁的角度对农业经济增长进行因素分解。黄少安等（2005）对 1949—1978 年中国（不包括港、澳、台地区）农业生产效率分析后认为："所有权农民私有、合作或适度统一经营"能够有效激励各生产要素的投入，土地和劳动等要素利用率较高，进而使农业总产业值高速稳定增长。乔榛等（2006）、席利卿和彭可茂（2010）指出制度变迁是改革开放后农业增长的决定性因素，应持续推进农村经济制度创新。杨正林（2007）利用省际面板数据（1978—2005）研究表明制度变迁对农业增长作用显著，土地、价格、财税制度变迁通过影响农民生产积极性和经济利益影响农业增长，各因素贡献度存在明显差异。李谷成（2009）发现农业生产绩效变动有极其深刻的制度原因，农业全要素生产率增长主要体现为“增长效应”，“水平效应”有限，应从制度创新上探寻提高农业生产绩效的突破口。

很多学者从财政、金融政策角度研究农业经济增长问题。张元红（2000）肯定了财政支农对中国农业发展的积极意义，但财政政策未能发挥缓解农业生产周期作用，反而成为一种推波助澜的因素。魏朗（2007）发现地方财政支农支出增长效应显著，黎翠梅（2009）也得出了类似结论，并指出应持续扩大规模，提高资金使用效率。白晓燕和李锋（2005）认为农业政策性金融对农业经济增长具有支持作用，但支农功能拓展缓慢。朱喜和李子奈（2006）通过协整分析发现在政府主导的指令性信贷模式下，农村贷款投入与农民收入、农村投资之间不存在长期均衡关系，短期也未能有效促进农村投资增加和农民增收，农村信贷缺乏分配效率。冉光和等（2008）认为政府主导的农村金融成长模式对农村经济增长具有显著的约束效应。王倩（2010）发现财政支农率与农村金融机构信贷率对农业经济增长负相关性显著。温涛和董文杰（2011）得出了相反的结论，并指出财政支农促进效应更强，金融支农则有所下降。

通过梳理以往相关研究，我们发现，多维度探究农业经济增长的文献较为丰富，但是基于财政分权的制度框架之下，系统研究地方政府财政支农、农村金融发展与生产要素投入对农业经济增长的影响绩效并不多见①。

本部分的主要工作或点滴贡献在于：首先搭建中国式分权、农村金融抑制影响农业经济增长的制度分析框架并提出研究假说；其次在控制农业生产要素投入等变量后，实证检验财政分权度、地方政府财政金融支农对农业经济增长的影响机制与作用绩效；另外就是在模型的估计方法，内生性与稳健性的处理上，尝试采用系统广义矩方法（System-GMM），拆分样本，剔除极端值等处理变量的内生性与稳健性问题。

① 相关前期研究工作参见宁满秀（2008）、续竞秦（2009）、李晓嘉（2011）。

8.2 分析范式与研究假说

8.2.1 新制度经济学视域

(1)有限分权,农民偏好显示弱化与农业部门的福利损失

无论是经典的还是第二代财政分权理论,分权发挥增加社会福利的一个重要前提就是"以足投票"与"用手投票"机制的存在,即分权应建立在充分尊重辖区居民偏好显示的前提下进行,地方政府因而具有信息优势,其行为受到辖区居民及选票的激励与约束。但正如第 3 章所述,"中国式分权"具有自身特色,分权仅限于政府,地方政府所受的约束只是来自上级政府,而非当地居民(周业安和张泉,2008)。

在这种分权模式下,地方政府发展农业、重视农村与农民的激励主要源于中央政府的政绩考核,忽视或缺乏对辖区农民偏好显示的充分尊重。与此同时,户籍、教育、医疗、住房等公共品的城乡供给差异在某种程度上又严格限制着农民的自由流动,即缺乏真正意义上的蒂伯特(Tiebout)模型中"用手投票"和"以足投票"机制。在此种情形下,地方政府官员是否具有信息优势,是否有足够的动力提供农业发展的公共品与服务就值得怀疑。若"以足投票"与"用手投票"这些前提不存在或不完善,财政分权促使地方政府提供满足农民偏好的公共品,进而增加农业部门福利的命题就不成立。

1994 年分税制之后,事权与财权的不平衡导致地方政府财政支出压力加大,发展农业往往并不是地方政府最优先考虑的事情。出于财政激励与税收最大化的动机,地方政府的经济政策更加重视"高税收,高产出"的非农产业(张晏和龚六堂,2005)。地方政府竞争与行为异化可能会驱使其在财政资源的配置上重新考虑资金的机会成本,采取城市倾向、漠视农村的经济政策(马光荣和杨恩艳,2010)。农业本身是弱质产业,一旦缺少政府的援助之手,可能导致农业缺乏增长动力,农业部门遭受福利损失,城乡二元经济社会矛盾更加突出。

（2）结构失衡，功能错位与农村金融财政化

农业天然的弱质性、基础性与战略性使其需要更加稳定充足的资本积累，农村金融可以充当农村经济运行中生产要素相互作用的枢纽中介，提高农业资本配置效率，同时农村经济的发展也离不开财政与金融政策工具的协调与配合。但中国金融业的发展也具有典型的二元结构，城市金融深化与农村金融抑制并存，结构严重失衡，金融服务在农村地区具有更高的门槛效应。

分税制改革后，地方财政曾一度陷入困难，部分地区仅维持“吃饭财政”，在农业投入上更是捉襟见肘。农村贷款虽然名义上大规模增加，实际上是被地方政府当作第二财政资金在使用（周立，2005），严重扭曲了农村金融资源正常功能的发挥。这种由政府主导的农村金融在促进农业发展、农村投资方面缺乏效率，其资源配置机制并没有得到充分发挥，反而制约了农村经济的发展（温涛，2005），而且这种指令性信贷模式导致农村金融长期与农民收入、农村投资之间缺乏均衡关系（朱喜和李子奈，2006）。城乡金融发展结构严重失衡，农村金融制度供给不足，部分农村地区甚至是“金融的沙漠”①。在财政资源有限的情况下，地方政府又过多地控制金融资源，导致农村金融财政化，这些悖论使农村金融发展受到排斥与抑制，农业资本积累不足，效率低下，严重制约农业的投融资与可持续增长。

（3）晋升激励与地方政府的机会主义行为倾向

正如第 3 章所述，中国式分权体现自上而下，由中央政府供给驱动的分权模式。基于中央政府的强势地位与绩效考核可在一定程度上弥补“以足投票”和“用手投票”机制的缺失与不足，可以更好地监督与约束地方政府的行为异化，这或许是中国式分权的一大特色与优势。

另一方面，分权本质上是中央政府基于强势地位，同时又要适当维护地方政府的积极性，对财政税收资源进行的国家分配行为，分权相当于中央政府与地方政府签订激励契约，以释放其发展辖区经济的活力。地方政府因此面临“双重激励”，即除了财政激励以外，还有中央政府的政治晋升激励，但财政激

---

① 据中国银监会统计资料，截至 2010 年 10 月底，全国有 139 个金融服务空白乡镇，2 430 个金融机构空白乡镇。

励与晋升激励并非处于同等地位,晋升激励对地方政府官员来说拥有更大的动力与压力。既然中央政府的绩效考核对地方政府具有很强的行为激励(王文剑和覃成林,2008),面对地方政府的竞争,轻视农业的行为异化,以及地区差距与城乡二元经济社会矛盾等问题,中央政府不会等闲视之,会考量社会整体福利,将三农作为所有工作中的重中之重,调整优化先前与地方政府签订的激励合同,增加重视农业,统筹城乡发展的激励条款(如前文所述,例如实行"米袋子"省长负责制、"菜篮子"市长负责制等一把手工程)。

地方政府是否会作出中央政府的合意行为取决于"新合同"的激励效力。鉴于中央政府的优势地位与权威号召,自身有限任期与政治晋升激励,地方政府讨价还价的余地并不多,偏向于作出与中央政府合意的策略行为,以迎合中央政府的政策导向与绩效考核。

8.2.2 研究假说的提出

通过上文新制度经济学分析得知,在中国式分权模式下,虽然"以足投票"和"用手投票"机制发挥的并不充分,但是中央政府的政绩考核与权威号召力在很大程度上可以预防和限制地方政府的变异行为,防止轻视农业的策略行为,即中央政府的权威与考核可以将地方政府拉回到增进社会整体福利的轨道上来。

通过以上制度框架与内在机理的分析,本部分提出以下有待经验验证的研究假设:

假设 H_1:面对中央政府绩效考核的压力与政治晋升的动力,地方政府具有发展农业的压力与激励,财政分权能够促进农业经济增长,但具有跨时与区域差异特征。

假设 H_2:在中国式分权框架模式下,地方政府过度控制农村金融资源,造成其效率低下,功能受到抑制,农村金融促进农业经济的增长效应并不显著。

假设 H_3:地方政府财政农业投入、农村信贷支持与农业生产要素投入在促进农业经济增长的供给效率和协同效应方面可能存在差异。

8.3 研究设计与计量模型设定

8.3.1 变量选择与模型设定

依据 McMillan et al(1989),Lin(1992),Fan & Pardy(1997)和高彦彦(2010)关于农业增长模型的设定,假定影响农业经济增长的生产性要素投入包含农业机械总动力(*LnPOW*,单位:千瓦时);第一产业从业人员规模(*LnLAB*,单位:万人);*LnARE*,*LnFER*,*LnELE* 分别为农作物总播种面积(单位:千公顷),化肥施用量(单位:万吨)和农村用电量(单位:亿千瓦小时;可以刻画农村能源消耗)。以上变量设定为控制变量集 C,则原初的柯布-道格拉斯生产函数为式(8.1):

$$Y_{it} = \alpha \prod_{p=1}^{5} C_p^{\beta_p} \tag{8.1}$$

根据制度分析框架与研究假设,将式(8.1)中 α 影响农业总产出的其余因素进行分解。

首先增加中国式分权的制度变量 I,即财政分权指标 FD_{it},本文采用国际通行的测度标准①,用人均各省本级财政支出占总财政支出的比值来具体刻画各省的财政分权水平。

其次纳入影响农业产出的资本投入要素,设定为核心解释变量集 X,财政支出是地方政府支持农业的主渠道,遂令 FIN_{it} 为财政支农变量②,使用农林水事务支出占财政总支出比重表示;LOA_{it} 为农业金融发展水平变量,参考温涛等(2005)、王倩(2010)的标准,利用各省农业贷款占第一产业 GDP 比例来表示③。

在对式(8.1)α 进行分解后,进一步得到式(8.2)如下:

---

① 参见乔宝云(2002)、殷德生(2004)、周业安和张泉(2008)。总财政支出为人均各省份本级财政支出与人均中央本级财政支出之和。

② 因财政收支口径变化,1988—2002 年为支援农村生产支出、农业综合开发支出与农林水利气候等部门事业费支出之和;2003—2006 年为农业支出、林业支出与农林水利气象等部门事业费支出之和;2007 年后为农林水事务支出。

③ 为保证数据的一致性,各省农业贷款不包括乡镇企业贷款;因 2010 年中国人民银行统计口径改变,内蒙古、江苏、安徽、江西、山东、湖南、广东、广西、四川、贵州、云南、西藏、陕西、宁夏、海南并未公布当年的农业贷款总额,以上省份采用剔除趋势的二次移动平均法($N=5$)进行预测。

$$Y_{it} = \alpha_1 \prod_{p=1}^{5} [(XC_p)^{\alpha_p} C_p^{\beta_p}] \prod_{q=1}^{1} I_q^{\lambda^q} \tag{8.2}$$

其中,式(8.2)也蕴含着在中国式分权的制度框架下,分权变量、资本投入变量与生产性要素投入变量间的交互作用,于是引入交互(叉)项变量集 T:

$FDLOA_{it}$ 表征在财政分权制度框架下,地方政府对农村金融的控制程度;

$FINLOA_{it}$ 为财政支农与农村金融发展水平的交叉项,体现财政支农和农村金融政策的协调与配合;

$LOAPOW_{it}$ 为农村金融与农业机械总动力的交叉项,表示农村金融发展与农村实体经济部门之间的互动机制。

模型中引入交叉乘积项不仅可以反映经济变量之间的内在互动机制,而且有助于消除变量间的内生性问题。需要说明的是,FD_{it},LOA_{it},$FDLOA_{it}$ 为本章主要关注的解释变量。

在式(8.2)基础上,借用修正的 Griliches(1963)生产函数,构造如下面板数据模型:

$$LnY_{it} = \alpha + \beta_1 I_{it} + \beta_2 X_{it} + \beta_3 T_{it} + \beta_4 C_{it} + \beta_5 D_{it} + \mu_i + \nu_t + \varepsilon_{it} \tag{8.3}$$

模型式(8.3)中,i 和 t 分别表示第 i 个省份第 t 年的样本观测值,参数 α 表示截距项,β_{it} 表示对应于解释变量的系数向量。μ_i 表示不随时间变化的地区效应,ν_t 表示随时间变化的时间效应,ε_{it} 为误差扰动项,代表其他影响因素,并满足相互独立、零均值、方差为 σ_ε^2 的假设。

其中 Y 为被解释变量,使用第一产业 GDP 实际增长率作为农业经济增长的衡量指标,即 $LnAGDP_{it}$,并进行了物价指数的缩减和取自然对数值的处理。

根据对各省农业经济增长数据的描述性统计观察发现,上一期的农业经济增长会对下一期产生影响,为使模型设定更加符合经济运行的实际,解释变量中引入被解释变量滞后一期 $LnAGDP_{it-1}$。

研究增加宏观政策虚拟变量集 D,即分税制改革政策变量 $DUM94$,其中 1994 年(含)以后设置为 1,其他年份设置为 0;新农村建设政策变量 $DUM05$,其中 2005 年(含)以后分别设置为 1,其他年份设置为 0。分别表示分税制改革、新农村建设这些虚拟变量对农业经济增长的影响,也可反映地方政府落实中央政策导向的执行绩效。

PI 为商量零售价格总指数,反映宏观经济形势。

故在式(8.3)基础上,本文最终使用的计量模型为:

$$\begin{aligned} LnAGDP_{it} = {} & \alpha + \rho LnAGDP_{it-1} + \beta_1 FD_{it} + \beta_2 FIN_{it} + \beta_3 LOA_{it} + \beta_4 FDLOA_{it} + \\ & \beta_5 FINLOA_{it} + \beta_6 LOAPOW_{it} + \beta_7 C_{it} + DUM_t + \mu_i + \nu_t + \varepsilon_{it} \end{aligned} \tag{8.4}$$

8.3.2 数据来源与估计方法

本章采用1988—2010年30个省(区、市,含西藏)的样本观测值,不包括港澳台地区。因重庆市1997年直辖,将其从样本中剔除。数据主要来源于《新中国六十年统计资料汇编》《中国统计年鉴》《中国财政年鉴》《中国农村统计年鉴》和相关省份统计年鉴、中宏数据库等。

因寻找分权指标合适的工具变量相关文献至今尚未有做到,估计方法使用Arellano & Bover(1995),Blundell & Bond(1998)推出的系统广义矩方法(System-GMM),该法可以很好解决模型中存在的变量内生性问题,克服动态面板偏差(Dynamic Panel Bias),提高模型的估计效率与稳健性。

8.4 实证结果及分析

8.4.1 全样本及跨时差异分析

回归结果显示,表8.1各方程Arellano-Bond即AR(2)检验和Hansen检验统计量都不显著,说明模型不存在序列相关与工具变量的过度识别问题,回归结果具有稳健性。

表8.1 全样本及跨时动态面板回归结果

Table 8.1 The Regression Results of Total Sample and Inter Dynamic Panel Model

解释变量	全国样本 1988—2010			1988—1993	1994—2004	2005—2010
	模型(1)	模型(2)	模型(3)	模型(4)	模型(5)	模型(6)
$LnAGDP_{i,t-1}$	0.428 2***	0.300 7*	0.311 4*	0.280 3	0.951 1***	0.015 1*
	(0.158 5)	(0.172 3)	(0.163 6)	(0.178 3)	(0.109 1)	(0.032 2)
FD	2.159 1*	4.731 0***	4.379 2***	6.823 6***	− 0.183 5	6.295 6***
	(1.286 1)	(1.775 8)	(1.448 1)	(21.539 3)	(0.927 7)	(1.957 0)
LOA	− 0.115 5**	− 0.134 0**	− 0.177 7***	− 0.533 6	− 0.190 4***	− 0.109 8
	(0.049 9)	(0.058 6)	(0.051 8)	(0.395 7)	(0.065 1)	(0.079 2)
FDLOA	0.365 4	0.226 6	0.102 2	57.221 6**	2.575 2***	0.673 5
	(0.300 0)	(0.354 5)	(0.357 0)	(28.887 5)	(0.931 9)	(0.656 9)

续表

解释变量	全国样本 1988—2010			1988—1993	1994—2004	2005—2010
	模型(1)	模型(2)	模型(3)	模型(4)	模型(5)	模型(6)
FINLOA		0.524 5** (0.248 3)	0.763 4*** (0.232 1)	- 4.309 9*** (1.358 8)	0.319 7* (0.169 7)	0.341 7** (0.242 5)
LOAPOW		- 8.51e-07 (6.39e-06)	7.26e-06** (3.53e-06)	- 0.000 1 (0.000 1)	5.04e-06 (3.36e-06)	- 0.000 1** (0.000 1)
FIN		0.157 7*** (0.537 5)	- 1.689 3*** (0.449 6)	4.499 0*** (1.552 7)	0.226 5 (0.455 7)	- 0.572 3 (0.398 6)
LnPOW		0.009 9 (0.041 6)	- 0.015 2 (0.032 2)	0.244 5* (0.146 1)	- 0.099 9** (0.055 1)	0.101 1* (0.059 3)
LnLAB		0.084 8 (0.088 1)	0.026 9 (0.097 1)	0.351 8* (0.187 8)	- 0.128 3* (0.091 7)	- 0.004 7 (0.131 1)
LnARE		0.163 7 (0.135 5)	0.179 8 (0.143 5)	- 0.190 6 (0.370 6)	0.194 0** (0.126 9)	0.497 0*** (0.165 3)
LnFER		0.066 7 (0.045 6)	0.070 2 (0.046 0)	0.029 9 (0.045 0)	0.000 1 (0.022 9)	0.058 8** (0.027 9)
LnELE		0.186 8** (0.076 7)	0.172 7** (0.080 7)	- 0.102 8 (0.155 5)	0.063 9** (0.046 5)	0.324 0*** (0.062 0)
PI		0.001 2 (0.001 3)	0.001 2 (0.001 5)	- 0.005 1*** (0.001 3)	0.002 4** (0.001 4)	0.005 6*** (0.001 8)
DUM94	0.085 0*** (0.023 2)					
DUM05	0.062 1** (0.027 7)					
HansenTest	15.240 0	12.356 4	8.247 8	9.652 1	8.735 5	9.697 0
AR(2)	0.888 5	0.243 4	0.930 9	0.789 6	0.351 9	0.117 9

注:①由于动态面板数据样本容量相对较少,为克服小样本偏差,采取 Onestep 回归,twostep 亦进行了数据实验,回归结果太差,遂舍弃;王守坤、任保平(2009)也做了类似 Onestep-System-GMM 回归。②为解决扰动项自相关问题,被解释变量为三阶滞后,表中只报告了一阶滞后数据,二阶和三阶滞后数值都通过了 1%显著性检验。③括号内为标准误 Std. Error; ***, **, * 分别表示在 1%, 5%, 10%显著性水平下拒绝原假设,本章含义相同,常数项略去。④由于 Sargan 检验不理想,故采用 Hansen 检验(chi^2值)判断工具变量的有效性;*AR*(2)为随机扰动项是否存在二阶序列相关的 Arellano-Bond 检验统计量 *P* 值,因 GMM 估计只要求变量不存在二阶序列相关,一阶序列相关不影响估计有效性,故未作报告。

模型(1)聚焦核心解释变量,模型(2)为加入其他控制变量后的回归结果。从全样本来看(1988—2010)农业经济增长呈现明显的滞后累积效应。财政分权制度变量 FD_{it} 在整个样本区间内具有显著的增长效应,加入其他控制变量后,这种增长效应仍然具有统计显著性。

虚拟变量 *DUM*94 在 1%水平上显著也辅证了这一点,说明地方政府面对中央政府的绩效考核与本身政治晋升的动力,具有发展农业的压力与激励,分权能够促进农业经济增长,回归结果部分证实了研究假设。

宏观政策时间虚拟变量 *DUM*94,*DUM*05 都具有显著性,说明分税制改革与新农村建设战略的实施对农业经济增长具有明显的政策驱动效应。

模型(1)(2)都显示农村金融发展水平变量(LOA_{it})对农业经济增长具有明显的负向作用,证实了前文的制度分析与研究假设,说明金融发展在农村出现严重的抑制与排斥,支农规模不足,效率不高。

另由模型(2)可知,地方政府财政农业投入 FIN_{it} 有效促进了农业经济增长,财政投入与农村金融的交叉项($FINLOA_{it}$)在 5%的水平上显著,说明财政和金融工具的协调与配合具有明显的正向增长效应,且显著大于单纯财政支农的效果(0.524 5>0.157 7)。

交叉项($FDLOA_{it}$)反映在中国式分权体制下,地方政府对农村金融的控制影响程度,虽然该变量对农业经济增长具有正向影响,但回归结果并不具有统计显著性。

交叉项($LOAPOW_{it}$)为负且不显著,说明农村金融与农村实体经济之间并不存在良性互动机制,可能的原因是金融资源主要集中在城市,农村金融准入门槛较高且被政府过度控制,引致金融产品效率低下,金融交易功能拓展弱化,较高的借贷成本限制了农户接近金融资源,不能满足农户的金融需求。

为使模型估计与实证结论更具稳健性,同时考虑到 System-GMM 对数据结构较为敏感,研究在全国样本基础上剔除京、津和沪三个极端值重作估计,结果参见模型(3)。剔除极端值后,主要回归结论保持不变,说明变量具有稳健性。

在全样本面板回归基础上,本文再划分为 1988—1993 年,1994—2004 年,2005—2010 年 3 个时间窗,试图追踪评价分税制改革和新农村建设这些政策变量对农业经济增长绩效产生的动态效应。

模型(4)(5)(6)结果显示:财政分权(FD_{it})对农业经济增长的影响效应跨时差异明显。分税制改革之前,分权变量具有显著的增长效应(1%水平上),但在 1994—2004 年时间窗内,财政分权对农业经济的增长效应为负且不显著,可能的原因是分税制改革之初，中央政府集中了财权财力，地方政府财政收入下降，财政农业投入减少，分税制并没有释放地方政府发展农业的积极性。

2005 年，中央推出新农村建设战略以后，模型(6)财政分权变量(FD_{it})在 1%的水平上显著，说明农业经济增长受政策驱动明显，新农村建设显著发挥了增长效应。这也在一定程度上印证了分权模式下，中央政府重视农业的政策导向与绩效考核对地方政府施政行为产生了的激励与压力效应。

农村金融发展仍然对农业经济增长具有负向作用(仅在 1994—2004 年区间内具有统计显著性)。一个有意思的结果是在 1988—1993 年(模型 4)，1994—2004 年(模型 5)两个时段内，交叉项($FDLOA_{it}$)对农业经济增长具有正效应，这在一定程度上说明农村金融资源在政府的控制下发挥了"第二财政"的作用，部分弥补了地方政府农业投入资金的短缺。但是随着金融市场化改革的逐步推进，基于金融的逐利性与金融排斥，金融机构纷纷退出农村市场，引致城乡金融市场分割严重且发展不均衡。新农村战略实施后，农村金融并没有发挥助推农业经济增长的效应，模型(6)中变量($FDLOA_{it}$)并不具有显著性证实了该结论。

从影响农业经济增长的生产要素投入来看，传统的农业机械、劳动力、总播种面积对农业经济增长的促进作用已不显著，而化肥施用量、农村用电量(农业能源消耗)的促进作用越来越明显。

另外，在 1994—2004 年，2005—2010 年时间窗内，商品零售价格指数 *PI* 对农业经济增长的正向影响愈加显著(0.005 6>0.002 4)，说明宏观经济形势与农业经济增长的联系日益紧密。

8.4.2 区域差异空间地理测度

农业经济增长绩效除了具有跨时差异，受资源禀赋、生产要素投入与宏观政策等影响，还应具有明显的区域差异性，再加之全样本分析中某些变量间关系不能显著确定，本文又进行了东、中、西区域差异面板动态回归。

模型(9)(10)考察中部地区，因 AR(2)存在二阶序列相关问题，回归结果不具有稳健性，故只对东部与西部地区的实证结果进行解释。结果显示：东、西部农业经济增长仍然呈现明显的滞后效应，受上一期影响显著。分权的增长效应仅在东部显著，政策虚拟变量 *DUM*94 在 1%的水平上显著，也支持了这一结论。而在西部，分权变量并不显著，增长效应并没有被释放出来。新农村建设政策变量 *DUM*05 在东部具有正效应，西部虽然也为正向影响，但不具有统计显著性。

农村金额发展水平变量(LOA_{it})在东部具有显著的负效应,西部不显著。

财政分权与农村金融发展的交叉项($FDLOA_{it}$)在东部具有显著的正向影响,而在西部恰好相反。

地方政府财政农业投入(FIN_{it})的效率并不高,只在东部具有统计上的显著性。西部财政支农与农村金融的协调配合对农业经济增长具有明显的正向影响。农村金融与实体经济的互动仅在东部具有微弱的促进作用,而在西部则呈现明显的负效应,竟然阻碍了农业经济增长,说明农村金融功能急需拓展优化。

从生产性要素投入来看,东部农业机械化具有显著的促进作用,而在西部恰好相反。另外,西部存在严重的农村劳动力过剩现象,是增长的瓶颈因素之一。农村用电量和化肥施用量与全样本分析结论基本一致。

表 8.2 区域差异动态面板回归结果

Table 8.2 The Regression Results of Regional Differences in Dynamic Panel Model

解释变量	东部地区		中部地区		西部地区	
	模型(7)	模型(8)	模型(9)	模型(10)	模型(11)	模型(12)
$LnAGDP_{i,t-1}$	0.313 8*** (0.025 6)	0.088 4*** (0.027 7)	0.626 5*** (0.067 2)	0.572 7*** (0.143 1)	0.878 5*** (0.049 4)	0.922 3*** (0.092 8)
FD	2.705 4*** (0.383 4)	7.254 3*** (0.665 6)	0.722 4 (0.622 5)	1.983 2 (2.033 5)	0.559 2 (0.370 7)	1.104 5 (0.914 6)
LOA	-.1 377*** (0.012 6)	- 0.044 9*** (0.016 8)	- 0.081 3*** (0.017 9)	- 0.043 0** (0.018 6)	0.003 1 (0.014 4)	0.013 5 (0.015 9)
FDLOA	0.572 8*** (0.133 4)	0.755 2*** (0.171 3)	0.651 2*** (0.180 3)	0.625 5** (0.275 5)	- 0.004 4 (0.163 6)	- 0.301 6* (0.172 5)
FIN		1.205 2** (0.507 3)		0.036 9 (0.469 4)		- 0.222 4 (0.212 5)
FINLOA		- 1.707 3*** (0.265 1)		- 0.080 6 (0.315 7)		0.264 2*** (0.101 6)
LOAPOW		6.04e - 06*** (1.62e - 06)		- 0.000 0*** (4.25e - 06)		- 0.000 0*** (6.32e - 06)
LnPOW		0.057 9** (0.023 7)		-0.048 3 (0.085 1)		-0.095 2** (0.042 2)

续表

解释变量	东部地区		中部地区		西部地区	
	模型(7)	模型(8)	模型(9)	模型(10)	模型(11)	模型(12)
LnLAB		0.267 1*** (0.045 0)		0.113 1* (0.059 3)		-0.015 9** (0.033 6)
LnARE		0.125 1*** (0.043 0)		-0.396 5** (0.173 8)		-0.093 0 (0.078 3)
LnFER		0.124 9*** (0.025 0)		0.545 6** (0.214 4)		0.027 9* (0.015 7)
LnELE		0.093 4*** (0.022 5)		0.045 1 (0.069 3)		0.073 1** (0.033 1)
PI		0.001 1 (0.000 9)		0.003 5* (0.001 8)		0.001 6* (0.000 9)
DUM94	0.071 0*** (0.017 6)	0.100 1*** (0.018 6)	0.135 0*** (0.026 8)	0.001 7 (0.018 3)	0.036 1*** (0.013 5)	0.021 3* (0.012 3)
DUM05	0.046 6** (0.020 2)	0.033 2* (0.019 4)	0.049 5 (0.030 8)	0.021 4 (0.029 5)	0.023 9 (0.015 6)	0.018 0 (0.012 9)
HansenTest	8.543 1	6.836 5	1.236 7	1.015 8	2.725 3	2.428 1
AR(2)	0.892 4	0.201 6	0.022 7	0.039 6	0.944 5	0.635 9

8.5 结论性评述与启示

诺思(1971)在《制度变迁与经济增长》一文中指出:“经济史学家已经集中注意力于技术变化,把它看作增长的源泉,但是,如上所述,制度安排的发展才是主要的改善生产效率和要素市场的历史原因。更为有效的经济组织的发展,其作用如同技术发展对于西方世界增长所起的作用那样同等重要。”

本章运用动态面板数据模型,基于 System-GMM 方法,尝试构建了中国式分权与农业经济增长的新制度经济学分析框架。在控制农业生产要素投入等变量后,实证检验了财政分权制度变量,地方政府财政、金融支农对农业经济增长的作用机制与绩效演进。模型估计克服了变量的内生性问题，结论具有稳健性，研究结论与启示概述如下：

①农业经济增长具有明显的滞后累积效应和政策驱动效应。1994年分税制改革与2005年的新农村建设政策驱动农业经济增长效应显著，所以应特别注重中央政府对地方政府发展农业的制度激励与政策导向，建立地方政府财政支农的预算硬约束机制。财政分权制度变量也具有增长效应，但跨时与区域差异特征明显：在1988—1993年与2005—2010年两个时间窗内效应显著，分权的增长效应仅在东部显著。研究结论支持了制度分析框架与研究假设，即中国式分权对农业经济增长具有显著的正面激励效应，但具有跨时与区域差异特征。

②地方政府财政农业投入的效率并不高。地方政府财政农业投入的效率只在全国和东部显著，故应强化中央政府的转移支付与反哺能力，优化地方政府财政支农的规模并着力提高资金的使用效率，同时充分发挥财政资金的杠杆作用，挤进农户投资、金融、保险、社会资本等。

农村金融发展呈现严重的金融排斥与抑制，对农业经济增长具有负向影响，而且农村金融与实体经济部门之间不存在良性互动机制（东部作用微弱）。全样本、跨时与区域差异分析都印证了研究假设，即金融市场城乡分割严重，农村金融准入门槛较高且被政府过度控制，导致农村金融交易功能拓展弱化，较高的借贷成本限制了农户接近金融资源。

③农村金融发展和财政农业投入的协调与配合。研究还发现，在1988—1993年，1994—2004年两个时间窗内，反映地方政府对农村金融控制程度的交叉项（$FDLOA_{it}$）具有显著的正效应，说明地方政府财政农业投入与农村金融的协调配合具有显著的增长效应，而且明显大于单纯政府财政支农的效果。虽然农村金融功能本身被异化，充当“第二财政”，但弥补了地方政府农业投入资金的短缺，并推动了农业经济增长。

政策启示是应合理定位商业性与政策性金融机构的市场边界，完善农村金融生态环境，着力拓展农村政策性金融功能，创新金融产品，促进城乡金融的统筹融合。在风险得到有效监控的条件下，适度降低农村金融服务的门槛与成本，放松对农户贷款的容忍度并进行合理展期。同时注重农村金融发展和财政农业投入的协调与配合，提供小额信贷，享受财政贴息，发展微型金融，强化农村金融与实体经济的良性互动。

④均衡配置农业生产性要素投入。农业具有公共产品的特征,外溢性较大,应均衡配置生产性要素投入,加强化肥和农村用电量的科学合理使用,建立生态、低碳的现代农业。同时提高农业人力资本素质,促进西部农村剩余劳动力的转移就业。中国农业的可持续性增长与发展不仅是经济问题,更是政治问题。中央政府应优化设计财政分权与政绩考核机制,完善农民的“用手投票”机制,预防与纠正地方政府轻视农业的行为偏向,越是宏观经济形势向好,越应重视发展农业。

在中央政府“三农”顶层制度设计下,制度创新和执行应坚持与地方政府行为激励相容,相关地区和部门应牢固树立和深入贯彻落实创新、协调、绿色、开放、共享的发展理念,有序推进农业供给侧结构性改革,促进制度供给和创新。积极推动新型城镇化与新农村建设双轮驱动、互促共进,让广大农民共同参与农业现代化进程、共同分享现代化改革的福利成果,确保亿万农民与城镇居民一道迈入小康社会。

第六篇

结论、展望与政策建议

第 9 章 结论与后续研究

✧ 研究结论

✧ 后续展望

第 10 章 政策建议

✧ 推进治理体系和治理能力现代化，完善公共财政支农运行机制

✧ 匹配事权与财权，建立财政支农预算硬约束机制

✧ 优化转移支付，实施城乡发展一体化模式

✧ 向农业输入现代化的生产要素与经营模式

✧ 促进农村金融深化，探索农业资本积累率与利润率稳定增长机制

✧ 注重中央政府对地方政府发展农业的制度激励与政策创新

第9章　结论与后续研究

9.1　研究结论

本书立足财政职能,即资源配置、收入差距和经济增长与稳定(Musgrave,1954)三大视角考量地方政府在农村公共品供给、城乡收入差距,农业经济增长方面的绩效表现,并将二元经济、财政分权、政府竞争等理论引入到绩效研究视域中。尝试探索在中国式分权制度框架下,地方政府行为与农村公共品供给、城乡收入分配、农业经济增长的关系原理与互动机制。研究同时借助统计与计量检验、新制度经济学、新政治经济学、博弈论、数据包络分析等分析工具,提高了机制分析的解释力与模型结论的稳健性。研究结论总结如下:

①从中国式分权的资源配置效应审视,传统的研究集中在农业财政支出的影响因素和绩效方面,笔者前期的研究成果将财政分权、政府竞争与财政农业支出架构在统一的分析框架下,利用1988—2010年省级面板数据模型计量分析得出:财政分权在样本区间内促进了地方政府财政农业支出,具有正效应,但跨时与区域差异明显。

财政分权与政府竞争的交互项阻碍了地方财政农业支出,在东部更加显著,模型加入政府膨胀程度、城市化、经济发展水平等变量后,回归结论保持稳健。另外,地方政府财政农业支出具有明显的累积效应,受宏观经济政策驱动明显，但是这种驱动力正在减弱。①

②中国式分权制度变量对农村公共品供给具有效率差异。分权变量（FD_{exp1}）并未有效促进地方政府农村义务教育的公共支出。变量（FD_{exp1} 和 FD_{exp2}）对农村福利社保公共品都具有显著而稳健的供给效应。中央转移支付显著驱动了农村基础教育和福利社保公共品的有效供给，但在农村医疗保健供给上却是负效应，具有供给效应差异。

地方政府财政自给率具有供给惰性，但对中央政府转移支付"粘蝇纸效应"明显。政府竞争对农村基础教育支出具有显著的负向激励，显示出地方政府行为异化和标尺竞争的成本与代价。反腐败变量显著增强了农村基础教育的有效提供，但却减少了农村福利保障供给（对农村公共卫生影响不稳健），说明地方政府在农村公共品供给上具有腐败寻租的空间。

城镇化率和经济增长水平指标在所有模型中均具有显著性和稳健性，分别为正向激励与负向影响，说明积极稳妥推进城镇化有利于农村公共品的供给，但经济增长在改善农村基础教育的同时，却恶化了农村公共卫生和福利社保水平，显示经济增长还不是有质量的增长，高速的具有奇迹般的经济增长却恶化了农村公共卫生和福利社保水平。从政策评估来看，新农村宏观政策变量显著驱动了农村基础教育和福利社保公共品的有效供给，但在农村医疗保健供给上却是动力不足，需要在该政策执行过程中加以调整优化。

③本书第四篇（第 6 章）运用多变量协整与向量误差修正模型（VECM），系统研究了城乡收入差距、农业经济增长与财政分权之间的相互影响与动态效应。研究得到的发现是城乡收入差距、农业经济增长与财政分权变量间具有显著的长期均衡与短期的动态调节机制。当城乡收入差距短期波动偏离长期均衡时，具有反向自身修正机制，但修正能力较弱，而且城乡收入差距具有滞后累积效应。农业经济增长短期内并未缓解城乡收入差距，说明从"农业经济增长"到"农民收入增加"，再到"城乡收入差距缓解"这种传导机制短期内并不顺畅。

财政分权对城乡收入差距具有正向冲击作用，长期内具有缓解城乡收入差距的调节机制，但短期内却加剧了差距。方差分解显示农业经济增长对城乡收入差距的影响呈现波动递减趋势，而财政分权对城乡收入差距的变动方差贡献

① 此研究结论在本书中并未给出详细的理论推导和实证检验，相关研究设计和过程，具体参见本书作者的前期研究成果，发表于重庆大学学报（社会科学版）2013 年第 4 期，题目为《中国式分权、标尺竞争与财政农业支出——基于动态面板数据模型的系统 GMM 实证》。

度较高，是缓解城乡收入差距的重要因素。VAR 模型静态与动态预测结果较为乐观。

④本书第 7 章运用 DEA-Malmquist 生产率指数法，对 1978—2011 年省级农业全要素生产率进行了数量测算与系统分解，并细致考察了其时序演变差异、地理空间分布与分组增速效率等特征，测度发现：1978 年以来，中国农业全要素生产率、技术进步率、技术效率和规模效率总体上处于递增趋势，增长源泉主要是由技术进步率与技术效率双轮驱动的，以技术进步为诱导的“增长效应”明显，但技术效率的驱动作用有限，动力不足，“水平效应”不够显著。

五项效率分解指数呈现阶段性动态波动特征，农业全要素生产率与技术进步率指数两者呈现顺周期变化特征，技术效率指数与农业全要素生产率有逆周期波动阶段。

另外，农业纯技术效率和规模效率指数主要引致了整体农业技术效率持续走向恶化，农业技术效率指数全国各区域普遍不高。农业全要素生产率增长具有明显的地理区域空间差异性，呈现东北、东部、西部和中部地区依次递减的变动趋势，中西部地区的农业前沿技术进步率是比较糟糕的。传统意义上的农业大省全要素生产率指数均小于或等于全国平均水平值，而且这些省份大部分集中在中西部。

省际各主要效率指数差异非常显著，各效率指数变动体现比较严重的地理空间上的非均衡性，外溢性并不强，关联度不高。但各主要效率指数直辖市增长效应显著。总之，地理与分组考察表明：农业全要素生产率及其分解指数“发散效应”明显，“收敛效应”与“外溢效应”趋势不显著。

⑤地方政府财政农业支出对农业生产率变动影响具有复杂性，作用非均衡。在提升整体农业全要素生产率的同时，对农业技术效率和纯技术效率具有负向冲击，对农业前沿技术进步率和规模效率并不具有直接的显著影响。农业总产值占比增加对农业前沿技术进步具有明显的负向影响，但对农业技术效率、纯技术效率和规模效率正向作用机制显著。

农业人力资本存量是影响农业全要素生产率的重要核心因素，对农业技术进步率与农业技术效率具有正向提升效应。农业从业人员比重对农业技术效率、纯技术效率和规模效率负向作用机制明显。增加非粮食作物播种面积可以有效促进农业技术效率和规模效率的提高。工业化对农业技术进步率具有明显的正效应，但阻碍了农业规模效率。城镇化率与农业技术效率、纯技术效率、规模效率显著正相关。农业成灾面积比重对各效率指数均具有显著负作用。

⑥农业经济增长具有明显的滞后累积效应和政策驱动效应。1994 年分税制改革与 2005 年的新农村建设增长效应显著。中国式分权对农业经济增长具有显著的正向激励效应,但具有跨时与区域差异特征。在 1988—1993 年与 2005—2010 年两个时间窗内效应显著,分权的增长效应仅在东部显著。地方政府财政农业投入的效率并不高,只在全国和东部显著。城乡金融非均衡发展与金融财政化引致农村金融功能拓展受到排斥和抑制,对农业经济增长具有负向影响。而且农村金融与实体经济部门之间不存在显著的良性互动机制(东部作用微弱)。

金融市场城乡分割严重,农村金融准入门槛较高且被政府过度控制,导致农村金融交易功能拓展弱化,较高的借贷融资成本限制了农户接近金融资源。但是地方政府财政农业投入和农村金融的协调匹配增长效应明显,显著大于单纯财政支农的效力。虽然农村金融功能本身被异化,充当了"第二财政"的角色,但弥补了地方政府农业投入资金的短缺,并推动了农业经济增长。

宏观经济形势、农业能源消耗与农业经济增长的联系日益紧密。

9.2 后续展望

本书研究了在中国式分权的制度框架和地方政府治理影响下,农村公共品供给、城乡收入差距与农业经济增长的绩效表现。因研究者学识、能力、方法和数据等限制,研究的部分内容还有进一步深度挖掘的空间。

①农村基层治理与农村公共品供给绩效评价。对农村公共品供给的理论与实证研究已经汗牛充栋,但是基于农村基层治理,农民"用手投票"机制与农村公共品供给统计、计量评价并未深入研究,基于乡土中国的实证研究更是少之又少,笔者只是发现 Tsai(2000)、张晓波等(2003)、卫龙宝和张菲(2012)等有相关前期研究。现有研究大多集中在城乡二元经济社会结构视角下,审视农村公共品供给的不足,或者是对农村公共品供给的公共支出规模与结构进行分析。

农村基层治理绩效如何,村民选举究竟对农业经济增长绩效、农村公共品供给等产生影响水平和效应并不明确。后续的研究者可以尝试从新政治经济学、公共选择理论出发,基于微观调查数据和定量研究方法对农村基层治理水平和方式进行福利评价，对农村公共品供给均衡，提供效率、满意度与影响因素进行实证分析。

②农民"干多挣少"的新制度经济学分析。"三农"问题的核心是农民增收，在前文，我们已经从中国式分权、农业经济增长与城乡收入差距进行了动态分析，主要依据的是时间序列模型进行分析，虽然取得了较为稳健的研究结论，但是并未直接深入到农民增收的问题上。

后续的研究可以从以下几个维度进行研究拓展：首先，可以基于农户调查的微观数据，系统测度农户收入差距的微观基础，是物质资本还是人力资本影响农户收入差距问题。其次，可以在中央政府和地方政府分权的制度框架下，研究农民权利的不公平分配与农民的制度性贫困。最后是作者在阅读相关劳动收入占比、农民财产性收入等研究文献和课题申报等基础上，发现可以在以下两个全新的研究维度进行拓展。

一是更换研究变量，继续深入研究中国式分权、劳动收入占比与城乡收入差距问题，继续沿用计量经济学中的时间序列模型进行分析；也可以建立中国式分权、劳动收入占比与农民"干多挣少"新政治经济学或新制度经济学分析框架，再增加实证的检验。

维度之二是可以研究在新型城镇化背景下，中国农地产权制度变革，"三权分置"，即坚持农村土地集体所有，实现所有权、承包权、经营权三权分置，引导土地经营权有序流转①，地方政府土地财政行为与农民财产权利维护和实现问题。基于这些研究思路，或许可以得出一些比较有价值的研究发现。

③农村金融与农业经济增长绩效问题。中国的财政分权体制具有明显的城乡二元特征，中国金融的深化和发展同样彰显二元结构特质，金融资源在城乡之间和不同产业部门之间的配置并不均衡，农业经济增长和农村经济发展面临严重的金融约束门槛（冉光和 等，2008）。国内已经有学者从以下方面对农村金融问题展开研究：例如我国整体金融，农村金融发展与农民收入增长问题（温涛 等，2005；余新平 等，2010）；农村金融发展与城乡收入差距问题（丁志国 等，2011）；新型农村金融机构改革问题（洪正，2011）等。未来的研究者可以在以下几个方面进行深入研究：

- 农村金融制度变迁，农村金融体系与金融机构改革创新问题；

---

① 2014年11月，中共中央办公厅、国务院办公厅印发了《关于引导农村土地经营权有序流转发展农业适度规模经营的意见》，新一轮农村土地制度改革试点已经启动，这被广泛解读为农村土地改革"三箭齐发"。

•农村金融产品创新与农民微观个体的金融交易权拓展，农民财产权增加问题；

•放松政府对金融的过度管制，城乡金融协调发展，促使社会资本进入农村金融的制度创新与激励机制研究；

•农村金融的脆弱性与金融风险防控问题等。

④数据准备与研究方法。虽然技术是为思想服务的，但是没有严谨的技术推演过程，研究思想的科学性也是值得怀疑的。借助一致性更高的数据和稳健性更好的方法，可以在以下几个方面对本书的相关研究进行延伸：

•基于农户的家庭微观调查统计数据库，开展国际、国内相关研究机构的合作调查与跨学科研究，例如可以利用中国健康与营养调查数据（China Health and Nutrition Survey，CHNS），应用 DEA 方法测度中国各地区农村居民健康生产效率[①]；

•农民收入内部差距的统计与计量评价；

•基于空间面板数据模型，在中国式分权治理的制度框架下，研究农村公共品供给，城乡收入差距或农业经济增长的空间邻近溢出效应等。

① 张宁、胡鞍钢等（2006）曾使用省级面板数据，应用数据包络分析方法（DEA）对中国各地区的健康生产效率进行测度，具体参见《经济研究》2006 年第 7 期，应用 DEA 测度中国各地区农村居民健康生产率的文献暂未发现。

第 10 章　政策建议

诺思认为，同技术变迁一样，制度变迁也存在着明显的路径依赖性（Path Dependence）特征。本书研究基于中国式分权的制度框架，尝试设计促进建立现代农业，推动农村经济和农业可持续长期增长的制度创新与政策建议。制度创新是制度从非均衡到均衡的演变过程，这需要考虑制度的原有路径问题，但又不能被其“锁定”，通过创新，创新者将取得制度变革所产生的潜在利益。政策建议如下：

10.1　完善现代财政支农顶层设计和运行机制

①公共财政是建设社会主义新农村的体制保障与物质基础[①]。公共财政的内涵是国家财政在社会主义市场经济条件下的一种运行模式，系国家（政府）满足公共需要的一种经济行为（邓子基，2006）。政府的财政行为应建立在宪政和法治的基础之上，实现由“人治”到“法治”现代财政理念的根本转变。中央政府与地方政府应革新公共治理方式，重构委托——代理关系，两者之间的财政关系应由宪法和法律作为基本保障，并受到严格的执行与监督。逐渐改变通过中央的“决定”“通知”和“一号文件”等形式，而应通过正式的法律规范加以调整，这里面当然体现党和政府的政策导向。

②应注重分权契约与财政体制的内在稳定性。由第 3 章中国财政分权的制度变迁可知，中国的财政体制缺乏显著的内在稳定性，导致地方政府无所适

---

① 公共财政覆盖农村在学术研究上已经达成共识，但在政策设计与实践操作环节却来得很迟，直到 2003 年，财政部才第一次提出“要让公共财政的阳光照耀农村”（丁学东和张岩松，2007）。

从，具有明显制度供给失衡（姚洋和杨雷，2003），制度完善应避免分权和财政体制的频繁变动所引致的资源误置与低效率。

一方面，应改变目前财政支农“一级政府，一级财政”的约束，借鉴“省管县”和“乡财县管”的试点经验，积极稳妥推行财政支农“中央——省级——县级”支出层级，改变目前运行的五级财政，提高财政体制运行效率和财政资源配置的公平性。

另一方面，为克服地方政府财政支农政策的执行偏差，提高投入产出绩效，地方政府应改革财政支农资金分配与管理体制，整合各类支农部门，明确部门职责，进行农业投资管理体制与运行机制的创新[①]。地方人大、政协与纪委等部门应加强对农业投入资金的审计和监督，保障资金的到位率，防止被挤占、挪用与贪污，力求财政支农“少花钱，多办事，办好事，攻难事”。

③规模提升，结构优化，形成财政支农的优先序机制。中央与地方两级政府财政农业投入总量应在科学预测的基础上，保持增量与比例同步提高，并形成支农资金规模的动态调整机制。依据本书第3章的研究结论，中国式财政分权制度的演进体现出明显的路径依赖，为了促进农业又好又快发展，中央政府应对财政分权制度进行优化与创新，形成地方政府农业财政投入的“预算硬约束”，探索促进现代农业发展的财政资金支持机制与实施模式。

同时增强地方政府的活力与“自生能力”，提高经济发展水平，在稳步推进城镇化的同时，注重城乡统筹，促进传统农业向现代农业的转型升级。另外，中央政府应改变单纯的唯“GDP”论，落实科学发展观，革新绩效考核机制，控制政府规模，提高行政效能和现代治理水平，矫正地方官员“高污染、高耗能、政绩工程”的投资冲动与行为异化。

地方政府重视农业投入不但要有上级政府政绩考核的约束，更要受到来自最基层、拥有信息优势的纳税人——农民“用手投票”“以足投票”机制的约束。中央政府与地方政府应逐步建立起真正意义上的公共财政和现代财政框架体制与运行机制，以实现对农民的承诺。这种承诺应有制度的理性表达，中央与地方财政应按照《农业法》的要求，切实保证对农业投入的法定增长[②]，同时取消下级政府的配额比例，实行全额拨款。在规模总量稳步递增的基础上，财政支农资金的结构优化也同样重要，应重点投向粮食生产、农业基础设施、农业科

① 2015年，中共中央、国务院印发的《关于加大改革创新力度加快农业现代化建设的若干意见》中指出：“改革涉农转移支付制度，下放审批权限，有效整合财政农业农村投入。”

② 《农业法》第三十八条规定：“国家逐步提高农业投入的总体水平。中央和县级以上地方财政每年对农业总投入的增长幅度应当高于其财政经常性收入的增长幅度。”近年来有众多学者提出修改该法或制定《农业投资法》等。

技的推广、农产品市场信息服务体系的建设①,促进农业生产与市场的有序衔接,有效避免和化解信息不对称所引致的“丰产歉收”“谷(果)贱伤农”等问题。

因财政资源具有稀缺性,对其进行高效率配置与使用应考虑机会成本,地方政府的财政投资应逐步退出竞争性领域,增加对农业发展具有公共性、基础性、社会性的支出,促进农村教育、医疗、环保、文化、社会保障、防灾减灾等公共产品有效高质量供给。在将以上支出形成地方政府刚性支出的前提下,地方财政农业投入也要形成优先序机制,确保财政资金输入到最需要的部门与领域。财政农业投入可尝试项目化管理,重大项目都要引入竞争机制,实行招投标,并进行农业项目的可行性研究,注重项目决策、项目运行、项目成果全程绩效评价。通过对分权制度进行路径延伸,持续性制度创新,建立健全公共财政的体制机制,让公共财政的阳光普照长期被忽视的农村地区,助推现代农业发展。

10.2 匹配事权与财权,建立财政支农预算硬约束机制

中国式财政分权制度的演进体现出明显的路径依赖,为了促进农业又好又快发展,中央政府应对财政分权制度进行优化与创新,形成地方政府农业财政投入的“预算硬约束”,探索促进现代农业发展的财政资金支持机制与实施模式。特别是1994年分税制改革后,中央集中了财权,却转移了事权,将一些基本的公共服务供给责任转移给下级政府,并且规定支出刚性,使地方政府的财政支出负担加重。事权与财权的不匹配使地方政府在农村公共品供给上“捉襟见肘”,严重挫伤地方政府发展农业的积极性,农村公共品也未能得到有规模高质量的供给。建立各级政府支农事权与财权的匹配机制,首先在保证中央宏观调控的基础上,减少共享税种和共享比例,适度降低中央财权,下沉财力,进行农业供给侧结构性改革,“放水养鱼”,增强地方政府的财权财力,使他们有能力执行中央政府的“三农”事权安排。

其次是按照财权与事权相对称的原则,清晰界定中央政府与地方政府财政

① 2015年10月,国务院常务会议决定完善农村及偏远地区宽带电信普遍服务补偿机制,缩小城乡数字鸿沟,部署加快发展农村电商,通过壮大新业态促消费惠民生,确定促进快递业发展的措施,培育现代服务业新增长点。2016年2月,国家发展改革委与阿里巴巴集团签署结合返乡创业试点发展农村电商战略合作协议。未来三年,双方将共同支持300余试点县(市、区)结合返乡创业试点发展农村电商。

农业支出的支出责任边界，减少地方政府讨价还价行为，同时完善地方税体系，赋予地方政府更大的发债权。与财权与事权相对应的深层次问题是地方政府应精简行政层级架构，理顺政府与市场的关系，降低政府本身运行成本，转变政府职能。财政分权赋予了地方政府在财政资金使用上的部分自主权，甚至有支农资金被大规模挪用的风险和问题。

首先是预算法治化、规范化问题，刚性要求财政支农预算的绝对与相对增长幅度。财政支农的预算编制、审批、执行和监督应有明确操作主体和职责边界。预算的编制可由农业部负责；审批由各级人大负责；预算的执行由农业部门、财政部和审计署负责监督。预算编制应体现科学性、权威性和各部门的分权与制衡，增强预算的法律约束力。

其次，预算项目应细化和透明化，改变城市偏向的财政预算支出导向。控规模，调结构，由“经济建设性财政”逐步向民生财政转变，维持和适度减少基础设施、一般公共服务、事业费支出，增加直接促进农业生产要素投入的项目支出，农业生产性投资、人力资本和技术投资、农村公共服务投资的比重。

再次是建立更加严格的土地出让金硬约束机制，由地方人民代表大会审议和最终决定本级政府的土地出让预算，严格规制地方政府疯狂卖地、占用耕地的“掠夺之手”。

最后是加大对财政支农预算执行监督和审查，政府预算全过程应由各级人大、专业人士、社会公众（农民）、新闻媒体等实质参与，即建立参与式预算制度，将财政支农资金收支活动全部纳入预算审查和社会监督范畴之内，让农村公共财政在阳光下运行，为农民带来真正的实惠与福利。

10.3 优化转移支付，实施城乡发展一体化模式

中国自上而下的财政分权改革保证了中央政府获得足够的财政资源。中央政府的财政转移支付制度首先应发挥平衡地方支农缺口的作用，同时亦应坚持效率原则，防止激励扭曲和地方政府的“粘蝇纸”效应。中央政府应对以往扶贫倾斜式的无条件转移支付进行绩效评估，克服低水平的财力均衡，改变无条件的救济和援助，创新中央转移支付绩效评价指标体系。

科学合理地确定中央政府和地方政府、地方政府各层级之间配套比例，实行有配套条件或比例的转移支付，例如在条款中设计激励地方政府增加农业总产值、农村公共品、农民收入等指标权重。简化转移支付环节，提高转移资金利

用效率。中央政府应建立转移支付的瞄准再分配机制，提高对落后省区农村公共品转移支付的精度和力度，尝试建立中央转移支付的绩效评价与动态追踪调整模式。对于外溢性较强的农村公共品，建立中央对农村义务教育、卫生保健、基础设施（水利工程）的专项支付，建立促进粮食生产的中央转移支付补偿机制。对老少边穷等经济欠发达地区等加大转移力度的同时，注重转移支付绩效的全程评估。

完善省级以下的转移支付制度，建立转移支付统一拨付渠道和透明的信息发布平台，使公众，特别是农民能够有效获取这些信息。

农民为国家发展、经济增长做出了巨大的贡献和牺牲，未享受到与城市居民同等的福利与待遇，消除制约城乡发展一体化的主要障碍，坚持城乡一体化，并特别注重伸出对农村的“援助之手”。主要对策如下：

①促进城乡公共产品与服务供给均等化。农村公共品供给匮乏和严重滞后，是导致三农问题和城乡失衡的重要因素。提高城乡公共品供给的效率和质量，促进城乡公共品供给均等化，明确城乡公共品供给主体，清晰界定中央政府和地方政府公共品供给边界，科学划分中央与地方政府在教育、卫生和社会保障方面的支出责任。因为地方政府在本辖区城乡内配置公共品具有信息优势，所以城乡公共品配置权应由地方政府主导。

②改变城乡二元财政支出模式，建立反哺机制。坚持完善中国式分权应有效规制地方政府的“攫取之手”和过分重视城市的行为偏向。改变城乡不均衡的财政资源分配利益格局，坚持城乡公平统一的财政政策，增加用于民生的社会保障支出。同时还要加大城市对农村公共品供给的反哺机制，建立城市对农村的制度与政策反哺、物质资本反哺、人力资本反哺等反哺机制，通过反哺为现代农业发展创造长效动力。

③创新农地产权制度，保护和实现农民财产权利。土地是农民的最后一块社会保障，我国现行的农村制度存在瑕疵，再加之地方政府“土地财政”的掠夺行为使农民在城市化进程中利益受损。应该严格按照《宪法》《民法通则》《物权法》《农村土地承包法》等有关规定，明晰农地产权，完善用益物权，实现集体所有，农地农用和农民权利不受损的农地保护制度。在城镇化加速和农地制度变迁的过程中，切实保障农民的土地增值收益，探索农民增加财产性收入的渠道，让农民享受土地改革的红利①。

---

① 党的十八届三中全会《中共中央关于全面深化改革若干重大问题的决定》指出：“在坚持和完善最严格的耕地保护制度前提下，赋予农民对承包地占有、使用、收益、流转及承包经营权抵押、担保权能……保障农户宅基地用益物权……慎重稳妥推进农民住房财产权抵押、担保、转让，探索农民增加财产性收入渠道。”

10.4 向农业输入现代化的生产要素与经营模式

①“双轮驱动”模式应成为未来中国农业经济增长方式转变与可持续发展的路径轨迹。中央与地方共同提高财政支农资金的匹配与使用效率，促进现有农业投入资源的优化配置和技术效率的改善，这对长期农业全要素生产率技术退步的地区尤为重要。国家相关部门可以通过财政、金融和保险等扶植政策，降低农户、农业合作组织等使用农业新技术的门槛，促进农业技术进步扩散与传播。

②充分认识农业生产的周期规律性，加强农业基础设施建设，促进化肥和农村用电量的科学合理使用，建立生态、低碳的现代农业。完善农业保险机制，增强农业抵御自然灾害、丰产歉收、谷贱伤农等市场风险能力。

农业生产应以市场为导向，在确保粮食安全的前提下，提高非粮食作物播种面积与产量，促进农民增收，满足市场需求和农业内部产业调整优化，加快推进农业供给侧改革，特别是产业内部结构调整与升级[①]。适度降低传统农作物种植业所占比例持续，增加林、渔、牧业和农业经济作物的比重，生产优质高效，具有地区竞争力和国际影响力的农产品。扶植农业龙头企业，促进农超对接，进一步完善农业品加工业、物流业等产业化链条。深度挖掘农业文化、生态、产业、旅游、养生等多种功能，培育壮大农村新产业新业态，积极推动互联网+农业，推动产业融合发展成为农民增收的重要支撑。

③应高度重视农业技术效率动力不足与效率损失的特征事实。除了要素输入，经营模式创新更显重要，实现对农业输入现代生产要素与经营模式之间进行均衡匹配，并特别重视农业经营模式创新问题。

诺思 1973 年在《西方世界的兴起》一书中指出：“有效率的经济组织是经济增长的关键；一个有效率的经济组织在西欧的发展是西方兴起的原因所在。有效率的组织需要在制度上作出安排和确立所有权以便造成一种刺激，将个人的经济努力变成私人收益率接近社会收益率的活动。”应激励发展家庭农场，

---

① 2016 年，中共中央，国务院《关于落实发展新理念加快农业现代化实现全面小康目标的若干意见》中指出：“大力推进农业现代化，必须着力强化物质装备和技术支撑，着力构建现代农业产业体系、生产体系、经营体系，实施藏粮于地、藏粮于技战略，推动粮经饲统筹、农林牧渔结合、种养加一体、一二三产业融合发展，让农业成为充满希望的朝阳产业。”

推广适度规模经营，培育新型农业经营主体。通过农业生产组织与制度创新，完善激励与约束机制，发展农业合作组织，尝试家庭农场等适度规模经营，通过可持续性地经营模式创新，提高农业生产要素的高效使用，改善农业纯技术效率和规模效率，走出一条产出高效、产品安全、资源节约、环境友好的农业现代化道路。

④加强农村劳动力的合理转移，促进人力资本进入农业部门的合理回流与素质提升。建立城乡一体化的就业创业市场，构建高质量的农业科技培训与推广传播体系，尝试发放教育培训券等方式提高农村人力资本的投资与积累，促进西部农村剩余劳动力的转移就业。各级政府部门通过健全农村劳动力转移就业服务体系，促进农村劳动力转移就业创业和农民工市民化。大力推动农民工就地就近转移就业创业，稳定并扩大外出农民工规模，支持返乡创业。大力发展特色县域经济和农村服务业，培育中小城市和特色城镇，增强吸纳农业转移人口能力。各级财政应结合金融、保险等政策工具，加大对农村灵活就业、新业态、新产业的支持。

建立城乡一体化的户籍与社会保障体系，彻底改变发展现代农业和新农村建设中的“386199 部队”现象①。在城镇化的过程中，应科学有序适度地推进城镇化，坚持以城带乡，城乡统筹协调发展。特别注重农民的城镇化，防止农民利益受损和社会保障等方面的边缘化。

⑤随着新四化②的有序推进，应特别注重提高农业全要素生产率对实现农业现代化战略的重要意义，进而促进城镇化、工业化与信息化与农业现代化的统筹协调发展。坚持以工促农，工业反哺农业，理顺工业化战略推进农业现代化和农业生产效率提升的路径机制，促进农业生产的机械化、集约化和市场化，建立工业化、信息化与农业生产效率的技术转移与良性协调互动机制。

四化同步，促进农业生产效率的最佳实践，无疑将为管好“天下粮仓”和助推农业现代化战略注入强劲动力，特别是注重推动新型城镇化与新农村建设双轮驱动、互促共进，让广大农民平等参与现代化进程、共同分享现代化成果。

---

① 伴随中国城市化进程加快，农村青壮年男性劳动力进城务工数量剧增，农村便形成了一个以妇女、儿童和老人为主的庞大留守群体，这实在是一个苦涩的赞誉。

② 农业现代化则是整个经济社会发展的根本基础和重要支撑，十八大报告提出：“坚持走中国特色新型工业化、信息化、城镇化、农业现代化道路，推动信息化和工业化深度融合、工业化和城镇化良性互动、城镇化和农业现代化相互协调，促进工业化、信息化、城镇化、农业现代化同步发展。”

10.5 探索农业资本积累率与利润率稳定增长机制

消除城乡金融深化的二元鸿沟，创新制度安排，拓展农村金融服务农业功能。合理定位商业性与政策性金融机构的市场边界，完善农村金融生态环境，着力拓展农村政策性金融功能，创新金融产品，促进城乡金融的统筹融合①。在风险得到有效监控的条件下，适度降低农村金融服务的门槛与成本，放松对农户贷款的容忍度并进行合理展期。中央银行可以根据涉农金融机构的信用状况，逐步放松利率管制，实现更大幅度的浮动范围。地方政府尝试建立专业性的商业和政策性的涉农信用评估、担保机构，探索农村集体土地使用权的抵押担保融资方式，帮助农业龙头企业和农户融资担保难的问题。同时注重农村金融发展和财政农业投入的协调与配合，提供小额信贷，享受财政贴息，发展微型金融，强化农村金融与实体经济的良性互动。

"财政是国家治理的基础和重要支柱。"应充分发挥财政资金的杠杆作用，同时诱导农户投资、金融、保险、社会资本等进行农业投资，拓展投融资渠道，共同提高财政与金融等资源的配置效率。中央政府对涉农企业税收减免与优惠政策，可以考虑试点授权农业大省发行农业发展专项国债，增强地方政府融资能力与水平，解决地方政府财政支农资金缺口。地方政府财政投资主要在市场失灵的领域发挥作用，重点对农业发展具有基础性、外部性、战略性的农业项目给予支持，充分发挥杠杆作用，运用财政补贴、财政贴息、补助奖励等政策措施，引导带动农户投资。

考虑到资本具有逐利性，中央政府可在农业领域赋予省一级地方政府更大的财政自主权与经济激励，设定地方政府税率调整上下限与税收优惠幅度，允许其通过降低税率、税收减免、税收返还等方式降低外部资本进入农业部门的交易成本，提高竞争强度、盈利空间与资本利润率。同时，地方政府应加大制度

① 以政银保为例，2009年，保监会审批推出合作农业贷款的新模式，以政府财政投入基金作担保，银行等金融机构为符合贷款条件的担保对象放贷，保险公司对上述贷款提供保证保险的新型融资产品。此模式有利于在更大程度上发挥财政资金杠杆效应，通过财政资金设立保险保费补贴和银行贷款风险补偿机制，撬动了信贷资金投放市场，解决了"三农"经营主体的融资难问题。

供给，出台相关政策法规与实施细则，有效保护各农业投资者的产权合约，并规范各投融资主体的行为偏向，控制农业投资交易风险。

农业投融资渠道增多，资本积累多元化，也会造成资金分散，效益不佳，易出现政府失败与市场失灵。地方政府应注重各种融资工具的协调互补性，建立利益补偿机制，合理界定农业投资领域内公益性与盈利性的边界，以项目为载体，建立各渠道资金优势互补、动态协调的运作机制与实施模式，逐步探索建立以农户家庭为投资主体，政府财政投资为引导，金融保险、民营资本、外商投资为补充的农业公共投融资体系，逐步提高支撑农业经济增长的资本积累率。

10.6 强化中央政府对地方政府发展农业的制度激励与政策创新

①优化设计政绩考核机制。王永钦(2007)从中国式分权改革得到的经验是"做对激励"(Getting Incentives Right)，而不是"做对价格"(Getting Prices Right)。"把激励搞对"(Easterly，2005)应优化政绩考核体系，创新地方财政支农的动力机制。

执政党应加强自身纪律建设，将易腐的权力关进法治的笼子里，使其受到制度的严格管控，提高政策的公信力与执行力。中央政府应改变单纯以 GDP 论英雄的绩效考核机制，坚持科学发展观，注重城乡协调发展，将支农政绩指标纳入地方政府官员晋升的考核体系。通过绩效考核体系的调整与优化，建立与官员升迁、政治激励相容的动力机制，必须坚持固本强基的农业战略思想不能动摇，始终把解决好农业农村农民问题作为地方各级党委和政府工作的重中之重，并注重体制机制创新，制度的创新与表达，发挥其激励与约束的作用。

另一方面，中央政府应矫正地方政府城市偏向的财政投资政策，激励地方政府将有限的财政资源向"三农"倾斜，增强地方政府的活力与"自生能力"，提高经济发展水平，在稳步推进城镇化的同时，注重城乡统筹，促进传统农业向现代农业的转型升级。中央政府应改变单纯的唯"GDP"论，落实科学发展观，革新绩效考核机制，促进公共服务城乡均等化，逐步消除城乡发展差距，预防与矫正地方政府官员对财政资源的扭曲配置和行为失范。借助顶层的制度设计和严格的制度执行，严控政府规模，提高行政效能、治理能力和水平，矫正地方官员“高污染、高耗能、政绩工程”的投资冲动与行为异化。

②构建农民偏好表达与政府回应机制。中央政府与地方政府应革新公共治理方式，重构委托—代理关系，进行农村社会管理体制和机制的创新。建立高度组织化和专业化的农民自治组织，例如农民协会，提高偏好表达的质量和影响力，降低维权的交易成本，赋予农民与市民真正意义上的同等投票权和话语权。未来的制度设计应在中央政府的授权下，积极稳妥地发展农村基层民主，由村级选举、乡镇直选，逐步发展到县级直选，赋予农民政治委托人的身份，建立与地方政府平行的合作与对话机制，让农民享有足够的政治层面上的激励，即让农民有效介入公共选择的全过程，对群众意见赋予权重，使农民的真实偏好在集体决策中得到充分体现，进入政府真实的政治议程，并对最终决策产生重要影响，甚至可以否决，建立起真正意义上的“以足投票”“用手投票”机制。

进一步规范地方政府行为，使其受到中央政府和农民纳税人的双重监督。促使其提高治理水平，积极回应农民对于公共品的需求偏好。地方政府重视农业投入，财政支农规模优化和绩效评审，不但要有上级政府政绩考核的约束，更要受到来自最基层、拥有信息优势的纳税人——农民“用手投票”“以足投票”机制的约束。中央政府与地方政府应逐步建立起真正意义上的公共财政，现代财政的框架体制和运行机制，以实现对农民的承诺。

“三农”问题不仅是经济问题，更是政治问题。中国式财政分权制度应进行制度激励和创新，彰显公共财政和集体选择的价值追求，赋予农民与市民真正意义上的同等投票权、话语权，使辖区居民可以自主表达对公共产品的偏好，并部分影响地方政府官员的升迁，最终让农民与市民机会均等地享受改革开放，特别是现代农业发展所带来的公共福利，消弭分权和增长所带来的成本与代价。

参考文献

[1] 陈抗,Arye L.Hillman,顾清扬.2002.财政集权与地方政府行为变化——从援助之手到攫取之手[J].经济学(季刊),2(1):111-130.

[2] 陈钊,徐彤.2011.走向“为和谐而竞争”:晋升锦标赛下的中央和地方治理模式变迁[J].世界经济,(9):3-18.

[3] 陈卫平.2006.中国农业生产率增长、技术进步与效率变化:1990—2003 年[J].中国农村观察,(1):18-23.

[4] 陈锡文.2010.当前农业和农村经济形势与“三农”面临的挑战[J].中国农村经济,(1):4-9.

[5] 陈斌开,张鹏飞,杨汝岱.2010.政府教育投入、人力资本投资与中国城乡收入差距[J].管理世界,(1):36-43.

[6] 陈刚,李树.2010.中国的腐败、收入分配和收入差距[J].经济科学,(2):55-68.

[7] 陈硕.2010.分税制改革、地方财政自主权与公共品供给[J].经济学(季刊),9(4):1427-1446.

[8] 陈硕,高琳.2012.央地关系:财政分权度量及作用机制再评估[J].管理世界,(6):43-59.

[9] 陈小君,蒋省三.2010.宅基地使用权制度:规范解析、实践挑战及其立法回应[J].管理世界,(10):1-12.

[10] 陈安平,杜金沛.2010.中国的财政支出与城乡收入差距[J].统计研究,(11):35-39.

[11] 蔡继明.1998.中国城乡比较生产力与相对收入差别[J].经济研究,(1):11-19.

[12] 蔡昉,杨涛.2000.城乡收入差距的政治经济学[J].中国社会科学,(4):11-22.

[13] 陈宗胜,周云波.2001.非法非正常收入对居民收入差别的影响及其经济学解释[J].经济研究,(4):14-23.

[14] 程开明,李金昌.2007.城市偏向、城市化与城乡收入差距的作用机制及动态分析[J].数量经济技术经济研究,(7):116-125.

[15] 陈工,洪礼阳.2012.财政分权对城乡收入差距的影响研究[J].财政研究,(8):45-49.

[16] 陈思霞,卢盛峰.2014.分权增加了民生性财政支出吗?——来自中国"省直管县"的自然实验[J].经济学(季刊),13(4):1261-1282.

[17] Daniel C.Monchuk.2009.中国农业生产非效率的影响因素分析[J].世界经济文汇,(2):47-56.

[18] 邓可斌,丁菊红.2009.转型中的分权与公共品供给:基于中国经验的实证研究[J].财经研究,(3):139-150.

[19] 邓子基.2009.新中国 60 年税制改革的成就与展望[J].税务研究,(10):3-7.

[20] 丁志国,赵晶,赵宣凯,等.2011.我国城乡收入差距的库兹涅茨效应识别与农村金融政策应对路径选择[J].金融研究,(7):142-151.

[21] 樊胜根.1998.中国农业生产与生产率的增长:新的测算方法及结论[J].农业技术经济,(4):27-35.

[22] 樊勇.2006.财政分权度的衡量方法研究——兼议中国财政分权水平[J].当代财经,(10):33-36.

[23] 傅勇,张晏.2007.中国式分权与财政支出结构偏向:为增长而竞争的代价[J].管理世界,(3):4-11.

[24] 傅勇.2010.财政分权、政府治理与非经济性公共物品供给[J].经济研究,(8):4-15.

[25] 傅勇.2010.中国式分权与地方政府行为:探寻转变发展模式的制度性框架[M].上海:复旦大学出版社.

[26] 方鸿.2010.中国农业生产技术效率研究:基于省级层面的测度、发现与解释[J].农业技术经济,(1):34-41.

[27] 方福前,张艳丽.2010.中国农业全要素生产率的变化及其影响因素分析——基于 1991—2008 年 Malmquist 指数方法[J].经济理论与经济管

理,(9):5-12.

[28] 付文林.2012.人口流动、增量预算与地方公共品的拥挤效应[J].中国经济问题,(1):41-53.

[29] 丰雷,蒋妍,叶剑平.2013.诱致性制度变迁还是强制性制度变迁?——中国农村土地调整的制度演进及地区差异研究[J].经济研究,(6):4-18.

[30] 顾焕章,王培志.1994.农业技术进步对农业经济增长贡献的定量研究[J].农业技术经济,(5):11-15.

[31] 顾海,孟令杰.2002.中国农业 TFP 的增长及其构成[J].数量经济技术经济研究,(10):15-18.

[32] 郭剑雄.2005.人力资本、生育率与城乡收入差距的收敛[J].中国社会科学,(3):27-37.

[33] 高梦滔,张颖.2006.小农户更有效率?——八省农村的经验证据.统计研究,(8):21-26.

[34] 高彦彦.2010.城市偏向、城乡收入差距与中国农业增长[J].中国农村观察,(5):2-13.

[35] 胡书东.2001.经济发展中的中央与地力关系——中国财政制度变迁研究[M].上海:上海人民出版社.

[36] 侯风云.2004.中国农村人力资本收益率研究[J].经济研究,(12):75-84.

[37] 侯风云,张凤兵.2007.农村人力资本投资及外溢与城乡收入差距实证研究[J].财经研究,(8):118-131.

[38] 黄少安,孙圣民,宫明波.2005.中国土地产权制度对农业经济增长的——对 1949—1978 年中国大陆农业生产效率的实证分析[J].中国社会科学,(3):38-47.

[39] 胡联合,胡鞍钢,徐绍刚.2005.贫富差距对违法犯罪活动影响的实证分析[J].管理世界,(6):34-44.

[40] 黄季焜,等.2008.制度变迁和可持续发展:30 年中国农业与农村[M].上海:格致出版社,上海人民出版社.

[41] 黄肖广,李睿鑫.2009.财政分权与经济增长的地区差异效应研究——基于东、中、西部省际面板数据(1988—2005)的分析[J].学术交流,(1):90-94.

[42] 洪正.2011.新型农村金融机构改革可行吗?——基于监督效率视角的分析[J].经济研究,(2):44-58.

[43] 蒋省三,刘守英,李青.2007.土地制度改革与国民经济成长[J].管理世界,(9):1-9.

[44] 林毅夫,刘志强.2000.中国的财政分权与经济增长[J].北京大学学报(哲学社会科学版),(4):5-17.

[45] 林毅夫.2008.制度、技术与中国农业发展[M].上海:格致出版社,上海人民出版社.

[46] 李实.2003.中国个人收入分配研究回顾与展望[J].经济学(季刊),2(2):379-404.

[47] 陆铭,陈钊.2004.城市化、城市倾向的经济政策与城乡收入差距[J].经济研究,(6):50-58.

[48] 李静,孟令杰.2006.中国农业生产率的变动与分解分析:1978—2004年——基于非参数的HMB生产率指数的实证研究[J].数量经济技术经济研究,(5):11-19.

[49] 李谷成,冯中朝,范丽霞.2006.教育、健康与农民收入增长——来自转型期湖北省农村的证据[J].中国农村经济,(1):66-74.

[50] 李谷成,冯中朝,占绍文.2008.家庭禀赋对农户家庭经营技术效率的影响冲击——基于湖北省农户的随机前沿生产函数实证[J].统计研究,(1):35-42.

[51] 李谷成,冯中朝,范丽霞.2009.小农户真的更加具有效率吗?来自湖北省的经验证据[J].经济学(季刊),9(1):95-124.

[52] 李谷成.2009.技术效率、技术进步与中国农业生产率增长[J].经济评论,(1):60-68.

[53] 李谷成.2009.中国农村经济制度变迁、农业生产绩效与动态演进——基于1978—2005年省际面板数据的DEA实证[J].制度经济学研究,(3):20-54.

[54] 李谷成,冯中朝.2010.中国农业全要素生产率增长技术推进抑或效率驱动——一项基于随机前沿生产函数的行业比较研究[J].农业技术经济,(5):4-14.

[55] 李周,于法稳.2005.西部地区农业生产效率的DEA分析[J].中国农村观察,(6):2-10.

[56] 李雪松.2013.中国式分权与农业经济增长绩效动态追踪研究[J].中国经济问题,(1):51-61.

[57] 李雪松.2013.中国式分权、农业增长与城乡收入差距动态分析[J].管理评论,(5):51-59.

[58] 刘卓珺,于长革.2010.中国财政分权演进轨迹及其创新路径[J].改革,(6):31-37.

[59] 刘灿.2011.构建农民与农村经济长期发展的财产权基础——基于成都市改革经验的理论分析[J].经济理论与经济管理,(11):5-14.

[60] 罗伟卿.2010.财政分权是否影响了公共教育供给——基于理论模型与地级面板数据的研究[J].财经研究,36(11):39-49.

[61] 罗必良.2011.农地产权模糊化:一个概念性框架及其解释[J].学术研究,(12):48-56.

[62] 罗必良.2013.农地保障和退出条件下的制度变革:福利功能让渡财产功能[J].改革,(1):66-75.

[63] 林江.2011.财政分权、晋升激励和地方政府义务教育供给[J].财贸经济,(1):34-40.

[64] 赖小琼,黄智淋.2011.财政分权、通货膨胀与城乡收入差距关系研究[J].厦门大学学报(哲学社会科版),(1):22-29.

[65] 雷根强,蔡翔.2012.初次分配扭曲、财政支出城市偏向与城乡收入差距——来自中国省级面板数据的经验证据[J].数量经济技术经济研究,(3):76-89.

[66] 孟令杰.2000.中国农业产出技术效率动态研究[J].农业技术经济,(5):1-4.

[67] Michael Carter,姚洋.2004.工业化、土地市场和农业投资[J].经济学(季刊),3(4):983-1002.

[68] 莫亚琳,张志超.2011.城市化进程、公共财政支出与社会收入分配[J].数量经济技术经济研究,(3):79-89.

[69] 孟令杰.2000.中国农业产出技术效率动态研究[J].农业技术经济,(5):1-4.

[70] 平新乔,白洁.2006.中国财政分权与地方公共品的供给[J].财贸经济,(2):49-55.

[71] 乔宝云,范剑勇,冯兴元.2005.中国的财政分权与小学义务教育[J].中国社会科学,(6):37-46.

[72] 全炯振.2009.中国农业全要素生产率增长的实证研究:1978—2007

年——基于随机前沿分析(SFA)方法[J].中国农村经济,(9):36-47.

[73] 皮建才.2012.中国式分权下的地方官员治理研究[J].经济研究,(10):14-26.

[74] 马光荣,杨恩艳.2010.中国式分权、城市倾向的经济政策与城乡收入差距[J].制度经济学研究,(1):10-21.

[75] 马光荣,杨恩艳.2010.打到底线的竞争——财政分权、政府目标与公共品的提供[J].经济评论,(6):59-69.

[76] 冉光和,温涛,李敬.2008.中国农村经济发展的金融约束效应研究[J].中国软科学,(7):27-37.

[77] 舒尔茨.1999.改造传统农业[M].梁小民,译.北京:商务印书馆.

[78] Scott Rozelle,黄季焜.2005.中国的农村经济与通向现代工业国之路[J].经济学(季刊),4(4):1019-1042.

[79] 沈坤荣,张璟.2007.中国农村公共支出及其绩效分析——基于农民收入增长和城乡收入差距的经验研究[J].管理世界,(1):30-40.

[80] 孙琳,潘春阳.2009."利维坦假说"、财政分权和地方政府规模膨胀——来自1998—2006年的省级证据[J].财经论丛,(2):15-22.

[81] 孙蚌珠,刘翰飞.2010.中国财政分权的数量化度量及其地区间差距——基于1979—2008年省级面板数据[J].经济理论与经济管理,(5):5-13.

[82] 陶然,刘明兴.2007.中国城乡收入差距,地方政府开支及财政自主[J].世界经济文汇,(2):2-21.

[83] 陶然,等.2010.经济增长能够带来晋升吗?——对晋升锦标竞赛理论的逻辑挑战与省级实证重估[J].管理世界,(12):13-26.

[84] 温涛,冉光和,熊德平.2005.我国金融发展与农民收入增长[J].经济研究,(9):30-43.

[85] 温涛,董文杰.2011.财政金融支农政策的总体效应与时空差异——基于中国省际面板数据的研究[J].农业技术经济,(1):24-33.

[86] 王永钦,张晏,章元,等.2007.中国的大国发展道路——论分权式改革的得失[J].经济研究,(1):4-14.

[87] 王小鲁.2007.我国的灰色收入与居民收入差距[J].中国税务,(10):48-49.

[88] 王文剑,覃成林.2008.地方政府行为与财政分权增长效应的地区差异性——基于经验分析的判断、假说及检验[J].管理世界,(1):9-21.

[89] 王志刚,龚六堂.2009.财政分权和地方政府非税收入:基于省级财政数据[J].世界经济文汇,(5):17-38.

[90] 王珏,宋文飞,韩先锋.2010.中国地区农业全要素生产率及其影响因素的空间计量分析——基于1992—2007年省域空间面板数据[J].中国农村经济,(8):24-35.

[91] 王小鲁.2007.我国的灰色收入与居民收入差距[[J].中国税务,(10):48-49.

[92] 王小鲁.2010.灰色收入与国民收入分配[J].人力资源,(8):50-52.

[93] 王奇,王会,陈海丹.2012.中国农业绿色全要素生产率变化研究:1992—2010年[J].经济评论,(5):24-33.

[94] 万广华.2008.不平等的度量与分解[J].经济学(季刊),8(1):347-368.

[95] 吴磊,周洁.2010.Malmquist指数法与中国全要素生产率研究:误解与争论[J].商业时代,(29):4-5.

[96] 万广华,吴一平.2012.司法制度、工资激励与反腐败:中国案例[J].经济学(季刊),11(3):997-1010.

[97] 卫龙宝,张菲.2012.农村基层治理满意程度及其影响因素分析——基于公共物品供给的微观视角[J].中国农村经济,(6):85-96.

[98] 魏权龄.2012.评价相对有效性的数据包络分析模型:DEA和网络DEA[M].北京:中国人民大学出版社.

[99] 解垩.2007.财政分权、公共品供给与城乡收入差距[J].经济经纬,(1):27-30.

[100] 熊柴,黄薇.2010.行政分权、财政分权与劳资收入不平等[J].制度经济学研究,(2):76-100.

[101] 刑祖礼,邓朝春.2012.财政分权与农村义务教育研究——基于财政自给度视角[J].中国经济问题,(4):62-68.

[102] 姚洋.2000.中国农地制度:一个分析框架[J].中国社会科学,(2):54-65.

[103] 姚洋,杨雷.2003.制度供给失衡和中国财政分权的后果[J].战略与管理,(3):27-33.

[104] 姚洋.2000.集体决策下的诱导性制度变迁——中国农村地权稳定性演化的实证分析[J].中国农村观察,(2):11-19.

[105] 姚洋,张牧扬.2013.官员绩效与晋升锦标赛——来自城市数据的证据[J].

经济研究,(1):137-149.

[106] 于长革.2008.中国式财政分权与公共服务供给的机理分析[J].财经问题研究,(11):84-89.

[107] 余新平,熊晶白,熊德平.2010.中国农村金融发展与农民收入增长[J].中国农村经济,(6):77-96.

[108] 余长林.2011.财政分权、公共品供给与中国城乡收入差距[J].中国经济问题,(5):36-45.

[109] 张元红.1996.改革以来中国农业的增长与要素贡献[J].中国农村经济,(5):7-13.

[110] 郑京海,刘小玄,Arne Bigsten.2002.1980—1994 年期间中国国有企业的效率、技术进步和最佳实践[J].经济学(季刊),1(3):521-540.

[111] 郑京海,胡鞍钢.2005.中国改革时期省际生产率增长变化的实证分析(1979—2001 年)[J].经济学(季刊),4(2):263-296.

[112] 张晓波,樊胜根,张林秀,等.2003.中国农村基层治理与公共物品提供[J].经济学(季刊),2(4):947-960.

[113] 周黎安.2004.晋升博弈中政府官员的激励与合作——兼论我国地方保护主义和重复建设问题长期存在的原因[J].经济研究,(6):33-40.

[114] 周黎安.2007.中国地方官员的晋升锦标赛模式研究[J].经济研究,(7):36-50.

[115] 周其仁.2004.农地产权与征地制度——中国城市化面临的重大选择[J].经济学(季刊),4(1):193-210.

[116] 周业安,章泉.2008.财政分权、经济增长和波动[J].管理世界,(3):6-14.

[117] 朱喜,史清华,盖庆恩.2011.要素配置扭曲与农业全要素生产率[J].经济研究,(5):86-98.

[118] 周亚虹,宗庆庆,陈曦明.2013.财政分权体制下地市级政府教育支出的标尺竞争[J].经济研究,(11):127-139.

[119] 张晏,龚六堂.2005.分税制改革、财政分权与中国经济增长[J].经济学(季刊),5(1):75-108.

[120] 邹薇,张芬.2006.农村地区收入差异与人力资本积累[J].中国社会科学,(2):67-79.

[121] 曾国安.2007.论工业化过程中导致城乡居民收入差距扩大的自然因素与

制度因素[J].经济评论，(3):41-47.

[122] 张军,高远,傅勇,等.2007.中国为什么拥有了良好的基础设施[J].经济研究,(3):4-17.

[123] 郑磊.2008.财政分权、政府竞争与公共支出结构——政府教育支出比重的影响因素分析[J].经济科学，(1):28-39.

[124] 章祥荪,贵斌威.2008.中国全要素生产率分析:Malmquist 指数法评述与应用[J].数量经济技术经济研究,(6):111-122.

[125] 张克中,冯俊诚,鲁元平.2010.财政分权有利于贫困减少吗？——来自分税制改革后的省际证据[J].经济评论,(12):3-15.

[126] 章元,刘时菁,刘亮.2011.城乡收入差距、民工失业与中国犯罪率的上升[J].经济研究,(2):59-71.

[127] 左翔,殷醒民,潘孝挺.2011.财政收入集权增加了基层政府公共服务支出吗？以河南省减免农业税为例[J].经济学(季刊)，10(4):1349-1374.

[128] 朱希刚.1994.农业技术进步及其“七五”期间内贡献份额的测算分析[J].农业技术经济,(2):2-10.

[129] 朱喜,史清华,盖庆恩.2011.要素配置扭曲与农业全要素生产率[J].经济研究,(5):86-98.

[130] 张义博,刘文忻.2012.人口流动、财政支出结构与城乡收入差距[J].中国农村经济,(1):16-29.

[131] Barro R J. 1991. Economic Growth in A Cross Section of Countries[J]. Quarterly Journal of Economics, 2: 407-443.

[132] Bates Robert. 1981. Markets and States in Tropical Africa[M]. Berkeley: University of California.

[133] Bardhan P. 2002. Decentralization of Governance and Development[J]. The Journal of Economic Perspectives, 16(4): 186.

[134] Bardhan P K. 1973. Size, Productivity and Returns to Scale: An Analysis of Farm-level Data in Indian Agriculture[J]. Journal of Political Economy, 81: 1370-1386.

[135] Battese G E, T J Coelli. 1995. A Model for Technical Inefficiency Effects in a Stochastic Frontier Production Function for Panel Data[J]. Empirical Economics, 20(2): 325-332.

[136] C A Sims.1980. Wacroeconomics and Reality[J]. Econometrica, 48: 1-48.

[137] Cecilia, Turnovsky. 2007. Growth, Income Inequality and Fiscal Policy: What Are the Relevant Trade-offs? [J]. Journal of Money, Credit and Banking, 39 (2):1-30.

[138] C M Tiebout. 1956. Pure Theory of Clubs[J].American Economics Reviews, 64: 416-424.

[139] Cai H B, Treisman D. 2005. Does Competition for Capital Discipline Governments? Decentralization, Globalization, and Public Policy [J]. American Economic Review, 95(4): 817-830.

[140] Chen, Aimin. 2002. Urbanization and Disparities in China: Challenges of Growth and Development[J]. China Economic Review,13: 407-411.

[141] Crilliches, Zvi. 1957. An Exploration of the Economics of Technological Change[J]. Econometrica, 25: 501-522.

[142] Chavas, Jean-paul, Petrie Ragan et al. 2005. Farm Household Production Efficiency Evidence from the Cambia[J]. American Journal of Agricultural Economics, 87(1): 160-179.

[143] Enikolopov R, Zhuravskaya E. 2007. Decentralization and Political Institutions[J]. Journal of Public Economics, 91(2): 2261-2290.

[144] Fare, Rolf, Shawna, Crosskopf et al. 1994. Productivity Growth, Technical Progress and Efficiency Change in Industrialized Countries[J]. American Economic Review, 84(1): 66-83.

[145] Faguet J P. 2004. Does Decentralization Increase Government Responsiveness to Local Needs? Evidence from Bolivia [J]. Journal of Public Economics, 88: 867-893.

[146] Fan S, Pardy P G. 1997. Research, Productivity and Output Growth in Chinese Agriculture [J]. Journal of Development Economics, 53 (1): 115-137.

[147] Griliches Zvi. 1963. The Source of Measured Productivity Growth: United States Agriculture, 1940-1960[J]. Journal of Political Economy, 71(7): 122-134.

[148] Lin J Y. 1997. Institutional Reforms and Dynamics of Agricultural Growth in China[J]. Food Policy, 22(3): 201-212.

[149] Lin J Y, Liu Z. 2000. Fiscal Decentralization and Economic Growth in

China[J]. Economic Development and Cultural Change, 49(1): 1-21.

[150] Lipton Michael. 1977. Why Poor People Stay Poor: Urban Bias in World Development[M].Boston: Harvard University.

[151] Lin, Justin Y. 1992. Rural Reforms and Agricultural Growth in China[J]. American Economic Review, 82(1): 34-51.

[152] Li-Hong bin, Li-An Zhou. 2005. Political Turnover and Economic Performance: the Incentive Role of Personnel Control in China[J]. Journal of Public Economics, (89): 1743-1762.

[153] Hayami, Yujiro, Vernon Ruttan. 1970. Factor Prices and Technical Change in Agricultural Development:The United States and Japan, 1880 to 1960[J]. Journal of Political Economy, 78: 1115-1141.

[154] Hao R, Wei Z. 2008. Fundamental Causes of Inland-coastal Income Inequality in Post-reform China[Z]. The Chinese Economist Society Annual Conference.

[155] Jin H, Qian Y, Weignast B. 2004. Regional Decentralization and Fiscal Incentives: Federalism, Chinese style[J]. Journal of Public Economics,12: 1719-1742.

[156] Johnson D G, Richard T. 1997. Ely Lecture: Agriculture and the Wealth of Nations[J]. American Economic Review, 87(2): 1-12.

[157] Krueger Anne, Maurice Schiff, Alberto Valdes. 1991. The Political Economy of Agricultural Pricing Policy[M]. Baltimore: The Johns Hopkins University.

[158] Kanbur Ravi, Zhang Xiaobo. 2005. Fifty Years of Regional Inequality in China: A Journey Through Central Planning, Reform and Openness[J]. Review of Development Economics, 9(1): 87-106.

[159] Kuznets S. 1955. Economic Growth and Income Inequality[J]. American Economic Review, 45: 1-28.

[160] Kumbhakar S C. 2000. Estimation and Decomposition of Productivity Change When Production is Not Efficient: A Panel Data Approach[J]. Econometric Reviews,19(4): 425-460.

[161] Karagiannis C, P Midmore, V Tzouvelekas. 2002. Separating Technical Change from Time-Varying Technical Inefficiency in the Absence of Distributional Assumptions[J]. Journal of Productivity Analysis, 18(1):

23-38.

[162] Mauro P. 1998. Corruption and the Composition of Government Expenditure[J]. Journal of Public Economics, 69: 263-279.

[163] Qian Y, Barry R, Weingast B. 1997. Federalism as A Commitment to Preserving Market Incentives[J]. Journal of Economic Perspectives, 11(4): 83-92.

[164] Qian Y, Roland G. 1998. Federalism and the Soft Budget Constraint[J]. American Economic Review, 77: 265-284.

[165] Robert M Solow. 1957. Technical Change and the Aggregate Production Function[J]. The Review of Economics and Statistics, 39(3): 312-320.

[166] Rosegrant M W, Evenson R E. 1992. Agricultural Productivity and Sources of Growth in South Asia[J]. American Journal of Agricultural Economics, 8: 757-761.

[167] Solow R M. 1957. Technical Change and the Aggregate Production Function[J]. The Review of Economics and Statistics, 39(3): 312-320.

[168] Shankar R, Shah A. 2001. Bridging the Economic Divide within Nations: A Scorecard on the Performance of Regional Development Policies in Reducing Regional Income Disparities[M]. Washington, D.C.: World Bank.

[169] Stijn Claessens, Luc Laeven. 2005. Financial Dependence, Banking Sector Competition, and Economic Growth. World Bank Policy Research Working Paper, (1): 3481.

[170] Tao Zhang, Heng-fu Zou. 1998. Fiscal Decentralization.Public Spending and Economic Growth in China[J]. Journal of Public Economics, (67): 221-240.

[171] West L, C Wong. 1995. Fiscal Decentralization and Crowing Regional Disparities in Rural China: Some Evidence in the Provision of Social Services [J]. Oxford Review of Economic Policy, 11(4): 70-84.

[172] Yang, Demis Tao. 1999. Urban-Biased Policies and Rising Income Inequality in China [J]. American Economic Review Papers And Proceedings, 5: 306-310.

[173] Zhuravskaya E. 2000. Incentives to Provide Local Public Goods: Fiscal Federalism, Russian Style[J]. Journal of Public Economics, 76: 337-368.

后　记

本书是在博士论文基础上，同时受我所主持的“新型城镇化，农地产权制度改革与农民财产权实现机制研究”(2014QNJJ15)，2014年度重庆市社会科学规划青年项目；“中国式分权、晋升锦标赛与农业现代化实现机制研究”(106112015CDJSK01XK05)，2015年度重庆大学科技创新专项(社科类)；“农业现代化，供给侧改革与农地经营权流转研究”(106112016CDJXY010006)，2016年度中央高校基本科研业务费专项项目；“财政分权、晋升锦标赛与农业增长绩效研究”(13XJC790003)，2013年度教育部人文社会科学研究西部和边疆地区青年基金项目；“公共政策模拟仿真实验室建设与智库型人才培养模式研究”(2015Y04)，重庆大学教学改革研究项目等相关课题研究启发和持续深度拓展而完成。

在国家“985工程”哲学社会科学研究基地、重庆市人文社会科学重点研究基地——公共经济与公共政策研究中心；重庆大学中国公共服务评测与研究中心；地方政府治理协同创新中心研究经费资助下，本着深耕细作的初心与行动，专著终于生根开花，付梓出版。

在此书的写作过程中，得到了我的家人、同事、朋友和研究生的大力帮助，研究生王超、张俊、刘红伟、刘小洲、刘婷、唐川、童王正、冉启丹参与了书稿的谋篇布局讨论与文字校对，在此表示衷心的感谢。

本书在尊重知识产权的前提下，参考了同行的部分研究成果。在此一并表示诚挚的谢意！

本书是我近年来在公共经济与政策、农业经济管理研究领域的一些思考和探索的结晶，由于水平有限，不足之处在所难免，恳请同行专家指正。

李雪松

2017年3月于重庆大学